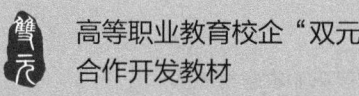高等职业教育校企"双元"合作开发教材

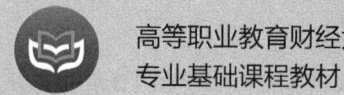高等职业教育财经大类专业基础课程教材

管理学原理与实务
（第三版）
GUANLIXUE YUANLI YU SHIWU

主　编　操　阳　侍文庚　唐学华
副主编　吴　蔚　夏媛媛　李　霜　苏　炜

本书另配：教学课件　习题试卷　参考答案

新形态教材

中国教育出版传媒集团
高等教育出版社·北京

内容提要

本书是高等职业教育校企"双元"合作开发教材,高等职业教育财经大类专业基础课程教材。

本书简要地阐述了管理的基本理论,共包含七章,主要内容有:认识管理、管理理论的形成与发展、管理原理、决策与计划、组织与沟通、领导与激励、控制与绩效评价。本书语言通俗简练,表述深入浅出,注重实践能力的培养,在项目实训和案例讨论中提高对管理理论知识的理解和应用,从而提高分析问题和解决问题的能力。为了利教便学,部分学习资源以二维码形式提供在相关内容旁,可扫描获取。此外,本书另配有教学课件、习题试卷、参考答案等资源,可供教师教学使用。

本书既可作为高等职业本科院校和高等职业专科院校财经商贸大类的专业课教材,也可作为各类工商企业培训用书和管理人员的自学用书。

图书在版编目(CIP)数据

管理学原理与实务 / 操阳,侍文庚,唐学华主编. 3版. -- 北京 : 高等教育出版社, 2025.8. -- ISBN 978-7-04-065034-1

Ⅰ.C93

中国国家版本馆CIP数据核字第20254GR136号

| 策划编辑 | 宋 浩　毕颖娟 | 责任编辑 | 宋 浩 | 封面设计 | 张文豪 | 责任印制 | 高忠富 |

出版发行	高等教育出版社	网　　址	http://www.hep.edu.cn
社　　址	北京市西城区德外大街4号		http://www.hep.com.cn
邮政编码	100120	网上订购	http://www.hepmall.com.cn
印　　刷	上海叶大印务发展有限公司		http://www.hepmall.com
开　　本	787 mm×1092 mm　1/16		http://www.hepmall.cn
印　　张	14.25	版　　次	2009年7月第1版
字　　数	356千字		2025年8月第3版
购书热线	010-58581118	印　　次	2025年8月第1次印刷
咨询电话	400-810-0598	定　　价	35.00元

本书如有缺页、倒页、脱页等质量问题,请到所购图书销售部门联系调换
版权所有　侵权必究
物　料　号　65034-00

第三版前言

党的二十大报告指出:"教育、科技、人才是全面建设社会主义现代化国家的基础性、战略性支撑。必须坚持科技是第一生产力、人才是第一资源、创新是第一动力……""加快建设教育强国、科技强国、人才强国,坚持为党育人、为国育才,全面提高人才自主培养质量,着力造就拔尖创新人才,聚天下英才而用之。"对企业而言,市场的竞争本质上是人才的竞争,管理人才的能力是企业的核心竞争力,培养一大批知识型、技能型、创新型的高素质管理人才是教育强国、教育强企的时代使命。

本书针对高职人才的成长规律和人才培养质量要求,坚持以习近平新时代中国特色社会主义思想为指导,注重将职业道德、职业精神的教育与管理学基础知识和管理能力的培养有机结合,充分发挥教材培根铸魂、启智增慧的作用,促进学生德技并修、知行合一。

本书主要特点如下。

1. 强化为党育人、为国育才思想

育人的根本在于立德。本书积极落实立德树人根本任务,增加"管理育人"栏目,通过管理案例、管理故事等,帮助学生更好地理解如何成为一名优秀的管理者,同时强化学生的守正创新意识和学习报国情怀。

2. 强化教学做一体,进一步完善教学体系

知行合一是成为优秀管理者的关键。本书结合高职学生学情特点,明确学习的知识目标、能力目标和素养目标,采用"案例导入+知识积累+项目实训"模式,将全书分为七章,每章主要包括【学习目标】【关键概念】【体系结构】【案例导入】【知识积累】【案例讨论】【实训项目】【同步测试】内容,同时设置了"小故事""动动脑""管理育人""知识拓展"等栏目,在注重夯实学生理论知识的同时,强化其管理知识的运用和管理能力的培养,以实现知行合一、学以致用。

3. 强化与时俱进,将管理"三新"融入教学内容

本书注重将管理的"新知识、新思想、新理论"融入教材,让学生了解并掌握最新的管理理论发展和趋势,学会审时度势地看待管理问题,以问题为导向,提高研判、分析和解决组织中的管理问题的能力。

4. 强化配套资源,有效服务教学活动

为了更好地服务教学活动,本书另配有教学课件、习题试卷、参考答案等教学资源,供教师教学使用。

本书由南京旅游职业学院操阳、江苏经贸职业技术学院侍文庚和安徽财贸职业学院唐学华担任主编,由安徽财贸职业学院吴蔚、夏媛媛、李霜、苏炜担任副主编。具体编写分工如下:操阳编写第一章,唐学华编写第二章,侍文庚编写第三章,夏媛媛编写第四章,吴蔚编写第五章,李霜编写第六章,苏炜编写第七章。南京金陵饭店集团毕金标书记、张学义副书记、

第三版前言

秦琅琅副总经理等提供了部分编写资料和案例,并对本书的编写提出了宝贵意见和建议。

在本书的编写过程中,我们参考了大量的文献资料,引用了许多学者的研究成果和公司的案例资料,在此一并表示衷心的感谢!

由于管理思想和理论在不断创新和发展,加之编写人员的能力和水平有限,书中不当之处在所难免,恳请广大读者批评指正!

操 阳
2025 年 7 月

目 录

第一篇 管理基础篇

第一章 认识管理 …………………………………………………… 003
- 案例导入 渔夫打鱼 ………………………………………… 004
- 第一节 管理内涵的界定 …………………………………… 004
- 第二节 管理的核心问题 …………………………………… 007
- 第三节 管理科学与管理艺术 ……………………………… 015
- 案例讨论 如何进行有效管理 ……………………………… 020
- 实训项目 管理者角色扮演实训 …………………………… 021
- 同步测试 …………………………………………………… 022

第二章 管理理论的形成与发展 …………………………………… 024
- 案例导入 是否"小题大做" ……………………………… 025
- 第一节 早期的管理思想 …………………………………… 025
- 第二节 古典管理理论 ……………………………………… 030
- 第三节 行为科学管理理论 ………………………………… 037
- 第四节 现代管理理论 ……………………………………… 042
- 第五节 当代管理理论的新发展 …………………………… 045
- 案例讨论 博士的困惑 ……………………………………… 047
- 实训项目 管理职能发挥实训 ……………………………… 048
- 同步测试 …………………………………………………… 048

第三章 管理原理 …………………………………………………… 051
- 案例导入 华为的人本管理 ………………………………… 052
- 第一节 管理原理概述 ……………………………………… 052
- 第二节 人本原理 …………………………………………… 055
- 第三节 系统原理 …………………………………………… 058
- 第四节 动态原理 …………………………………………… 061
- 第五节 效益原理 …………………………………………… 063
- 案例讨论 比亚迪公司的管理制胜之道 …………………… 066
- 实训项目 管理原理实训 …………………………………… 067

目　录

同步测试 ·· 068

第二篇　管理职能篇

第四章　决策与计划 ··· 073
案例导入　曲突徙薪 ·· 074
第一节　决策职能 ·· 074
第二节　计划职能 ·· 091
案例讨论　"巨人"的决策失误 ··· 102
实训项目　头脑风暴法实训 ·· 103
同步测试 ··· 103

第五章　组织与沟通 ··· 106
案例导入　首登公司的组织变革 ··· 107
第一节　组织职能 ·· 108
第二节　管理沟通 ·· 121
案例讨论　你的心思他永远不懂 ··· 144
实训项目　管理沟通实训 ·· 145
同步测试 ··· 145

第六章　领导与激励 ··· 147
案例导入　姚成的领导方式 ·· 148
第一节　领导理论与领导职能 ··· 148
第二节　激励理论与激励职能 ··· 171
案例讨论　工人们为何不满 ·· 179
实训项目　激励技能实训 ·· 180
同步测试 ··· 181

第七章　控制职能与绩效评价 ··· 183
案例导入　格力的"笨方法" ··· 184
第一节　控制职能 ·· 185
第二节　绩效评价 ·· 202
案例讨论　海底捞的牛蛙产品质量控制 ·· 216
实训项目　(一)有效控制成本实训 ··· 217
　　　　　(二)制定"三好学生"评选方法实训 ······································· 218
同步测试 ··· 218

主要参考文献 ··· 220

第一篇
管理基础篇

第一章 认 识 管 理

【学习目标】

知识目标

1. 了解管理的内涵。
2. 掌握管理的核心问题与目的。
3. 熟悉管理的二重性。

能力目标

1. 能够科学分析管理的核心问题。
2. 能够结合实例科学阐释管理的目的。
3. 能够科学分析管理的二重性。

素养目标

1. 提升对管理学的认知度、理解度。
2. 培养科学、规范的文献查询意识和能力。
3. 培养守正创新的职业素养和精神。

【关键概念】

管理,管理学,管理要素,管理者。

【体系结构】

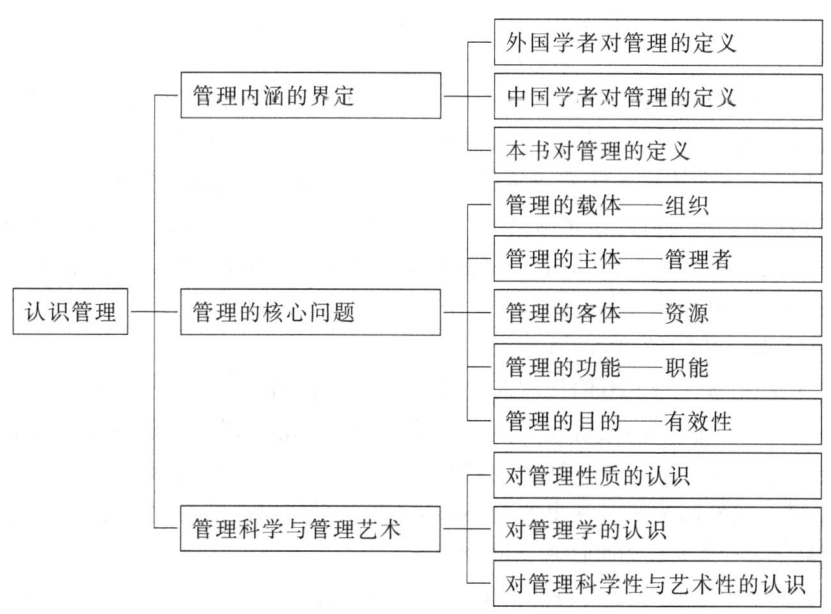

【案例导入】

渔夫打鱼

当代有个渔夫,打鱼技术很高,每次打鱼都要根据市场行情确定打鱼的种类。他发现市场墨鱼价格高,第一次出海就只打墨鱼,可遇到的都是黄鱼,最后空手而归。到家发现市场上黄鱼价格很高,他十分后悔。第二次出海渔夫专找黄鱼,结果遇到的都是墨鱼,又空手而归。到家发现市场上墨鱼价格很高,他叫苦不迭。第三次出海,他发誓:墨鱼、黄鱼都要,可什么也没有,只看到大量的鲛鱼,正当渔夫失望地空手上岸时,却看到市场上正在出售价格可观的鲛鱼。

思考:这个故事说明了什么问题?对你有何启示?

【知识积累】

第一节 管理内涵的界定

"管理"在大家的心目中已经是一个非常熟悉的字眼,但什么是管理呢?对此,众多学者从不同角度提出了自己的看法。

一、外国学者对管理的定义

（一）泰勒(Frederick Winslow Taylor)

科学管理之父泰勒对管理定义为:"管理就是确切地知道你要别人去干什么,并使他用最好的方法去干。"在泰勒的眼里,管理就是指挥他人用最好的工作方法去工作,所以他在其名著《科学管理原理》中就讨论和研究了两个问题:①员工如何寻找和掌握最好的工作方法以提高效率。②管理者如何激励员工努力工作以获得最好的工作业绩。

（二）亨利·法约尔(Henri Fayol)

现代管理理论的创始人亨利·法约尔在其名著《工业管理和一般管理》中给出了管理的概念:"管理就是实行计划、组织、指挥、协调和控制。计划包括预测未来和拟定一个行动计划;组织包括建立一个从事活动的双重机构(人的机构和物的机构);指挥包括维持组织中人员的活动;协调就是把所有的活动和工作结合起来,使之统一并和谐;控制则注意使所有的事情都按照已定的计划和指挥来完成。"在这里,法约尔是用管理的职能(他称为管理的要素),即管理的工作内容来解释管理的。

（三）马克斯·韦伯(Max Weber)

组织理论之父马克斯·韦伯根据对社会、政府、军队和教会的经验分析,相信等级、权力和行政制度(包括明确的规划、规定的工作任务和纪律)是一切社会的基础。他认为管理是通过行政组织体系层层下达并实现管理者意图的过程。管理意味着建立在科学知识基础上所行使的控制。他强调按照客观事实而不是人们的臆想,根据能力而不是偏爱来进行管理。

（四）赫伯特·西蒙(Herbert A. Simon)

诺贝尔经济学奖获得者赫伯特·西蒙对管理概念曾有一句名言:"管理就是决策。"在西看来,管理者所做的一切工作归根结底是在面对现实与未来、面对环境与员工时不断地做出各种决策,使组织的一切都可以不断运行下去,直到获取满意的结果,实现令人满意的目标。

(五) 哈罗德·孔茨(Harold Kootz)和西里尔·奥唐奈(Cyril O'Donnell)

美国著名管理学者哈罗德·孔茨和西里尔·奥唐奈合著的《管理学原理》自1955年首次出版以来,便不断进行修订,并已经被译成16种文字。该书提出了著名的管理定义:"管理就是设计并保持一种良好的环境,使人在群体里高效率地完成既定目标的过程。"这一定义展开为:

(1) 作为管理人员,须完成计划、组织、人事、领导、控制等管理职能。
(2) 管理适用于任何组织机构。
(3) 管理适用于各级组织的管理人员。
(4) 所有管理人员都有一个共同的目标:创造盈余。
(5) 管理关系到生产率,意指效益与效率。

(六) 彼得·德鲁克(Peter F. Drucker)

美国著名的管理学家、经验主义学派的创始人和代表人物彼得·德鲁克在他的著作《管理的实践》中,提出管理的首要职能是经济绩效,所以"管理的第一个定义是:它是一种经济机制,确切地说是工业社会的一种特定的经济机制。管理所涉及的每一项活动、每一项决策、每一种思考,都以经济的尺度作为首要尺度"。德鲁克把管理分解成三项职能。管理的首要职能是管理企业,管理是一种实践,企业管理的技巧、效能和经验是不能照抄照搬运用到其他机构的。管理的第二项职能是利用人员和物质资源造就一家能创造经济价值的企业,即管理人员进行管理的职能。管理的第三项职能是管理工人和工作,将人力资源作为不同于任何一种其他资源的因素加以考虑。

二、中国学者对管理的定义

(一) 周三多

南京大学商学院创始人、著名管理学专家周三多对管理的定义是:"管理是通过信息获取、决策、计划、组织、领导、控制和创新等职能的发挥来分配、协调包括人力资源在内的一切可以调用的资源,以实现单独的个人无法实现的目标。"

(二) 席酉民

西安交通大学席酉民认为:"管理是在变动的环境中,为实现组织的战略和目标,围绕和谐主题,以优化和不确定性消减为手段,协调内部各要素之间关系,提供问题解决方案的实践活动。"他对管理的定义也可以理解为和谐管理,以和谐为主题,在特定的时间、环境中,在人与物要素的互动过程中所产生的实现组织目标或妨碍组织目标的核心问题。和谐主题是组织在特定的发展时期和情境下,为实现组织长期目标所要解决的核心问题或要完成的核心任务。这一理论强调在科学设计的基础上,充分调动人的能动性、创造性,以及组织的能动性,以应对复杂多变和充满不确定性的外部环境。

(三) 芮明杰

复旦大学芮明杰认为:"管理是对组织的资源进行有效整合以达到组织既定目标与责任的动态创造性活动。计划、组织、指挥、协调和控制等行为活动是由于管理复杂后进行专业化分工的专业管理活动,是有效整合资源所必需的活动,但因其每一项活动又仅仅是帮助有效整合资源的部分手段或方式,因而它们本身并不等于管理,管理的核心在于对现实资源的有效配置。"

（四）张顺江

中国科技大学张顺江在其《中国决策学》一书中，创造性地提出了"管理是微分决策的积分"。怎样理解这句话呢？

(1) 管理是决策，谁的决策呢？人的决策。所以，管理是人的管理、是对人的管理，是人的脑力活动，是主观见之于客观的桥梁和纽带。

(2) 实施管理的过程是一系列的决策过程，不仅就某项工作做出重大决定时有决策，而且在生产过程中的计划、组织、指挥等过程中都需要不断决策；管理不仅是各级管理者在战略上的决策过程，而且是企业所有员工在生产过程中解决各种实际问题时，在战术上的决策过程。

(3) 管理过程不仅是主观见之于客观的过程，实际上在实施过程中面对不断出现的各种问题，需要完成信息反馈、传输、分析、加工、综合、归纳等过程，在这些过程中又需要不断做出新的决策。因此，管理又是客观见之于主观的桥梁和纽带。

"管理就是决策"，说的是主观到客观的单向活动；"管理是微分决策的积分"，说的是主客观之间的双向活动。相比之下，这个定义比"管理就是决策"更进了一步，更加科学严密。

（五）杨文士

中国人民大学杨文士认为："管理是指一定组织中的管理者，通过实施计划、组织、人员配备、指导与领导、控制等职能来协调他人的活动，使别人同自己一起实现既定目标的活动过程。"

（六）邢以群

浙江大学邢以群认为："管理是依据事物发展的客观规律，通过综合运用人力资源和其他资源，以有效地实现目标的过程。"

三、本书对管理的定义

管理定义的多样化，既反映了人们研究立场、方法、角度的不同，也反映了管理科学的复杂性。为了反映管理的本质，本书博采众长，吸纳百家对管理精髓的理解，形成了管理的概念，即管理是指组织中的如下活动或过程：通过决策、计划、组织、领导、控制和创新等职能，有效地获取、分配、利用协调包括人力资源在内的一切可以调用的资源，以实现单独的个人无法实现的目标。

对这一定义可作进一步解释：

(1) 管理的载体是组织。组织包括企事业单位、国家机关、政治党派、社会团体以及宗教团体等。管理不能脱离组织而存在，同样，组织中必定存在管理。

(2) 管理的主体是管理者。一个组织内的管理者可在不同层次、不同部门，但他们的任务就是通过获取、分配、利用、协调各种资源，有效地利用决策、计划、组织、领导、控制和创新等管理职能，实现组织目标的活动过程。

(3) 管理的客体是包括人力资源在内的一切可以调用的资源。可以调用的资源通常包括原材料、人员、资本、土地、设备、顾客和信息等。在这些资源中，人员是最重要的。在任何类型的组织中，都同时存在人与人、人与物的关系。但人与物的关系最终仍表现为人与人的关系，任何资源的分配、协调实际上都是以人为中心的，所以管理要以人为中心。

(4) 管理的职能主要包括决策、计划、组织、领导、控制和创新等。在整个管理系统中，管理活动的顺利进行正是通过正确地执行这些基本的职能来实现的。

(5) 管理的目的是提高有效性,实现组织既定的目标。人们之所以需要管理,是因为管理得好可以有助于有效地实现组织目标。

动动脑

管理的由来

管理的历史由来已久。自从出现人群组织,管理也就产生了。管理是人类各项活动中最重要的活动之一。最初的时候,由于人类在面对大自然、面对自身的生存发展等诸多难题时,单个个体几乎无法应付,于是人们不得不形成一个个群体来对抗大自然的威胁,来谋求个人无法获得或实现的生存与发展的机会、条件和目标。人们在共同劳动中为有效地达到一定的目标,需要用管理的活动,以组织人们有效劳动与生存发展。

人类在与自然做斗争和改造环境的进程中,必然伴随着群体活动的增长和社会组织的出现。这种群体活动需要用管理的功能来保障其秩序和有效性。同样,社会组织的产生、存在和发展,都需要有管理的功能来进行组织和协调,即管理是共同劳动和社会组织的产物。

思考:管理与经营的关系是什么?

第二节 管理的核心问题

了解管理者工作的有效办法是把他们的工作看作一个流程。流程是指完成某些事情所需要的一系列行为。在一个组织里,管理者使用资源并执行六种重要的管理职能以期达到组织的目标,实现有效管理。组织内部的管理流程,如图 1-1 所示。

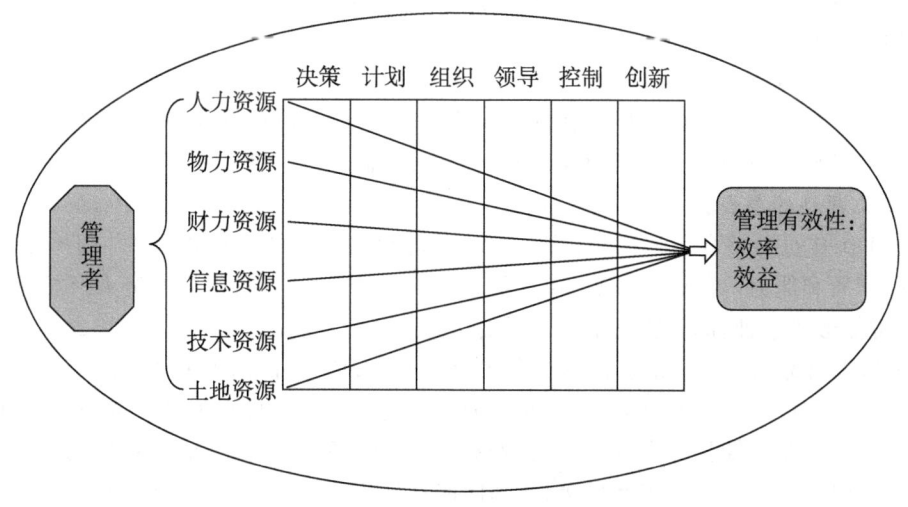

图 1-1 组织内部管理流程

一、管理的载体——组织

（一）组织的构成要素

1. 组织成员

任何组织，都是一定数量的个人的集合体。任何个人，只要符合组织所需的素质，并愿意接受组织的约束，遵守组织的规章制度，提供组织所需要的贡献，参加组织的集体活动，都有可能成为组织的一员。

2. 组织目标

组织目标是不同组织成员的粘合剂。①每个组织都有自己特定的终极目标。实现这个终极目标，是组织社会存在的理由。②组织目标。包括终极目标和阶段目标，虽然要求被全体成员共同接受，但这并不意味着不允许加入组织的每个成员存在自己的个人目标，更不意味着组织成员的个人目标与整个组织的共同目标必然是完全吻合的。

3. 组织活动

为了实现共同目标，组织必须从事某种活动。组织活动是由组织目标的性质所决定的。由于能够实现同一组织活动的内容是由组织目标的性质所决定的，能够实现同一目标的活动形式和内容是多种多样的，所以组织必须对不同的目标活动进行权衡、比较和选择。

4. 组织资源

任何活动的进行都需要利用一定种类和数量的资源，组织不仅是人的集合，而且是不同资源的集合。特定组织是一定的人与一定的资源的特殊结合。当然，广义而言，人，或者更准确地说，人的劳动，也是一种资源。除了人以外，组织在目标活动中需要利用的资源还包括物力资源、财力资源、信息资源、技术资源和土地资源等。

5. 组织环境

作为人的集合体，组织总是存在于一定的社会中的。组织是一定社会的一个基本单位，它在目标活动中必然会与外部存在的其他单位发生各种经济或非经济的联系。外部社会环境便通过这种联系来影响组织的目标和活动。同时，组织自己也会通过这种联系，利用自己的活动去影响和改造外部环境。由于构成外部环境的众多因素是在不断变化的，因此，组织与环境的交互作用是一个连续的过程。

（二）组织要素的整合

组织的构成要素不是孤立地存在的。只有使这些要素相互协调，组织的存在才能够持续实现。为了使组织的各种要素相互协调，必须对它们加以整合。

1. 要素内部的整合

（1）组织成员的整合。组织是由两个以上、通常是更多成员构成的。不同的成员具有不同的素质和能力，可以为组织提供不同的服务。只有将不同成员的努力有机地协调或整合，才可能形成某种合力，获得组织所需的贡献。

（2）组织目标的整合。组织目标是多元的。多元的组织目标既可在时间上分解为长期目标和各个时期的阶段目标，亦可在空间上分解为组织的整体目标和各个部门的局部目标。阶段目标的达成是长期目标实现的前提，整体目标的实现则有赖于部门目标的达成。只有使组织在各时期的阶段目标相互衔接、各部门的目标相互均衡，组织整体的长期目标才可能实现。

(3) 组织活动的整合。有众多成员参与的组织活动是一个复杂、甚至繁杂的过程。为了能使不同组织成员在相同的时间上为组织提供不同的贡献,必须将这个过程在空间上分解成许多阶段和环节。各阶段和环节的工作只有相互协调,组织活动才能有机地顺利进行。

(4) 组织资源的整合。组织活动中需要利用多种不同类型的资源。这些资源具有不同的性能和质量。只有根据组织活动目标的要求,利用一定的手段和方法对这些资源进行加工转换或整合,才可能得到组织所需的某种"产品"(这种产品既可以是有形的物质消费品,也可以是无形的服务,如教育的提供、政策的制定、科学研究的进行等)。

2. 要素之间的整合

(1) 活动与环境的整合。组织是在一定的环境中从事活动的,而环境又是在不断变化的,这种变化既有可能为组织发展提供机遇,也有可能对组织的继续生存造成威胁。为了有效地利用机遇、及时地避开威胁,组织必须适时地根据环境的变化来调整自己的活动。

(2) 目标与活动的整合。目标是组织在未来从事某种活动需要达到的状况和水平的预先描述,目标在时空上的分解为组织成员在参与组织活动中应表现出何种行为提供了指南。环境变化而导致的活动调整必然要求组织目标的描述及其分解必须随之而改变。此外,在组织总体活动方向不变的情况下,实现目标的方式和途径及其具体的活动内容也可以是多种多样的。

(3) 活动与人的整合。组织的活动过程可以分解成许多阶段和环节,这些阶段和环节的不同工作具有不同的性质,对其从事者有着不同的素质和能力要求。与此同时,作为组织成员的个人也有着不同的知识结构、受教育程度以及能力素养。只有将具有不同要求的工作与表现出不同能力和素质的组织成员很好地加以整合,才能充分地利用每一个组织成员的贡献圆满地完成组织中的每一项工作。

 **知识拓展**

蘑 菇 管 理

蘑菇管理是许多组织对待初出茅庐者的一种管理方法,初入职者被置于阴暗的角落(不受重视的部门,或打杂跑腿的工作),浇上一头"大粪"(无端的批评、指责、代人受过),任其自生自灭(得不到必要的指导和提携)。相信很多人都有过这样一段"蘑菇"的经历,这不一定是坏事,尤其是当一切刚刚开始的时候,当几天"蘑菇",能够消除我们很多不切实际的幻想,让我们更加接近现实,看问题也更加实际。

一个组织,一般对新进的人员都一视同仁,从起薪到工作都不会有太大的差别。无论你是多么优秀的人才,在刚开始的时候,都只能从最简单的事情做起,"蘑菇"的经历,对于成长中的年轻人来说,就像蚕茧,是羽化前必须经历的一步。所以,如何高效率地走过生命的这一段,从中尽可能汲取经验,成熟起来,树立良好的值得信赖的个人形象,是每个刚入社会的年轻人必须面对的课题。

二、管理的主体——管理者

管理者是指负责一个团队所有成员工作绩效的人。管理者拥有分配组织资源的正式权限。管理者负责对组织拥有的人力、资金、物资和信息情报等资源进行有效配置和整合。

在一个组织内部,根据管理者的工作任务、性质可将管理者分为高层管理者、中层管理者和基层管理者。管理者层次越高,职位越高,职权越大,如图1-2所示。

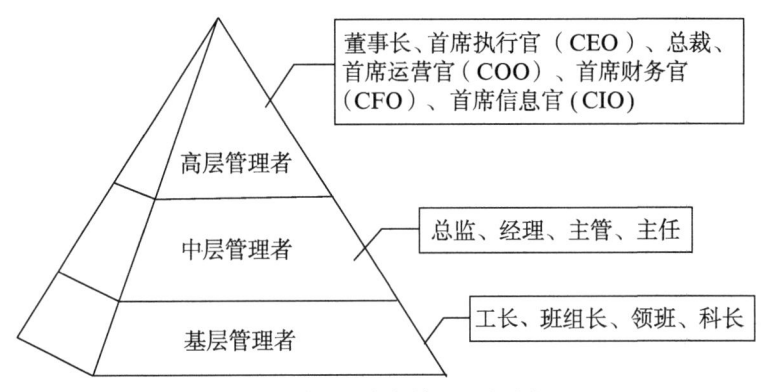

图1-2 管理层次与管理职能头衔图

(一) 高层管理者

多数进入管理领域的人立志成为高层管理者,也就是位于组织第一层的管理者,如企业的董事长、首席执行官(Chief Executive Officer,CEO)、总裁、首席运营官(Chief Operating Officer,COO)、首席财务官(Chief Financial Officer,CFO)、首席信息官(Chief Information Officer,CIO)及其他高层管理人员等。高层管理者具有制定重大决策的权限。这些决策可能影响到组织的现状和未来。例如,只有高层管理者才有权限制定企业组织目标、发展战略计划,决定收购其他公司,开设新的生产线,进入新的经营领域。高层管理者为组织指明了发展的方向,决定了该组织的发展目标和发展状况。

(二) 中层管理者

中层管理者是指那些贯彻高级管理人员的命令、指示及计划,而对基层管理人员布置工作任务的管理人员,如企业的总监、经理、主管、主任等。他们负责向高级管理层直接报告工作,同时负责监督和协调基层第一线管理人员的工作。经济组织或企业的大量日常管理在很大程度上要由中层管理人员负责。他们的作用在于把上述两组人员连接起来。中层管理者管理着组织内大部分的协调工作,并把信息汇报给上级或者传达给下级。随着责任和收入的不同,中层管理者的工作也有很大的差别。

(三) 基层管理者

基层管理者又称一线管理者或者监督者,如工长、班组长、领班、科长等。他们的职责是给下属工人或办事员分派具体工作任务,密切监督下属人员的工作情况,协调下属人员的工作,以保证完成既定工作任务目标。基层管理人员向中级管理人员直接报告工作,他们的工作对实现组织的目标和业绩起着决定性作用。

 **管理育人**

雷鲍夫法则

管理者在组织中着手建立合作与信任时,应牢记雷鲍夫法则,恰当使用雷鲍夫法则会达到事半功倍的效果。

美国管理学家雷鲍夫提出:在你着手建立合作和信任时要牢记我们语言中:
(1) 最重要的八个字是:我承认我犯过错误。
(2) 最重要的七个字是:你干了一件好事!
(3) 最重要的六个字是:你的看法如何?
(4) 最重要的五个字是:咱们一起干!
(5) 最重要的四个字是:不妨试试!
(6) 最重要的三个字是:谢谢您。
(7) 最重要的两个字是:咱们。
(8) 最重要的一个字是:您。

提示:从现在开始在与人交流和沟通中请运用雷鲍夫法则!

三、管理的客体——资源

管理者使用资源来完成自己的目标。资源可以包括人力、物力、财力、信息、技术资源等。

(1) 人力资源,是指用来完成工作所需要的人员。管理者的目标影响到他们所选择的员工。假设管理者设定的目标是为汽车和卡车厂商供应车部件和工具,在人力资源方面,他选择了汽车制造方面的技术员、销售代理、信息技术专家和网络营销商。

(2) 物力资源,是指企业的有形物品和房地产,包括原材料、办公空间、生产设备、办公设备和交通工具。供给者提供了达成公司目标所需的大多数物质资源。

(3) 财力资源,是指管理者和组织用来达到组织目标所花费的资金。商业组织的财务资源来源于盈利和股东的投资。公共事业机构的财务资源来源于税收收入、捐助者的捐赠和政府补助。

(4) 信息资源,是指为了完成工作,管理者和组织所使用的信息资料。网络是现在获取信息资源的重要路径。

(5) 技术资源,是指为了完成工作,管理者和组织所使用的技术。包括生产技术、管理技术、信息技术等。技术的进步促进了社会和企业的发展,越来越多的企业重视技术,特别是核心技术能力的研发,以期保持市场竞争优势。

四、管理的功能——职能

管理的职能也就是管理的作用或功能,它和管理者的职能是统一的。关于管理的职能如同管理的概念一样,不同的学者也有不同的看法。在20世纪初,法国工业家亨利·法约尔在其著作《工业管理与一般管理》中写道:所有管理者都行使五种管理职能:计划、组织、指挥、协调和控制。到50年代中期,哈罗德·孔茨和西里尔·奥唐奈在其有关管理学的教科书中,把管理的职能划分为计划、组织、人员配备、指导和控制。

本书一方面承袭孔茨和奥唐奈及其他多数人的做法,另一方面根据管理理论的新发展,及对管理职能认识的新发展,我们认为决策、计划、组织、领导、控制、创新这六种职能是一切管理活动最基本的职能,如图1-3所示。

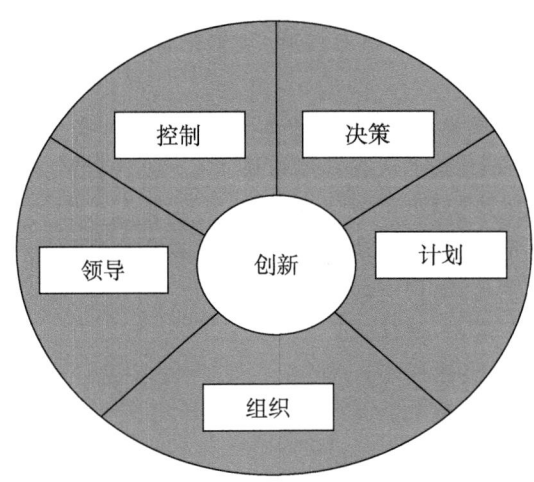

图1-3 管理的职能

(一)决策

过去有许多学者把"决策"仅仅看作"从行为过程的各个抉择方案中做出选择",因此认为"决策"是"计划"职能的一部分。本书的看法与此相反,认为决策是人对未来实践活动的理想、意图、目标、方向和对达到理想、意图、目标、方向的原则、方法和手段所作的决定。决策是一个复杂的过程,计划是为实施决策制定的,任何计划都是实施决策的工具。决策是针对未来的行动制定的。行动常常会受到行动者所处的外部环境和内部条件的制约,所以决策前首先要分析外部环境,分析自身的长处和短处,对未来的形势做出基本的判断。由于未来的形势受到很多因素影响,绝大多数情况是不确定的,因此必须进行预测。预测是以概率统计为基础的,很难十分准确,决策必然有一定风险。为了提高预测和决策的准确性,依靠数学模型、计算机进行科学的计算和模拟是完全必要的。但面对同样的事实,不同的决策者可能做出完全不同的抉择,这与决策者的价值观和追求的目标有关。由于社会经济形势十分复杂,各种因素相互制约,实际上很难找到真正优化的方案,而只能比较满意而已。对管理者而言,作出决策是一项十分困难的任务,但更重要的是如何制定切实的计划来实施已抉择的方案,并在实施中,不断检验、取得信息反馈,在实践中评价决策是否正确。

(二)计划

计划是为了达到一定目标所制定的未来行动方案。计划是进行控制的标准,计划是决策后所定的方案。组织中所有层次的管理者,包括高层管理者、中层管理者和基层管理者,都必须从事计划活动。组织中的高层管理者负责制定总体目标和战略,但所有层次的管理者都必须为其工作小组制定工作计划,以便为组织做贡献。所有管理者必须制定符合并支持组织总体战略的目标。另外,他们必须制定一个支配和协调他们所负责的资源的计划,从而能够实现工作小组的目标。在执行计划职能时,要对组织中的人力、物力、财力等各种要素进行合理配置和使用,要对各个环节进行协调和很好的衔接,要将计划指标加以分解,具体落实到各个部门和单位,并要明确目标和责任,进行控制和考核。因此,计划是行动纲领,是联系组织各条件、要素与目标之间的桥梁,在管理中处于重要的基础地位。

(三)组织

组织的职能是要保证决策和计划的实施,实现既定的组织目标。组织工作是人类对合作的需要产生的。合作的人们如果要在实施决策、计划的目标过程中,能产生比合作个体总和更大的力量、更高的效率,就应根据工作的要求与人员的特点设计岗位,通过授权和分工,将适当的人员安排在适当的岗位上,用制度规定各个成员的职责和上下左右的相互关系,形成一个有机的组织结构,使整个组织协调运转。组织是管理的载体,是其他管理职能活动的保证。

不同的组织由于各自的目标不同,其组织结构形式也各不相同,并显示出各自的特点。任何社会组织是否具有自适应机制、自组织机制、自激励机制和自约束机制,在很大程度上也取决于该组织结构的状态。因此,管理者必须根据组织的战略目标和经营目标来设计组织结构、配备人员和整合组织力量,以提高组织的应变能力。

(四)领导

领导的功能是激励和引导组织成员以使他们为实现组织目标做贡献。决策、计划和组织工作做好了,也不一定能保证组织目标的实现,因为组织目标的实现要依靠组织全体成员的努力。由于组织中成员各自的个人目标、需求、偏好、性格、素质、价值观及工作职责和掌握信息量等方面存在很大差异,因此,在相互合作中必然会产生各种矛盾和冲突。因此就需要有权威的领导者进行协调、指导人们的行为,沟通人们之间的信息,增强相互的理解,统一人们的思想和行动,激励每个成员自觉地为实现组织目标共同努力。领导职能是一门非常奥妙的艺术,它贯彻在整个管理活动中。管理者不但要能够预见未来,具备领导其下属朝着组织目标努力的能力,同时为了使工作卓有成效,还必须了解个人和组织行为的动态特征,激励员工以及进行有效的沟通。只有通过卓有成效的领导,组织的目标才有可能实现。在中国,领导者的概念十分广泛,因此,不仅组织的高层领导、中层领导要实施领导职能,基层领导,例如领班或班组长也担负着领导职能,都要做人的工作,更要重视工作中人的因素的作用。

(五)控制

人们在执行计划过程中,由于受到各种因素的干扰,常常使实践活动偏离原来的计划,为了保证目标及计划得以实现,就需要有控制职能。控制的实质就是使实践活动符合计划。计划就是控制的标准。为了有效地实施控制,管理者必须及时取得计划执行情况的信息,并将有关信息与计划进行比较,发现实践活动中存在的问题,分析原因,及时采取有效的纠正措施。纠偏行动可以是采取强有力的措施以确保原先计划的顺利实现,也可以是对原先计划进行调整以适应当前的形势。纵向看,各个管理层次都要充分重视控制职能,愈是基层的管理者,控制要求的时效性愈短,控制的定量化程度也愈高;愈是高层的管理者,控制要求的时效性愈长,综合性愈强。横向看,各项管理活动、各个管理对象都要进行控制。没有控制就没有管理。有的管理者以为有了良好的组织和领导,目标和计划自然就会实现了。实际上无论什么人,如果你对他放纵不管,只是给他下达计划、布置任务、给他职权而不对他工作的实绩进行严格的检查、监督,发现问题不采取有效的纠正措施,听之任之,那么这个人迟早将会成为工作的累赘,甚至会把他完全毁掉。所以控制与信任并不完全对立。管理中可能有不信任的控制,但绝不存在没有控制的信任。控制是管理过程中不可或缺的一种职能,因为它的存在可以确保组织朝其目标迈进。

(六)创新

创新是管理工作的原动力。在被称为"唯一不变的就是变化"的当今世界,要想使组织立于不败之地,管理者必须具有创新精神,敢于应对各种挑战。迄今为止,很多研究者没有把创新列为一种管理职能。但是,最近几十年来,由于科学技术迅猛发展,社会经济活动空前活跃,市场需求瞬息万变,社会关系也日益复杂。每位管理者每天都会遇到新情况、新问题。如果因循守旧、墨守成规就无法应付新形势的挑战,也就无法完成肩负的任务。现在已经到了不创新就无法维持的地步。许多事业获得成功的管理者其成功的诀窍就在于创新。要办好任何一项事业,大到国家的改革,小到办实业、办学校、办医院,或者办一张报纸,推销一种产品,都要敢于走新的路,开辟新的天地。否则,总是踏着前人的脚印走,是不可能取得卓越的成就的。

上述各项管理职能不是孤立的,每项管理工作一般都是从决策开始经过计划、组织、领导,到控制结束。各职能之间同时相互交叉渗透,控制的结果可能又导致新的决策,开始又一轮新的管理循环。如此循环不息,把工作不断推向前进。创新在这管理循环之中处于轴心的地位,成为推动管理循环的原动力。

五、管理的目的——有效性

分粥的故事

管理的目的就是提高管理的有效性。有效的管理,是指既要讲究效率,又要讲究效益。这意味着管理者必须创造一种环境,以最少的投入(诸如时间、资金、材料以及人们付出劳动等),达到群体的目的;或者应用有效的资源尽可能多地满足所期望的目标。管理的最终目的都是针对组织面临问题的本身特点和所处的环境,通过有效的资源配置和职能的发挥,以最小的资源消耗取得最大限度的效益和效率,实现预定目标。

效率是指单位时间内完成的工作量,或者投入与产出之间的比例关系。它强调的是数量、速度和产量,衡量的是管理活动过程中资源利用的有效程度。效益是指完成工作所取得的效果和收益,它强调的是结果和目标的实现程度,衡量的是管理活动最终带来的价值。两者既有区别又有联系,其区别主要有以下三点。

(1)关注点不同。效率关注的是过程,即如何更快、更好地完成任务;而效益关注的是结果,即任务完成后的实际收获。

(2)衡量标准不同。效率通常用具体的量化指标来衡量;而效益则涉及多个方面,难以用单一的量化指标来全面反映。

(3)影响因素不同。效率主要受管理方法和技术的影响;而效益则受多种因素的影响,包括市场环境、政策环境、技术进步等。

两者之间的联系主要有以下三点。

(1)相辅相成。效率是效益的基础,没有效率就没有效益。只有提高管理效率,才能在有限的资源下创造更多的价值。同时,效益也是效率的保障,只有实现了预期的目标和效果,才能激励管理者和员工进一步提高效率。

(2)相互制约。过分追求效率可能导致忽视效益,如为了降低成本而牺牲产品质量和服务质量;而过分追求效益也可能导致忽视效率,如为了扩大市场份额而盲目扩张,导致资源浪费和成本上升。

(3)统一于管理目标。管理的目标是实现组织的长期发展和持续盈利。在这个过程中,效率和效益都是不可或缺的因素。只有实现效率和效益的统一,才能实现管理的目标。

第三节 管理科学与管理艺术

一、对管理性质的认识

管理具有二重性,是指管理的自然属性和社会属性。

管理的二重性是马克思关于管理问题的基本观点,马克思在《资本论》中指出:凡是直接生产过程具有社会结合过程的形态,而不是表现为独立生产者的孤立劳动的地方,都必然会产生监督劳动和指挥劳动。不过它具有二重性。一方面,凡是有许多个人进行协作的劳动,过程的联系和统一都必然要表现在一个指挥的意志上,表现在各种与局部的劳动无关而与工厂全部活动有关的职能上,就像一个乐队要有一个指挥一样。这是一种生产劳动,是每一种结合的生产方式中必须进行的劳动。另一方面,完全撇开商业部门不说,凡是建立在作为直接生产者的劳动者和生产资料所有者之间对立上的生产方式中,都必然会产生监督劳动。对立越严重,监督劳动所起的作用也就越大。从马克思对资本主义的管理的论述中可以看出,管理既有同生产力、社会化大生产相联系的自然属性,又有同生产关系、社会制度相联系的社会属性。

(一)管理的自然属性

管理的自然属性,是指管理要处理人与自然的关系,要合理地组织社会生产力,故也称作管理的生产力属性。管理的这一性质是一切共同劳动所要求的,是适应社会生产力发展和社会分工的要求产生的,是社会协作过程本身的要求。所以,所有社会的管理活动都具有共同的自然属性。正如马克思所说:"不论生产的社会形式如何,劳动者和生产资料始终是生产的因素。但二者在彼此分离的情况下,只在可能性上是生产因素。凡需进行生产,就必须使它们结合起来。"而这种能够使它们结合起来的力量,不是别的,正是管理。管理对于诸生产因素的结合作用,最集中地体现了管理的生产力属性。关于这一点,马克思还进一步明确指出:"一切规模较大的直接社会劳动或共同劳动,都或多或少地需要指挥,以协调个人的活动,并执行生产总体的运动——不同于这一总体的独立器官的运动——所产生的各种一般的职能,一个单独的提琴手是自己指挥自己,一个乐队就需要一个指挥。"他还说:"凡是有许多个人进行协作的劳动,过程的联系和统一都必然要表现在一个指挥的意志上,表现在各种与局部劳动无关而与工厂全部活动有关的职能上,就像一个乐队要有一个指挥一样。这是一种生产劳动,是每一种结合的生产方式中必须进行的劳动。"

马克思的论断在这里清楚地表明了四点:①管理的必要性是由社会化大生产决定的。②管理的目的或任务首先是协调相互联系和统一的生产过程。③管理是一种生产劳动,是任何生产过程都必不可少的。④管理具有二重性,但首先是它的生产力属性,其次才是它的生产关系属性。

(二)管理的社会属性

管理的社会属性,是指管理必然要履行监督劳动的职能,它反映生产资料占有者的意志,受一定社会生产关系的影响和制约,为一定社会的经济基础服务。也就是说,任何管理活动都是在特定的社会生产关系条件下进行的,都必然地要体现一定社会生产关系的特定要求,为特定的社会生产关系服务,从而实现其调节和维护社会生产关系的职能。所以,管理的社会属性也叫作管理的生产关系属性。管理的社会属性既是生产关系的体现,又反映和维护一定的社会生产关系,其性质取决于不同的社会经济关系和社会制度的性质。在不同的社会制度条件下,谁来监督、监督的目的和方式都会不同,因而也必然使管理活动具有不同的性质。

管理的二重性是相互联系、相互制约的。一方面,管理的自然属性不可能孤立存在,它总是存在于一定的社会制度、生产关系中;同时,管理的社会属性也不可能脱离管理的自然属性而存在,否则,管理的社会属性就成为没有内容的形式;另一方面,管理的二重性又是相互制约的。管理的自然属性要求具有一定社会属性的组织形式和生产关系与其相适应;同时,管理的社会属性也必然对管理的方法和技术产生影响。

管理的二重性之间的关系实际上就是生产关系与生产力之间的关系。生产力是最基本的、最活跃的因素,而生产关系只是对生产力的发展起保证作用。由此,不难得出结论,管理的基本属性是它的生产力属性,即合理组织和配置生产力,这实际也就是管理活动的基本任务,不论是在宏观管理还是在微观管理中,都是如此。

 **知识拓展**

当今管理的复杂性

随着人类社会进入数字化时代,由于环境的不确定性、组织结构的复杂性、科技的日新月异、多元化的人力资源等,使得组织的管理日益复杂化。

(1) 环境的不确定性。21世纪以来一大批新兴市场国家和发展中国家快速发展,世界多极化加速发展,国际格局日趋均衡,国际潮流大势不可逆转。当前,世界处于百年未有之大变局。市场需求的变化、竞争对手的策略、供应链的稳定性、国际贸易政策的波动,以及经济周期的起伏都给企业的经营管理带来了巨大的不确定性。这些因素要求企业必须具备快速响应市场变化的能力,以及在不确定性环境下做出有效决策的勇气和智慧。

(2) 组织结构的复杂性。随着企业规模的扩大和业务范围的拓展,组织结构变得越来越复杂,部门之间的沟通协作、资源的配置和利用,以及决策的执行效率等问题逐渐凸显。复杂的组织结构不仅增加了内部管理的难度,也可能影响企业对外部变化的反应速度和灵活性。

(3) 科技的日新月异。生产力的发展表现为科学和技术的加速发展。科技的快速发展,尤其是信息技术和人工智能的应用,既为企业经营管理提供了新的工具和可能性,也带来了新的挑战和风险。企业需要不断更新技术设备、培养员工的技术能力,适应由技术变革带来的业务模式和组织结构的调整。同时,技术的快速发展也加剧了市场竞争,要求企业必须持续创新,以维持其竞争优势。

(4) 多元化的人力资源。在组织中,人力资源的多元化,其员工的背景、价值观、工作习惯和沟通方式等差异,要求管理者必须具备高度的文化敏感性和人际交往能力,以便有效地管理团队,激发员工的潜力和创造力,维护团队的和谐与合作。

(5) 全球化日益加剧的市场竞争。全球化市场竞争日益激烈,创新是保持领先地位的关键,企业需要在新产品、新技术、新工艺、新服务等方面下功夫,不断提高产品质量和服务水平,满足客户的需求,提高客户体验,提高企业社会声誉和品牌竞争力。

总之,在当今环境迅速变化的条件下,企业若不能学会适应环境多变的情况,采用一套快速反应与快速管理的方法,就难以生存下去。

随着生产力的发展、科技的进步、生产规模的扩大和竞争的加剧,推动了管理科学的发展。组织为了求生存、求发展,必须发展具有远见、适应环境急剧变动、能预见和减少风险的管理系统和管理技术。管理的重要性已愈来愈明显了。

二、对管理学的认识

(一)管理学研究的对象和内容

管理学是一门系统地研究管理活动的基本规律和一般方法的科学。管理活动千差万别,如一个政府的首脑和一个公司的经理要处理的问题,可能有本质的差别,但他们都要通过一定的决策、计划、组织、领导、控制和创新等职能来实现组织的目标。在实施这些管理职能时,其内容会有所不同,但要遵循的基本原理及原则是一样的,这就是管理的共性,也就是管理学所要研究的对象。根据管理学研究的对象、性质和特征,管理学在研究管理的基本规律时,具体涉及了以下几方面的内容。

1. 生产力方面

管理学主要研究生产力诸要素之间的关系,即合理组织生产力的问题。研究如何合理配置组织中的人、财、物等各要素,使各生产要素充分发挥作用的问题;研究如何根据组织目标、社会的需要,合理使用各种资源,以求得最佳社会效益和经济效益的问题。可见,合理组织生产力,是管理学研究的一个极其重要的内容。

2. 生产关系方面

管理学主要研究如何正确处理组织中人与人之间的相互关系;研究如何激励组织内部成员,从而最大限度地调动各方面的积极性和创造性;研究如何完善组织机构与各种管理体制的问题;研究组织之间的关系,提供妥善处理这些关系的准则,为实现组织目标服务。

3. 上层建筑方面

管理学主要研究组织的规章制度,如何反映经济基础的要求,使其与社会的政治、经济、法律、道德的要求保持一致,从而维持正常的生产关系,促进生产力的发展。

以上三个方面的研究内容是密不可分的,它们通过管理的具体工作,融合为一个管理总体,并通过管理的具体工作,表现为管理的实践活动。

(二)管理学的特点

1. 一般性

管理学是从一般原理和一般情况的角度对管理活动加以研究,并从中找出一些规律性的东西。它区别于专门研究各个空间领域特殊规律的领域管理学科,如社会管理学、军事管理学、科技管理学等;也区别于业务管理学,如计划管理学、领导科学、管理会计学等。管理学一般不涉及具体的业务和方法,但对具体的业务和方法研究具有指导作用。所以说,管理学中阐述的管理理论是管理活动中最普通、最基本的知识,是从事任何组织、任何专业管理活动必须掌握的知识。从这个意义上说,它也是学习其他专业管理知识的理论基础。

2. 综合性

管理学的综合性表现为:在内容上,管理学涉及的领域十分广阔,它需要从社会生活的各个领域、各个不同类型组织的管理活动中概括出具有普遍指导意义的管理思想、原理和方法;在方法上,它把自然科学和社会科学探索的成果加以改造和运用,具有社会科学与自然科学相互渗透的特点。管理活动是很复杂的活动,影响管理活动的因素,除生产力、生产关系、上层建筑这些基本因素外,还有自然因素、社会因素。因此,搞好管理工作,必须针对组织内部和外部的各种复杂因素,广泛应用经济学、数学、工程技术学、心理学、生理学、行为科学、运筹学、电子计算机科学及系统论、信息论、控制论等现代科学技术的研究成果,从不同角度对各种管理活动进行综合研究,才能正确认识和把握管理规律,并提出普遍适用、行之有效的管理原则和管理措施。所以说,从管理学与许多学科的相互关系看,管理学是一门介于社会科学和自然科学之间的边缘学科;从管理学综合利用上述多学科的成果上看,它又是一门综合性学科。

3. 实用性

实用性也称实践性。管理学与其他纯理论科学比较,具有很强的实践性。管理学是为管理者提供从事管理的理论、原则和方法的实用性学科,这些共同的原理、原则和方法,只能是实践经验的总结和提炼,这充分说明管理学的基础是管理实践。同时,管理的理论只有和管理实践结合起来,才能真正发挥这门学科的作用,即管理学只有服务于实践,才具有生命力,才能不断发展。

管理学的实践性还表明,管理学的研究不能闭门造车,也不能盲目照抄照搬他国管理学理论。一个国家管理学的发展,要借鉴他国的成果,学习他国先进的经验,但更要深入本国的管理实践之中,总结管理实践的新经验、新成果。总之,实践是管理学的生命之源。

4. 社会性

管理学研究的是管理活动中的各种关系及其一般规律,而在管理活动中,人是最主要的管理主体和客体,这也就决定了管理学的社会性。同时,管理学的社会性还意味着它总是带有一定的生产关系特征,没有超阶级的管理学,所以,我们在学习、借鉴他国的管理理论时,尤其要注意这一点。

 知识拓展

柔性管理

"柔性管理"是相对于"刚性管理"提出来的。"刚性管理"以"规章制度为中心",用制度约束管理员工。而"柔性管理"则"以人为中心",对员工进行人性化管理。柔性管理以"人性化"为标志,它最大的特点在于主要不是依靠外力(如上级的发号施令),而是依靠人性解放、权利平等、民主管理,从内心深处来激发每个员工的内在潜力、主动性和创造精神,使他们能真正做到心情舒畅、不遗余力地为企业不断开拓新的优良业绩。"柔性管理"在未来企业管理中的作用表现在:激发人的创造性,适应瞬息万变的外部经营环境,满足柔性生产的需要等。

(三) 管理学研究的方法

管理学是一门综合性学科,它与经济学、社会学、心理学、政治学、数学、法学、哲学、统计学等有关,它吸取了这些学科的有关部分,因而管理学不仅研究范围十分宽广,而且研究方法也多种多样,主要包括以下几种方法。

1. 系统研究方法

系统是指由各个部分组成的、具有特定功能的有机整体。按照系统理论,世界是由大大

小小的系统构成的,系统具有整体性、相关性、动态性、有序性等特点。研究管理对象就应把管理对象作为一个系统来研究,研究该系统的内部构成、运行以及发展变化规律,研究该系统与其他系统的关系等。

2. 比较研究方法

比较研究方法是通过纵向、横向比较,发现异同,探索规律,找出事物结果所产生的原因,为指导管理活动提供依据。

3. 矛盾研究方法

矛盾研究方法是把事物矛盾的双方看成一个统一体,通过对矛盾的正面与反面、内因与外因、矛盾双方的辩证关系、矛盾的成因和发展趋势等进行分析,从而达到找出问题、分析问题、解决问题的目的。

4. 案例研究方法

在管理学中广泛地使用案例研究方法,即通过选取典型案例进行分析研究,归纳出经验、理论和规律,再用这些经验、理论和规律去指导实践。在运用案例研究方法时,要注意案例的代表性以及搞清楚事物发生结果的前提、背景和条件;要运用辩证唯物主义和历史唯物主义的方法去找出事物发展中的因果关系。

5. 实验研究方法

实验研究方法是使研究对象在特定的环境条件下,观察其实际发展结果,以寻求事物发展因果关系的一种研究方法。往往可采取改变研究对象的条件来观察其结果如何变化,这种实验称为比较实验。实验的时机、地点、范围、规模不同,对实验的结果会产生一定的影响。实验研究方法是一种用实践来检验理论、总结经验、发现规律的好方法,但在实际运用中应进行科学的组织、系统的观察,正确的组织实验活动。

6. 演绎研究方法

演绎研究方法是指根据已经证明了的公理、定理、规律来进行推理的一种研究方法。它是由一般到个别,由一般原理得出关于个别事实的结论的一种推理方法。演绎推理一般采取三段论式的形式,如"所有的金属都导电,铁是金属,因此铁导电",这就是一个三段论式。在演绎推理中,结论中所提的概念只能含有前提中已经有的概念,而不能改换概念,如果它的前提是正确的,在推理过程中又遵循推理的规则,那么结论也是一样正确的。

对以上研究方法要区别不同的研究对象、研究条件和特点而加以选用或综合运用。

三、对管理科学性与艺术性的认识

哈罗德·孔茨认为:科学,一种知识系统,包括明确的概念——名词和术语准确;以及一般原理——在边界条件内普遍反映事件之间的联系。名词和术语确切地概括了事物的本质,内涵与外延清楚,对理论工作者和实际工作者所传达的信息是同样的。以此为基础,对事实和现象进行分类和分析,概括或假设反映它们之间的因果联系,经过客观实践的检验,说明概括或假设反映了客观事实,并能解释事理,即为"原理",它具有预示事物发展的重要意义。相互关联的原理和观念构成一个系统,由此可以形成一个理论框架,是重要的知识领域。

管理的科学性是指管理作为一个活动过程,有自己明确的概念、范畴和普遍原理、原则,并且相互依存,形成了独特的知识体系,其间存在着一系列基本客观规律。人们经过无数次的失败和成功,通过从实践中收集、归纳、检测数据,提出假设,验证假设,从中抽象地总结出一系列反映管理活动过程客观规律的管理理论和一般方法。人们利用这些理论和方法来指导自己的管理实践，又以管理活动的结果来衡量管理过程中所使用的理论和方法是否正确，是否行之有效，从而使管理的科学理论和方法在实践中得到不断的验证和丰富。因此说，管理是一门科学，它以反映管理客观规律的管理理论和方法为指导，有一套分析问题、解决问题的科学的方法论。

管理的艺术性，既不是指文学、绘画、音乐、舞蹈等用形象来反映现实的社会意识形态，也不是指事物的形状独特而美观，而是指富有创造性的方式和方法，即在工作或在广义的实践活动中，创造性地灵活应用科学知识，将知识转化为生产力和能力的一种技巧。艺术性来自个人的经验、直觉和智慧、智力，正如钱学森所说："领导艺术是一种远离数学领域的才能，它能从大量复杂事物的关系中判断出最重要最有决定意义的东西。"

管理的艺术性就是强调其实践性，没有实践则无所谓艺术。管理者必须在管理实践中发挥积极性、主动性和创造性，因地制宜地将管理知识与具体管理活动相结合，才能实施有效的管理。所以，管理的艺术性，就是强调管理活动除了要掌握一定的理论和方法外，还要有灵活运用这些知识和技能的技巧和诀窍。

 **知识拓展**

海豚式管理的运用

海豚式管理是指管理者在实施管理行为的过程中，从强调"人的关系"和"人的资源"模式（以善待人和关于利用人为基础）转变为以原则为中心的管理模式。这里说的原则是指基本的，有关于人类关系和组织的普遍原则，例如公平、正义、诚实、正直和信任等。这些原则就像自然法则一样，不论你是否遵守，它们都在发挥作用。

对于海豚式管理的管理观念，彼得·德鲁克认为：这既不是"X理论"或"Y理论"，也不是任何别的管理人的特定理论。这种理论已超越管理人的范围，涉及使雇员的目标与本组织的目标保持一致——不是对人员进行管理，而是在引导他们。因此，管理者必须帮助下属发现其行为具有的意义和成就。

海豚式管理的领导风格，主要表现为管理者信念坚定，追求公平，既关心工作成果，更关心员工成长，他们用脑和心来领导，以自信、宽容来运作、是刚柔结合。总之，海豚式管理正是适应时代要求而产生的一种新的管理模式。

【案例讨论】

如何进行有效管理

在一个管理经验交流会上，有两个厂的厂长分别论述了他们各自对如何进行有效管理的看法。

A厂长认为，企业首要的资产是员工，只有员工都把企业当成自己的家，都把个人的命运与企业的命运紧密联系在一起，才能充分发挥他们的智慧和力量为企业服务。因此，管理者有什么问题，都应该与员工商量解决；平时要十分注重对员工需求的分析，有针对性地给员工提供学习、娱乐的机会和条件;每月的黑板报上应公布出当月过生日的员工的姓名,并祝他们生日快乐;如果哪位员工生儿育女了,厂里应派车接送,厂长应亲自送上贺礼。在A厂长厂里,员工普遍把企业当作自己的家,全心全意地为企业服务,工厂日益兴旺发达。

B厂长则认为,只有实行严格的管理才能保证实现企业目标所必须开展的各项活动的顺利进行。因此,企业要制定严格的规章制度和岗位责任制,建立严格的控制体系;注重上岗培训;实行计件工资制等。在B厂长厂里,员工都非常注意遵守规章制度,努力工作以完成任务,工厂发展迅速。

讨论:
1. 你认为这两个厂长谁的观点正确,为什么?
2. 运用所学知识,谈谈在组织中如何开展有效管理。

【实训项目】

管理者角色扮演实训

项目背景

王伟大专毕业后曾到某煤矿掘进队一班工作过一年。他所在班的杨班长是个很有魄力的人。杨班长常说:"干好活儿,大家要齐心协力。放手工作,不要畏手畏脚,有什么事我顶着。"在他的鼓动下,大家铆足劲,一心都想超额完成任务,为班组争光。很长一段时间,大伙儿干得既轻松又开心。可后来因发生的一件事,改变了工友们对班长的看法。

一天早班,杨班长被其上级张队长叫去,由于煤巷工作任务重,希望他们班从打"全岩巷"调整去打"全煤巷",并将工作任务加以布置。杨班长领任务回来,由于大家都没有与全煤巷打过交道,所以,对其地质构造和特征都不太熟悉,对有关防突知识也了解不多,可又不能不服从上级安排,只好硬着头皮跟着班长去了现场,按惯例分工各自进行作业。下班前,他们终于完成了队里规定的进尺任务,可杨班长看时间还早,就让大家再打一点进尺。谁知道,就是这多打的一点进尺,使整个班被矿上罚款1000元,原因是作业的工作场所属防突工作面,超出原先规定多打一分进尺就有可能诱发煤层瓦斯突出,危及国家财产和矿工生命安全。当时,人家想,既然危险性这么大,罚款就认了。

可等到下午安全监察部追查责任时,杨班长却矢口否认是他的主张,把责任推到大家头上,形成班组集体违章作业的"事实"。明明是他指挥的,他为何不承认? 大伙儿越想越不服气。从那以后,杨班长的话没有几个人愿听,班组的凝聚力、战斗力也就随之下滑。

问题:假设你们分别是张队长、杨班长、王伟及工友中的一位,你们会如何高效率地完成任务。

实训目的

了解组织人员由于角色不同,其工作性质、内容等都有不同。掌握不同管理者的岗位职责、工作重点和任务,了解管理者的工作职责。扮演好自己的角色,进行准确定位,这是一个组织搞好管理必须要明确的重要问题。

实训步骤

(1) 自由组合成小组,每组3~5人。

(2) 明确各自的角色:张队长、杨班长、王伟、工友等。

(3) 根据指导教师要求撰写脚本,并进行角色扮演练习。
(4) 分组现场演示,同学交流,教师点评。

【同步测试】

一、单项选择题

1. ( )认为组织应该按照理性、制度和规范来进行管理。
   A. 泰勒　　　　　B. 法约尔　　　　　C. 韦伯　　　　　D. 孔茨
   E. 德鲁克　　　　F. 西蒙

2. ( )在组织中不用做决策。
   A. 高层管理者　　B. 中层管理者　　　C. 基层管理者　　D. 操作员

3. 不属于管理的职能范畴的是( )。
   A. 计划　　　　　B. 组织　　　　　　C. 领导　　　　　D. 经营
   E. 控制　　　　　F. 创新

4. 不属于计划范畴的是( )。
   A. 预算　　　　　B. 程序　　　　　　C. 制度　　　　　D. 战略
   E. 宗旨

5. 控制的标准是( )。
   A. 制度　　　　　B. 计划　　　　　　C. 政策　　　　　D. 程序

6. ( )认为管理是指挥他人用最好的方法去工作。
   A. 泰勒　　　　　B. 法约尔　　　　　C. 韦伯　　　　　D. 孔茨
   E. 德鲁克　　　　F. 西蒙

7. 管理具有二重性,是指管理的( )。
   A. 自然属性和社会属性　　　　　　B. 自然属性和生产力属性
   C. 生产关系属性和非社会属性　　　D. 生产力属性和社会属性

8. ( )认为管理就是决策。
   A. 泰勒　　　　　B. 法约尔　　　　　C. 韦伯　　　　　D. 孔茨
   E. 德鲁克　　　　F. 西蒙

9. 经验学派的代表人物是( )。
   A. 泰勒　　　　　B. 法约尔　　　　　C. 韦伯　　　　　D. 孔茨
   E. 德鲁克　　　　F. 西蒙

10. ( )是管理工作的原动力。
    A. 计划　　　　　B. 组织　　　　　　C. 领导　　　　　D. 经营
    E. 控制　　　　　F. 创新

二、判断题

1. 有了人类社会就有了管理。　　　　　　　　　　　　　　　　　　( )
2. 管理的目的是获取利润。　　　　　　　　　　　　　　　　　　　( )
3. 管理是一门科学,更是一门艺术。　　　　　　　　　　　　　　　( )
4. 管理是一种生产力。　　　　　　　　　　　　　　　　　　　　　( )
5. 管理就是经营,经营就是管理。　　　　　　　　　　　　　　　　( )
6. 决策是高层管理者的事。　　　　　　　　　　　　　　　　　　　( )

7. 程序、预算也是计划。　　　　　　　　　　　　　　　　（　　）
8. 管理的有效性是指效率。　　　　　　　　　　　　　　　（　　）
9. 中层管理者的主要任务是上传下达。　　　　　　　　　　（　　）
10. 管理学是一门综合性科学,研究方法比较多。　　　　　　（　　）

三、简答题
1. 谈谈你对管理概念的理解。
2. 在管理的六种职能中,如何理解决策职能是首要职能?
3. 如何理解创新职能对管理的重要性?

第二章 管理理论的形成与发展

【学习目标】

知识目标

1. 了解中外早期的管理思想。
2. 熟悉古典管理理论、行为科学管理理论和现代管理理论。

能力目标

1. 能够掌握各管理理论的基本观点。
2. 能够结合实例科学地阐释管理理论的应用。
3. 能够科学地分析各管理理论。

素养目标

1. 培养系统地分析问题、制定规划的能力,提升战略思维与全局意识。
2. 树立正确的价值观和道德准则,在未来职业活动中自觉践行社会责任。

【关键概念】

管理思想,古典管理理论,行为科学管理理论,现代管理理论。

【体系结构】

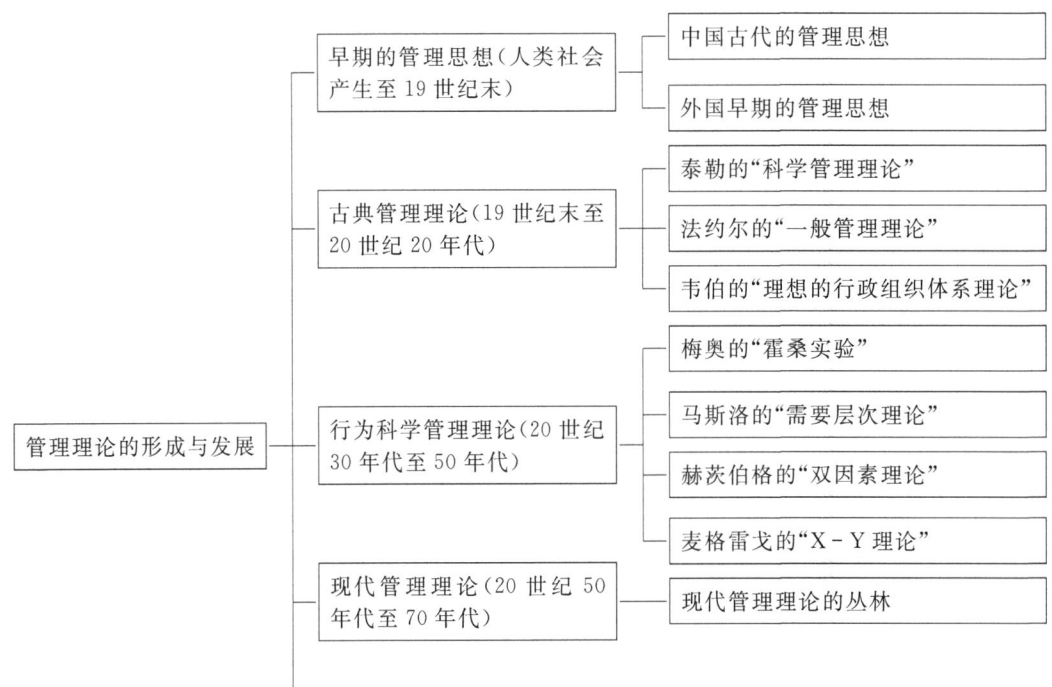

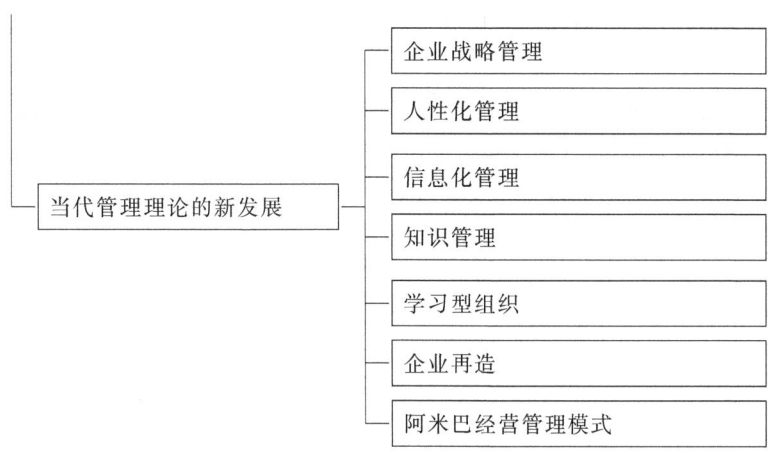

【案例导入】

是否"小题大做"

现代企业在管理过程中,即使是一件不经意的小事,如果解决不好都有可能留下遗憾。事情发生在工厂设备改造的日子里。那天快要下班了,机修工在刚磨好的水磨地面上用金属切割机切割方管。工人下班后,李厂长独自来到车间,发现刚刚切割过方管的地面上,铁屑堆成浅浅的"一"字。看着这并不显眼的"一"字,李厂长脑中浮现出亲身经历的一件事。十多年前家里装修房子,女儿不小心将一杯茶叶水泼在刚磨过的白色水磨石地面上。第二天,地面上便留下了擦不去的一幅"泼墨画"。

李厂长沉思片刻,跑到外面,搬来一块混凝土预制块,用纸片小心翼翼地将铁屑铲起倒在预制块上,洒上一点儿水,然后离开了。

第二天上班后,李厂长将生产部人员和机修工集中在车间,召开实验结果展示会,让大家看铁屑浸水后留在预制块上抹不去的锈斑。大家面面相觑,议论纷纷。有的人认为,这是小题大做,它不影响企业正常生产。有的人认为,厂长抓得对,日常管理工作不严,将无法保证管理水平的提高。

思考:
1. 案例中李厂长是否小题大做?为什么?
2. 案例中所涉及管理行为的理论依据是什么?

【知识积累】

第一节 早期的管理思想
(人类社会产生至19世纪末)

一、中国古代的管理思想

中国是一个具有几千年文明史的国家,中国古代各族人民以自己的智慧和辛勤劳动创造了许多举世闻名的劳动成果。例如,长城是中国也是世界上修建时间最长、工程量最大的一项古代防御工程。自西周时期开始,延续不断修筑了两千多年,总计长度达两万多千米,如此浩大的工程在世界上也是绝无仅有的。1987年,长城作为文化遗产列入《世界遗产名录》。

长城的防御工程建筑,在两千多年的修筑过程中积累了丰富的经验。首先是在布局上,秦始皇修筑万里长城时就总结出了"因地形,用险制塞"的经验。之后的每一个朝代修筑长城都是按照这一原则进行,成为军事布防上的重要依据。在建筑材料和建筑结构上以"就地取材、因材施用"的原则,创造了许多种结构方法。有夯土、块石片石、砖石混合等结构;在沙漠中还利用了红柳枝条、芦苇与砂粒层层铺筑的结构,在今甘肃玉门关、阳关和新疆境内还保存了两千多年前西汉时期这种长城的遗迹。

万里长城这些成果的取得正是中国古代各族人民管理思想的运用和从事管理实践的结果。

(一) 中国古代的经营思想和用人思想

1. 中国古代的经营思想

中国古代有许多经营理财的理论思想,比较著名的有计然提出、范蠡实践的"待乏原则"和"积著之理"。"待乏原则"强调预测市场需求与价格变化,提前储备未来稀缺物资以获利;"积著之理"则注重商品流转效率,主张通过加速货物与货币流通获利,并依据供需关系调整存货("贵出如粪土,贱取如珠玉")。这些思想对后世影响深远——例如南宋时期已形成出纳与会计分离的财务管理原则。

西汉史学家司马迁在《史记》中通过对农工商贸、官吏军士、猎人渔夫等从事各种活动的复杂社会现象的分析,得出"天下熙熙,皆为利来;天下攘攘,皆为利往"。他认为:"农不出则乏其食,工不出则乏其事,商不出则三宝绝,虞不出则财匮少。财匮少而山泽不辟矣。此四者民所衣食之原也。"也就是说,农、工、商要顺利发展,就必须获得足够的利润。

明代丘濬在《大学衍义补》一书中主张商业应当完全由民间去经营。他说:"大抵民自为市,则物之良恶,钱之多少,易以通融准折取舍,官与民为市,物必以其良,价必有定数,又有私心诡计百出其间,而欲行之有利而无弊,难矣。"

2. 中国古代的用人思想

中国古代管理思想中素有"选贤任能""任人唯贤"的主张。春秋战国时期的墨子对当时王公大人以血缘世袭,不重德才的做法非常不满。在《墨子·尚贤》篇中,他主张用人应当"尚贤",而在采用贤哲时,要先"听其言,迹其行,察其所能,而慎予官",确保其能力与职位匹配,才能授予适当的官职。

中国古代的科举制度,比较系统地体现和发展了中国古代人才选拔思想。从人事管理角度来看,科举制度在公开竞争、综合评价和多层筛选等方面具有人才选拔管理的意义。这种标准化考试模式比西方早一千年。

(二) 中国古代管理思想的学派构成

先秦时期,中国古代管理思想的理论体系呈现复杂多元化形态,各学派旗帜鲜明。西汉以后,"罢黜百家,独尊儒术",中国古代管理思想从此确立了以儒学为主兼纳他派的理论体系。

1. 儒家管理思想

孔子儒家管理思想的核心内容是"仁""礼""中庸"。"仁"是儒家管理思想的中心概念(《说文》:"亲也;从人从二"),在《伦语》中发展出"爱人"(《颜渊》)、"仁政"等理念。孔子在《礼记·中庸》中提到,"为政在人,取人以身,修身以道,修道以仁。仁者,人也,亲亲为大",

鲜明地提出"为政以德"的主张,将"仁"作为统领所有公共管理规则的核心。孔子的"仁"学说,反对管理过程中的苛政,积极宣扬充满人类之爱的管理思想。一方面,借助爱人观念强化血缘联系,有效消除内部冲突;另一方面,依据宗法模式,有层次地将爱人观念推广至整个社会。

"礼"即礼仪、礼节、礼教,是维护封建管理等级制度和秩序的伦理规范,也具有处理管理主体的道德准则。这些规范,一方面能成为凝聚管理群体、促进团结和谐的积极力量,另一方面则发展为管理式的繁文缛节和极端苛刻的纲常名教。

"中庸"是一种管理思想与方法,讲究不偏不倚、执两用中、适量守度,其基本精神是通过折衷调和的手段,达到消除管理矛盾,避免管理冲突,进而稳定管理秩序的目的。

2. 道家管理思想

"有物混成,先天地生。寂兮寥兮,独立而不改,周行而不殆,可以为天下母,吾不知其名。字之曰'道'。"道家认为"道"是宇宙的本体,是宇宙间一切事物得以形成的最终根源。

道家非常注重对管理规律的认识和把握,提出"道法自然",即管理必须遵循客观规律,一切要顺应自然才能取得良好的管理效果。在管理方式上,道家认为最高境界是"无为而治"。管理者行使管理职责时,不应勉强作为,不可越权行事,而须因势利导,营造放权下属的宽松氛围,将组织管理得井井有条。

道家的"无为而治"与现代西方管理学理论中的倡导的"自动化管理""成本最小-收益最大化管理"有着微妙的相通之处,同样致力于避免干预、提倡自由、鼓励下属发挥创造性与积极性。道家还总结了一整套管理智慧,如静观待变、守弱用柔、知盈处虚、居上谦下、不争之争、见微知著、欲取先予、以曲求全、藏而不露、知足常乐等,这些思想常被企业界人士所津津乐道。

从道家的管理模式或管理风格中,可以看出对科学管理的崇尚、对个人创造能力的尊重及对管理绩效的追求。

3. 法家管理思想

法家管理思想以"法",即管理制度为核心,注重"法""势""术",即管理制度、管理权威与管理技巧的完美结合。法家明确赞同"法治"而反对"人治",主张必须严格遵循既定的法令、规则,而不能只依赖管理者的主观判断或个人好恶。法家相信,如果坚守法制,哪怕是平庸普通的人也能成功地进行管理;但若抛开法制,才能超卓的人也必然会面临失败。当然,就立法而言,法家以君主为中心,说到底也是"人治"。

法家还看到,"徒法不足以自行",仅有管理制度,没有强力、灵活地推行措施也不行。韩非提出统治者所必须采用的"七术"有:"一曰众端参观,二曰必罚明威,三曰信赏尽能,四曰一听责下,五曰疑诏诡使,六曰挟知而问、七曰倒言反事。"(《韩非子·内储说上七术》)他还指出:"势者,胜众之资也。"(《韩非子·八经》)所以,管理权威和管理技巧也是必需的。法家将管理权威分为"自然之势"和"人为之势",前者指管理者在既成条件下(如受委任)所获得的权威,后者指管理者利用各种资源自行创造的权威。法家尤其注重充分利用和强化"自然之势",主动创设"人为之势",并以此为后盾,保证管理制度的实施。

法家通常较少理会人的道德修养和社会伦理准则,往往有"为达目的不择手段"之嫌,但其管理技巧却比其他各家都要丰富。在组织机构的建立、职位的设置、人员的选拔、授权、监督、考查等方面,法家提供了中国古代管理从理论走向实践的极佳范例,即便在今天,也仍能从中不断寻求启示。

4. 兵家管理思想

兵家管理思想主要在于军事,以孙子为代表的兵家思想十分丰富。兵家思想以"谋略"为中心,讲"谋攻妙算",讲"因变制胜",讲"令文齐武",其中蕴含的管理战略、策略、方略,对其他领域有借鉴价值。

在管理战略方面,兵家讲究运筹谋划,强调管理者审时度势,对外界环境和组织内部有清醒正确的认识,并据此做出判断和决定。孙子强调,优秀的战争指挥员应该依靠计谋取胜,"故上兵伐谋,其次伐交,其次伐兵,其下攻城"。故曰:"知己知彼者,百战不殆;不知彼而知己,一胜一负;不知彼不知己,每战必殆。"(《孙子·谋攻篇》)

在管理策略方面,兵家提出要"因变制胜",强调"变"的因素,要求管理者对各种变化及时做出反应,并能积极创新求变,时时处处占据主动,不受制于人。孙子指出:"水因地而制流,兵因敌而制胜。故兵无常势,水无常形;能因敌变化而取胜者,谓之神。"(《孙子·虚实篇》)

在管理方略方面,孙子提出了分组管理的原则,"凡治众如治寡,分数是也"和"令之以文,齐之以武"的原则(《孙子·行军篇》),即要想管理很多人像管理很少人一样轻松,就须依靠组织和编制的作用;要想形成富有效率的组织,就须以严格的纪律、法令进行层层控制,辅以思想教育,对下属晓之以理,动之以情,并形成特定的层级制度,以做到首尾一致,令行禁止。

兵家管理思想因擅于计算、预测,强调变数而备受经济界和企业界的关注。有人认为,在今天的市场经济环境中,兵家思想将大有用武之地。一些涉足中国市场的外国公司在关注中国文化背景时,也确实将兵家学说放在了重要位置。

二、外国早期的管理思想

外国早期的管理思想主要体现在指挥军队作战、治国施政和管理教会等活动中。古巴比伦人、古埃及人和古罗马人在这些方面都有过重要贡献。例如在古埃及,形成了以法老为最高统治者的金字塔式的管理机构。为了强化法老专制政权的统治,埃及法老为自己修建了被后世称为世界七大奇迹之一的金字塔。其工程之浩大、技术之复杂,至今仍被蒙上许多神秘的色彩。

中世纪后期,18世纪到19世纪中期,欧洲逐渐成为世界的中心,欧洲各国在社会、政治、经济、技术等方面经历了大变动、大改革。几次大规模的资产阶级革命、商业城市的发展、资本主义生产方式从封建制度中脱胎而出,这期间占主导地位的家庭手工业制逐步被工厂制所代替。机器大生产和工厂制度的普遍出现,对社会经济的发展产生了重要影响。

随着工业革命及工厂制度的发展,工厂及公司的管理问题日益凸显,催生了很多的管理实践研究。许多理论家,特别是经济学家,在其著作中越来越多地涉及有关管理方面的问题。例如,有关管理职能、管理原则方面研究的经济学家及其著作主要有:亚当·斯密及其《国富论》、塞缪尔·纽曼及其《政治经济学原理》等;有关具体的管理技术和管理方法等方面研究主要有:查尔斯·巴贝奇及其《论机器和制造业的经济》、罗伯特·欧文及其在新拉纳克及新协和村进行的实验等。

(一)亚当·斯密的劳动分工与"经济人"思想

亚当·斯密是最早研究专业化和劳动分工的经济学家。他在分析增进"劳动生产力"因素时,特别强调了分工的作用。认为分工的好处主要有以下几点:

(1)劳动分工可以使劳动者专门从事一种单纯的操作,从而提高熟练程度、提高劳动效率。

(2) 劳动分工可以减少由于变换工作而损失的时间。

(3) 劳动分工可以使劳动简化,使劳动者将注意力集中在一种特定的对象上,有利于发现比较方便的工作方法,有利于促进工具的改革和机器的发明。

亚当·斯密提出"经济人"假设,其认为:个人在企业中追求最大限度的经济报酬。若组织的利益与个人的利益一致,可以通过调动个人的积极性来实现组织的目标。亚当·斯密在他的《国富论》中有这样一段论述:"人类几乎随时随地都需要同胞的协助,要想仅仅依赖他人的恩惠,那是一定不行的。他如果能够刺激他们的利己心,使有利于他,并告诉他们,给他做事是对他们自己有利的,那么他要达到目的就容易多了。不论是谁,如果他要与别人做买卖,他首先就要这样提议:请给我所需要的东西吧,同时,你也可以得到你所需要的东西。这句话是交易的通义。我们所需要的相互帮忙,大部分是按照这个方法取得的。"

亚当·斯密的上述发现和主张,不仅符合当时的社会生产发展的需要,而且对以后的企业管理产生了深远的影响。

(二) 罗伯特·欧文的人事管理思想

空想社会主义的代表人物之一,英国的罗伯特·欧文,为实践自己的政治主张,在新拉纳克及新协和村进行的实验虽然失败了,但对管理学的形成做出了重要贡献。他较早地注意到了企业人力资源的重要性,首次提出"要在生产中重视人的因素",在处理人和机器方面,他认为"至少要像对待无生命的机器那样重视对待有生命的人的福利"。为此,他提出了缩短劳动时间、禁止招收童工、设置工人教育设施和住宅等社会改良政策,改善员工的生产和生活条件,并在自己的工厂进行实验。另外,他还注重对工人的行为教育。现代管理中的行为学派公认欧文为其先驱者之一,也有人认为欧文是人事管理的创始人。

(三) 查尔斯·巴贝奇的科学管理思想

英国数学家查尔斯·巴贝奇在亚当·斯密劳动分工理论的基础上,进一步对专业化问题进行了深入研究。

他对管理的贡献主要有以下几个方面:①对工作方法的研究。他认为,一个体质较弱的人如果所使用的铁铲在形状、重量、大小等方面都比较适宜,那么他一定能胜过体质较强的人。因此,要提高工作效率,必须仔细研究工作方法。②进一步强调了劳动分工的重要性。他认为劳动分工有助于生产效率的提高,这是一种普遍现象,不仅适用于操作性的体力劳动,也适用于复杂的脑力劳动。③对报酬制度的研究。他主张工人的收入应该由三部分构成:固定工资、利润分享和奖金。其中,后两部分与工人对提高生产效率贡献的大小相联系。可见,这种刺激性的报酬制度,已经体现了后来以泰勒制为代表的科学管理的思想。

 知识拓展

早期管理思想评析

从人类社会的产生至19世纪末,在这一阶段所形成的管理思想,被称为"早期管理思想"。早期管理思想是管理理论发展过程中的一个历史阶段,也是现实管理中仍然存在的一种现象。其呈现出以下特点:

1. 管理关系简单

早期管理思想的管理关系简单表现在两个方面：

(1) 管理的角色简单。即一方是管理者，另一方是被管理者。管理者从事管理，被管理者从事生产操作。尽管在某些时候管理者也从事生产操作，但被管理者却不能从事管理工作。

(2) 管理的层次简单。即从上到下的直线层次管理。几乎没有纵横交错的复杂的管理结构。

2. 管理方式、方法和手段落后

早期管理思想的管理方式单一，即"命令"和"服从"。管理者一般只是单方面的向被管理者发出命令，被管理者只能机械的服从命令，而鲜有反馈意见。所以不能及时的调节和控制管理的各个环节，难以提高管理水平。

早期管理思想的管理方法一般只是凭经验进行管理，所以有人将20世纪以前的管理称为经验管理。现实中，凡是对管理没做专门的研究，在管理中没有采用科学的方法，仅凭借管理者的管理经验或陈规习惯进行管理，都属于经验管理。这种管理思想使得管理者不能自觉的对管理活动进行科学的分析研究，亦不可能进行有效的管理方式方法和手段的改革，而只能墨守成规、周而复始，或微小的改良。

早期管理思想的管理手段落后表现在主要是运用单纯的奖惩手段。管理活动没有周密的计划、组织程序不科学、法律规范不完备、没有有效的激励机制和完善的控制制度，管理者通常不能很好地控制生产操作流程，产生不了好的管理效果。

虽然早期的管理思想呈现出管理关系简单、管理方式单一、管理手段落后和管理者对管理的认识肤浅等特点，但人们对管理的认识也是逐步提高的。在军事、行政和经济等某些领域或某些环节，也曾对局部的管理问题作过一些研究，提出过一些有价值的见解，这些都是现代管理学的重要思想资料，也是随着生产力的发展，为适应资本主义工厂制度发展的需要而产生的。这些管理思想虽不系统、不完善，也没有形成专门的管理理论和学派，但对促进生产的发展产生了积极的影响，在现代管理中仍有借鉴作用。

第二节 古典管理理论
（19世纪末至20世纪20年代）

自由资本主义向垄断资本主义过渡的19世纪末至20世纪初，在这一阶段形成的管理理论，被称为"古典管理理论"。其代表人物及管理理论有泰勒的"科学管理理论"、法约尔的"一般管理理论"和韦伯的"理想的行政组织体系理论"。这些理论成为现代管理理论的先驱，对现代管理思想产生了较大的影响，标志着管理学作为一门独立学科的诞生。

一、泰勒的"科学管理理论"

美国的弗雷德里克·温斯洛·泰勒（Frederick Winslow Taylor，1856—1915）是最先突破传统经验管理思想的先锋人物，是美国古典管理学家，科学管理的创始人。在泰勒的管理生涯中，他不断在工厂进行实地实验，系统研究和分析工人的操作方法与动作，逐渐形成其管理体系——科学管理。泰勒的主要著作是1911年出版的《科学管理原理》,书中阐述的科学管理理论,其核心是应用科学方法确定从事一项工作的"最佳方法"。使人们认识到管理是一门建立在明确的法规、条文和原则上的科学,它适用于人类的各种活动。在管理工作中,他发现米德瓦尔钢铁公司的产量受到工人"系统性怠工"的影响,工人不肯竭尽全力工作,他认为这是严重的效率问题,这种问题比机器闲置不用更为恶劣。从1881年开始,他进行了一项"金属切削实验",由此研究出每个金属切削工人工作日的合适工作量。为寻求从事每一项工作的"最佳方法",泰勒在伯利恒钢铁公司期间进行了著名的"搬运生铁块实验"和"铁锹实验",极大地提高了劳动生产率。泰勒的理论和研究活动确立了他作为"科学管理之父"的地位。

(一) 四项管理原则

泰勒寻求在工人和管理当局双方掀起一场思想革命,他定义了四项管理原则:

(1) 对工人工作的每一个要素开发出科学方法,以替代传统经验方法;

(2) 科学地挑选工人,并对他们进行培训、教育和使之成长;

(3) 真诚地与工人合作,以确保劳资双方都能从生产效率的提高中得到好处;

(4) 明确管理者和工人各自的工作及责任,实现管理工作与操作工作的分工,并进而对管理工作也按具体的职能不同进行细分,实行职能制组织设计,并贯彻例外管理原则。

(二) "科学管理理论"的主要内容

泰勒提出科学管理思想,目的是要改变传统的一切凭借经验办事的管理思想,使经验管理转变成为一种"科学的"管理。"科学管理理论"主要包括以下内容。

1. 制定工作定额

科学管理的中心问题是提高劳动生产率。泰勒的科学管理首先是从制定工作定额开始的。

泰勒发现,当时工人中普遍存在着消极怠工现象,工人采用各种不同的方法做同一件工作,他们倾向于用"磨洋工"的方式工作,泰勒确信工人的生产率只达到应有水平的三分之一。泰勒认为,解决问题的责任在于管理部门,他认为只要合理地确定工资率,进行适当的激励,便能减少工人消极怠工的现象。但这要求首先要确定一个雇主和工人都能接受的"合理的日工作量",即工作定额。为此,首先应进行工时和动作的研究。泰勒在伯利恒钢铁公司进行了著名的"搬运生铁块实验"和"铁锹实验"。他把工人的作业分解成许多个基本动作,并把他们的每一项工作、每一道工序所使用的时间记录下来。在这个过程中,必须选择合格的、熟练的工人,选择适合完成这种作业的工具、设备,并确定合理的作业程序,消除错误的动作、慢动作、无用的多余动作,从而找到一种完成这项作业的"最优的工作方法",并使其标准化。然后,把测定的每一项动作、每一道工序所需要的时间加总,再加上必需的休息时间和不可避免的其他延误时间,就得出完成该项工作所需要的总时间,依此制定出一个工人的"合理日工作量",以此确定工作定额,这就是工作定额原理。泰勒认为,通过动作研究和时间研究而确定的"合理的日工作量",是以"科学的事实和法则"为依据的,劳资双方都必须遵守这个标准,既不允许工人利用工会的力量改变这个标准,也不允许雇主像过去那样任意确定工资率。

2. 挑选"第一流的工人"

第一流的工人是指那些最适合和最愿意做这种工作的工人。

泰勒认为"那些能够工作而又不想工作的人不能成为'第一流的工人'""非第一流工人"

是指那些体力上或智力上不适合干分配给他们的工作的人或指那些不愿意努力工作的人。人的天赋与才能不同,他们所适合的工作也就不同。健全的人事管理的基本原则是:使工人的能力与工作相适合,即要根据人的能力和天赋把他们分配到相应的工作岗位中去。管理部门的责任在于为每项工作找出最适合的人选,并对他们进行系统、科学的培训,激励他们尽最大努力来工作,使他们成为完成所从事的工作的"第一流工人"。他认为每种类型的工人都能找到某些工作使他成为"第一流的工人"。

所以,泰勒提出的"第一流的工人"是一个适合完成其工作而又有进取心的人。

3. 实施标准化管理

实施标准化管理是指要使工人掌握标准化的操作方法,使用标准化的工具、机器和材料,并使作业环境标准化,这就是所谓的标准化原理。

泰勒认为,必须用科学方法对工人的作业方法、工作定额、使用工具、劳动和休息时间的搭配以及设备的摆放和作业环境的布置进行分析,消除各种不合理的因素,把各种最好的因素结合起来,形成一种最好的作业方式。通过动作研究与时间研究确定最佳的、标准的作业方法。与此同时,用标准的作业方法对作业人员进行训练,并因人制宜地给他们安排最适当的职务,以使每个作业人员都能最大限度地发挥其工作能力。在确定其标准作业方法和工作量后,还必须使工具、机械、材料、环境标准化。为此,泰勒进行了大量的实验,如在伯利恒钢铁公司进行的"铁锹实验"。

4. 实行差别的计件工资制度

泰勒认为,实行差别的计件工资制度能促进工人大大提高生产效率,工厂主的工资支出虽然增加了,但由于工人采用了科学的工作方法,克服了消极怠工和故意磨洋工的现象,使得生产效率的提高幅度大于工资提高的幅度,所以对工厂主是有利的。

差别的计件工资制度包括三方面的内容:①通过工时分析和研究,制定出一个有科学依据的定额标准,即由定额制定部门设计各种工作,并把各种工作分解为各项作业要素,为每一作业要素制定出定额。②采用"差别计件制"的刺激性付酬制度,即计件工资率按完成定额的程度而浮动。③工资支付的对象是工人而不是职位,即根据工人的实际工作表现支付工资,而不是根据工作类别来支付工资,这样做等于按工人作出的贡献付酬,而不是按工人的工作等级付酬,才能达到鼓励工人积极性的目的。

泰勒不赞同工会为了维护工人集体利益坚持对所有同类工作的工人应有一个"共同的原则"及有关工资和其他条件的统一标准。泰勒认为,这种做法实际上妨碍了每个工人去实现他的个人愿望。

5. 强调工人与雇主合作的"精神革命"

过去许多企业中的劳资纠纷是由劳资双方的兴趣和注意力都集中在如何分配盈利问题上而引起的。资方总想利用利润形式尽可能多得一些盈余,工人总想利用工资形式从盈余中尽可能多得一些工资。因而发生互相争吵、情绪对立的情况,甚至彼此视若仇敌。为了解决双方的争吵、对立和矛盾,劳资双方必须在思想上进行合作,即来一次"伟大的思想革命"。

泰勒认为科学管理的实质是要求企业中的劳资双方在思想上来一次"精神革命"。工人和雇主都必须认识到提高劳动生产率对双方都有利,要相互协作,共同为提高劳动生产率而努力。

6. 计划职能与执行职能分开,变传统的经验工作法为科学工作法

泰勒认为,过去劳动生产效率低的原因之一是计划职能与执行职能混合在一起。在过

去的管理中,管理当局只告诉工人做什么,而不告诉工人怎样做,工作效率的高低取决于工人所采用的操作方法是否合理、所使用的工具是否合适以及工人的技术熟练程度。因此泰勒主张计划职能归管理部门负责,从事全部计划工作并对工人发出命令;现场操作的工人,则按照计划部门制定的操作方法和指示从事实际操作,不得自行改变操作方法。

7. 实行职能工长制

泰勒认为,为了使工长能够有效地履行职责,必须把管理工作予以细分,使每一工长只承担一两种职能,即"职能工长制"。

在旧的制度下,由于缺乏专业化的管理分工,使得厂长和工长的工作内容极其复杂。他们必须分配生产任务、决定作业程序、指导监督作业、挑选和训练工人、决定工资标准等。工长为了完成工作,必须掌握大量的情况、信息,并具备各种知识与才能,因此,工长必须经过长期的训练才能胜任工作。

为了有效地执行管理职能,提高工长的工作效率,泰勒主张对管理工作细分化,实行职能工长制。在泰勒的职能工长制下,每一个管理人员只负责一两项特定的管理职能。泰勒将原本由单一工长承担的综合管理职能细分为八项专门职能。其中4个职能工长在计划部门,负责对作业现场和工人发布指令和向计划部门报告。另外4个职能工长在作业现场,任务是根据各自特定的职能,就地对工人发布命令和进行指挥。

实行职能工长制能使管理人员职能明确,现场车间的职能工长只需要进行指挥与监督,有利于提高工作效率。后来发现,职能工长制出现了多头领导和指挥,破坏了统一指挥原则。因此,这种职能工长制后来没有得到推广。但为以后职能部门的建立和管理专业化提供了思想基础。

8. 在组织机构的管理控制上实行例外原则

管理控制实行例外原则,是指企业的高级管理人员为了减轻处理纷乱烦琐事物的负担,把一般的日常事物授权给下级管理人员去处理,而自己只保留对例外事项(即重要事项)的决策权和控制权。

泰勒认为,经理只接受那些经过压缩、总结了的,而且总是属于对照性的报告,但这些报告要包括管理上的一切要素在内。即使是总结性的资料,在送给经理之前也要先经助手仔细看过,把一切同过去的平均数或规定标准不相符的地方指出来——包括特别好的或特别差的两种情况在内。这样,只要几分钟时间,就可以使经理全面了解事态是进展还是后退,并且腾出时间考虑更为广泛的大政方针,以及研究手下重要人物的性格以及是否称职。

此外,对科学管理做出了积极贡献的人主要还有以下几位:

(1) 美国管理学家、机械工程师亨利·甘特,他创造了一种线条图,后被称为甘特图,管理者能够利用它进行计划和控制。

(2) 美国工程师弗兰克·吉尔布雷斯夫妇在1911年出版的《动作研究》中,首次采用动作摄影来研究手和身体动作,这些研究被认为是泰勒科学作业实践的重要实证。

(3) 美籍数学家卡尔·巴斯研究的许多数学方法和公式,为泰勒的工时研究、动作研究和"金属切削实验"等研究工作提供了理论依据。

(4) 美国早期的科学管理研究工作者哈林顿·埃默森独立地发展了科学管理的许多原理,例如他提出了提高效率的12条原则,包括明确目标,常识与专业知识,虚心请教,严格的纪律,公平处理各项事务,可靠、准确、及时的记录,实行有效调度,制定标准和有进度表,工作环境标准化,作业标准化,书面作业指导,效率奖励等。

知识拓展

泰勒简介

泰勒出生于美国费城一个富裕的律师家庭,中学毕业后考上了大学法律系,却不幸因眼疾而被迫辍学。1875年,他进入一家小机械厂当徒工,1878年至1897年他在费城米德瓦尔钢铁厂当机械工人。之后,由于工作努力,表现突出,先后被提升为车间管理员、技师、小组长、工长、维修工长、设计室主任和总工程师。1898年,泰勒受雇于伯利恒钢铁公司。他在业余学习的基础上获得了机械工程学士学位。

二、法约尔的"一般管理理论"

在泰勒及其追随者研究和倡导科学管理原理和方法的同一时期,大西洋彼岸的法国诞生了关于整个组织的管理理论,被称为"一般管理理论"或"组织管理理论"。"一般管理理论"与侧重于研究基层作业管理的"科学管理理论"不同,它是站在高层管理者的角度对整个组织的管理问题进行研究。该理论的创始人是法国人亨利·法约尔(Henri Fayol,1841—1925)。

亨利·法约尔出生于法国一个小资产阶级家庭。他除了对大企业的管理有亲身实践和研究之外,还在法国的邮政机关、烟草专卖事业部门做过调查和研究工作,且担任过法国陆军大学和海军学校的管理教授。他的管理理论是以一个整体的大企业作为研究对象,其管理理论不仅适用于工商企业,也适用于军队、政府机关、宗教、慈善团体等组织的管理。法约尔一生著作很多,其中较有影响的著作有:《论管理的一般原则》(1908年);《工业管理与一般管理》(1916年);《国家管理理论》(1923年)。他的代表作《工业管理与一般管理》是他一生管理经验和思想的总结,标志着一般管理理论的形成。由于他在管理理论发展史上的独树一帜,而被称为"管理理论之父"。

"工业管理与一般管理理论"的主要内容如下。

(一)企业的6种基本活动

法约尔将工业企业中的各种活动划分为6类:

(1)技术活动,包括生产、制造和加工等活动。

(2)商业活动,包括购买、销售和交换等活动。

(3)财务活动,包括资金的筹措和运用等活动。

(4)安全活动,包括设备维护和职工安全等活动。

(5)会计活动,包括货物盘存、成本核算等活动。

(6)管理活动,包括计划、组织、指挥、协调和控制等五项职能活动。

(二)管理的5项职能

法约尔归纳出管理的5项职能为:计划、组织、指挥、协调和控制。

(三)14条管理原则

法约尔总结出简明的14条管理原则。

(1)劳动分工,是指实行劳动专业化,其目的是要在同样努力的条件下得到更好的效果。法约尔认为它对提高劳动生产率有很大作用。

(2) 权责对等，是指管理者必须拥有命令下级的权力，但权力必须与责任相匹配。权力与责任相互统一，互为结果，有权必有责。同时法约尔也指出，这里的权力不包括管理者个人凭自己的智慧、博学、经验等形成的"权力"，一个好的管理者，应常常是后种权力补充前种权力。

(3) 纪律严明，是指组织内所有成员通过各方所达成的协议对自己在组织内的行为进行控制。员工必须服从和尊重组织的规定，领导者也要以身作则。严明、公正的纪律是任何组织都不可缺少的要素。

(4) 统一指挥，是指无论什么行动，每一个下属只应接受并服从一个上级的命令，并向这个上级汇报自己的工作，不能多头指挥。

(5) 统一领导，是指对于同一目的的全部活动，只有一个领导人和一项计划，这是统一行动、协调力量和一致努力的必要条件。

(6) 个人利益服从整体利益，是指个人利益不能超越整体利益，整体利益大于个人利益的总和。当两者不一致时，个人利益服从整体利益。

(7) 个人报酬，是指报酬必须公平合理，尽可能使组织和员工双方均达到满意。对工作成绩与工作效率优良者应有奖励，但不能超过某一限度。

(8) 集中化，是指权力的集中或分散的程度问题。集中或分散的程度要根据组织的性质、规模、人员素质等特点来定，以决定"产生全面的最大收益"的那种集中程度。

(9) 等级制度，是指从组织的最高权力机构直至最低层管理人员，应建立一个关系明确的等级制度，使信息的传递按等级链进行。如果顺着这条等级链沟通会造成信息的延误，则允许越级报告和横向沟通，以保证重要信息的畅通无阻。

(10) 秩序，是指组织内的人、财、物都应在其相应的位置，各得其法，各得其用。

(11) 公平，是指管理人员应以亲切友好的态度对待下属和以公正的态度严格执行规章制度。

(12) 人员稳定，是指应保持组织内人员的稳定。如果人员不断变动，工作将得不到良好的效果。因此管理者应制定出规范的人事计划，以保证组织所需人员的供应。

(13) 首创精神。管理人员不仅应具有首创精神，还要在不违背职权和纪律的情况下，鼓励和发挥下属的首创精神，鼓励员工发表意见和主动的开展工作。这是提高组织内各级人员工作热情的主要源泉。

(14) 团结精神，是指要保持和维护每一集体中团结、协作、融洽的关系，特别是人与人之间的关系。强调团结精神将会促进组织内部的和谐和统一。

此外，法约尔认为，人的管理能力可以通过教育来获得，他首次指出管理理论具有普遍性，可以用于各个组织之中。他将管理视为一门科学，提出在学校设置这门课程，并在社会各个领域宣传、普及和传授管理知识。

三、韦伯的"理想的行政组织体系理论"

"理想的行政组织体系理论"是科学管理思想的一个重要组成部分，它强调组织活动要通过职务或职位而不是个人或世袭地位来设计和运作，这样的行政组织机构对于任何组织形式来说都是"理想的"。所谓"理想的"并不是最合乎需要的，而是指组织的"纯粹形态"，在实践中出现的可能是各种组织形态的结合和混合。这个理想的行政组织机构只是便于进行理论分析的一种标准模式。这一理论的创立者是德国社会学家马克斯·韦伯(Max Weber，1864—1920)。该理论对泰勒和法约尔的理论是一种补充，对后来的管理学家，尤其是组织理论学家有很大的影响。因此，韦伯被后人称为"组织理论之父"。

韦伯"理想的行政组织体系理论"的特征可以归纳为以下几个方面：

(1) 明确的分工，是指组织成员之间有明确的任务分工。在将任务分配给组织中的各个成员或各个职位的基础上，还要规定明确的职责并赋予对等的权力，且使之合法化。

(2) 等级系统，是指按照一定的权力等级将组织中各种职务和职位形成责权分明、层层控制的等级系统。在这个系统中，各级管理人员不仅要对上级负责，而且也要对自己的下级负责；下级必须服从上级的命令，必须接受上级的控制与监督。

(3) 人员任用，是指要求通过正式考试或教育训练，公正地选拔组织成员，使之与相应的职务相称。组织内对职务的任免要讲究一定的程序。

(4) 职业管理人员，是指实行管理人员专职化。组织内部的管理人员不是他所管理单位的所有者，而只是其中的工作人员，他们按期拿固定薪金，组织内有明文规定的升迁制度(是否升迁，完全由上级按照年资、工作成绩或两者综合考虑决定)。

(5) 遵守组织制度，是指组织内的任何人都必须严格遵守共同的规则和制度。这些规则和制度是不受个人情感影响，在任何情况下都适用。

(6) 组织中人员之间的关系，是指工作与职位的关系，这是一种完全以理性准则为指导，不受个人情感影响的关系。这种公正不倚的态度，不仅在组织内部人际关系中存在，而且也适用于组织同顾客之间的联系。

 知识拓展

古典管理理论评析

泰勒的科学管理理论的影响是广泛而深远的。主张一切管理问题都应当而且可以用科学的方法加以研究和解决，实行各方面的标准化，使个人经验上升为理论，不单凭经验管理，从而开创了由经验管理进入科学管理的新阶段。但其研究的范围始终没有超出劳动作业的技术过程，没有超出车间管理的范围。

法约尔的一般管理理论是西方古典管理思想的重要代表，它奠定了管理过程学派的理论基础，也是以后各种管理理论和管理实践的重要依据，对管理理论的发展和企业管理的实践均有着深刻的影响，现实中的许多管理实务和思想，在某种程度上也可以直接追溯到一般管理理论的研究。因此，继泰勒的科学管理之后，一般管理理论也被誉为管理史上的"第二座丰碑"。

韦伯的理想的行政组织体系理论的实质在于以科学确定的、法定的制度规范作为组织协作行为的基本约束机制，依靠外在于个人的、合理合法的理性权威实施管理。为20世纪初的欧洲企业从不正规的业主式管理向正规化的职业性管理过渡提供了一种纯理性化的组织模型，对当时新兴资本主义企业制度的完善起到了划时代的作用。韦伯所设计的理想行政组织体系的组织结构勾勒出了后来组织结构理论发展的基本框架。

> 古典管理理论的代表人物泰勒、法约尔和韦伯等从不同的方面对管理思想和管理理论的发展做出了杰出的贡献,并对管理实践产生了深刻的影响。但他们都把人看成只为钱而干活的"经济人",因此将管理问题的重点放在操作方法、规章制度和管理原则上,强调管理的科学性、合理性和纪律性的较多,而对人的因素和作用分析较少。

第三节 行为科学管理理论
(20世纪30年代至50年代)

从20世纪20年代美国推行科学管理的实践来看,泰勒的科学管理在使生产效率大幅提高的同时,工人却被安排从事固定的、枯燥的和过分简单的工作,成了只能按照规章制度干活的"活机器",使得20世纪30年代以来,劳资关系日趋紧张。随着工人日益觉醒,工会组织日益发展,经济发展和周期性危机加剧,以及科学技术的发展和应用,有着较高文化水平的工人逐渐占据了主导地位,体力劳动也逐渐让位于脑力劳动。越来越多的管理者感到,运用古典管理理论和方法已经不能有效地控制工人为提高劳动生产率和利润而努力工作了。很多的管理学家、心理学家们意识到社会化大生产的发展需要新的管理理论提供新的管理方式、方法和手段。于是应运而生了行为科学管理理论。

行为科学管理理论始于20世纪二三十年代美国哈佛大学心理学家梅奥等人所进行的著名的霍桑实验。1949年,美国芝加哥举办的一次跨学科讨论会上第一次提出"行为科学"。1953年,美国福特基金会召开的各大学科学家参加的会议上,正式将这一学科定名为行为科学。比较有代表性的理论有梅奥的人际关系理论、马斯洛的"需求层次理论"、赫茨伯格的"双因素理论"和麦格雷戈的"X-Y理论"。

一、梅奥的"霍桑实验"

乔治·埃尔顿·梅奥(George Elton Mayo,1880—1949),是原籍澳大利亚的美国行为科学家,人际关系理论的创始人,美国艺术与科学院院士。1924—1932年间,美国国家研究委员会和西方电气公司合作,由梅奥负责进行了著名的霍桑实验。即在西方电气公司所属的霍桑工厂,为测定各种有关因素对生产效率的影响程度而进行的一系列实验,由此产生了人际关系学说。

梅奥的"霍桑实验"分为四个阶段:第一阶段,车间照明实验(1924—1927年)。主要将照明度作为影响工作效率的重要条件加以研究,实验似乎以失败告终。但通过本次实验得出了两条结论:①照明度只是影响工人生产效率的一项微不足道的因素。②由于牵涉因素太多,难以控制,且其中任何一个因素都足以影响实验结果,故照明对产量的影响无法准确测量。第二阶段,继电器装配实验(1927年—1929年)。旨在实验各种工作条件的变动对小组生产率的影响,以便能够更有效地控制影响工作效果的因素。通过本次实验得出主要结论:物质条件、工作方法、工作时间、工资制度的变化与产量提高并无直接的关系,导致产量增加的原因,是由于管理方式的改变带来士气的提高和人际关系的改善。第三阶段,大规模的访问与调查(1928—1930年)。两年内梅奥等研究小组在上述实验的基础上进一步开展了全公司范围的普查与访问,调查了2万多人次,发现所得结论与上述实验所得结论相同,即"任何一位员工的工作绩效都受到其他人的影响"。于是研究又进入了第四阶段。第四阶段,接线板接线工作室实验(1931—1932年)。实验旨在通过集体计件工资制刺激,试图形成"快手"对"慢手"的压力以提高工作效率。

通过四个阶段、历时近8年的霍桑实验,梅奥等研究人员发现,员工的生产效率不仅受到生理、物理等方面因素的影响,更多的是受到社会环境、社会心理等方面的影响。根据霍桑实验,梅奥于1933年出版了《工业文明的人类问题》一书,提出的观点主要可归纳为以下几点。

(一)工人是"社会人"

梅奥认为工人是"社会人",而不是"经济人"。工人并不是仅仅追求金钱收入,他们还追求人与人之间的友情、安全感、归属感和受人尊重等,他们是具有复杂需要的"社会人",有社会方面和心理方面的要求。

(二)企业中存在着非正式组织

梅奥认为企业中除了正式组织外还存在着非正式组织,这种非正式组织的作用在于维护其成员的共同利益,使之免受其内部个别成员的疏忽或外部人员的干涉所造成的损失。非正式组织中有自己的核心人物和领袖,有共同遵循的观念、价值标准、行为准则和道德规范等。

梅奥认为,正式组织中是以效率逻辑为其行动标准,而在非正式组织中,则是以感情逻辑为其行动标准。一般地,管理人员的逻辑多为效率逻辑,而感情逻辑则可以认为是工人的逻辑。如果管理者以效率逻辑来管理员工,而忽视感情逻辑的存在,就会使得管理者与工人之间产生矛盾,影响生产效率的提高。非正式组织的存在有利于激发员工士气,便于彼此沟通,创造和谐的组织气氛。因此,管理当局必须充分认识非正式组织的作用,注意协调正式组织的效率逻辑与非正式组织的感情逻辑之间的矛盾,创造良好的工作环境,以提高工作效率。

(三)管理者应重视协调人际关系

通过霍桑实验,梅奥认识到工作条件、工资报酬等并不是决定工作效率高低的首要因素,首要的是工人的士气,工人的士气又同其"满足感"有关。工人的满足程度越高,士气也就越高,生产效率也就越高。因此,提高劳动效率的主要途径是提高工人的满足感。所以要求管理者应通过倾听下属的意见、改善职工福利制度和邀请员工参加决策等来满足工人复杂的需要以激励工人的行为,即应重视协调人际关系,使正式组织的经济需求和工人的非正式组织的社会需求之间保持平衡。

二、马斯洛的"需求层次理论"

内容型
激励理论

美国人本主义心理学家亚伯拉罕·马斯洛(Abraham H. Maslow)在1943年所著的《人的动机理论》一书中首次提出了"需求层次理论",并于1954年在其《动机与人格》著作中进一步做了阐述。他认为人类的需要是以层次的形式出现的,由低级的需要开始逐级向上发展到高级的需要,并且断定,当一种需要得到满足时,这种需要就不再成为激励因素了;认为每个人的需要各不相同,因此,管理者必须用随机制宜的方法来对待人们的各种需要。马斯洛将人的需要由低级到高级分为生理需要、安全需要、归属与爱的需要、尊重需要和自我实现的需要,其需要层次理论,如图2-1所示。

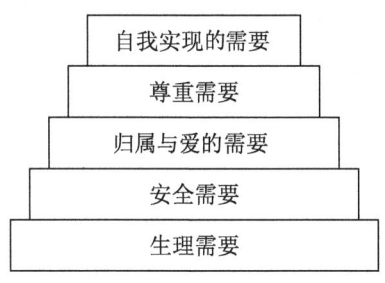

图 2-1 马斯洛的"需求层次理论"

五个需要层次的内容具体如下。

(一) 生理需要

生理需要,是指为支持生命之所必需。如食物、水、衣着、住所等与衣食住行相关的各个方面。马斯洛曾说过:"一个人如果同时缺少食物、安全、爱情及价值等项,则其最为强烈的渴求,当推对食物的需求。"

(二) 安全需要

安全需要,是指保障和维持日常生活稳定性的需要。如人身安全、经济的安全、工作的稳定及可预知环境的安全等。

(三) 归属与爱的需要

归属与爱的需要,是指人们希望在社会生活中受到别人的注意、接纳、关心和友爱,在感情上和组织上有所归属的需要。

(四) 尊重需要

尊重需要,是指要有自尊和受到别人尊重的需要。一方面当事人必须自己感到自己的重要性,另一方面也必须获得他人的认可,以支持自己的感受,也能由此产生自我价值、自信、声望和力量的感受。

(五) 自我实现需要

自我实现需要,是指最大限度地发挥一个人的潜能并有所成就的需要。马斯洛认为这是最高层次的需要。

马斯洛说,事实上,在社会中有许多人,他们的各项基本需要只可能有部分的满足,同时也都有部分的不满足,这是常有的事。其本人并没有说过人非得在某一层次的需要获得百分之百的满足之后,下一个层次的需要才能够显示出来。马斯洛所列举的需要各层次,绝不是一种刚性的结构。各层次之间并没有绝对的界限,层次与层次之间往往相互叠合,某一项需要的强度逐渐降低,则另一项需要的程度也许随之上升。另外,马斯洛提出的需要层次的先后顺序,不一定适合于每一个人。

三、赫茨伯格的"双因素理论"

美国心理学家弗雷德里克·赫茨伯格(Frederick Herzberg),曾获得纽约市立学院的学士学位和匹兹堡大学的博士学位,以后在美国和其他 30 多个国家从事管理教育和管理咨询工作,是犹他大学的特级管理教授,曾任美国凯斯大学心理系主任。他的主要著作有:《工作的激励因素》(1959,与伯纳德·莫斯纳、巴巴拉·斯奈德曼合著);《工作与人性》(1966);《管理的选择:是更有效还是更有人性》(1976)。

赫茨伯格在管理学界的巨大声望,是因为他在 20 世纪 50 年代后期,和他在匹兹堡的心理学研究所的研究人员,通过一项研究提出了著名的"激励与保健因素理论"即"双因素理论"。双因素理论是他最主要的成就。在工作丰富化方面,他也进行了开创性的研究。

赫茨伯格等研究人员访问了匹兹堡地区的11个工商机构的200多位工程师和会计人员,请他们列举在他们的工作中有哪些是使他们愉快的项目,又有哪些是使他们不愉快的项目。经分析调查资料结果发现:

被调查者觉得未能满足的项目多数与他们的工作环境有关,如企业政策与行政管理、工资水平、工作条件、管理方式、人际关系、地位、个人生活所需和安全,等等。这些项目如果得到满足后就没有不满,得不到满足则产生不满。赫茨伯格把这类因素统称为"保健"因素。

被调查者觉得满足的项目一般多属于工作本身,如成就、赏识、认可、晋升、责任等。这些项目如果得到满足则感到满意,得不到满足则没有满意感,但不是不满。赫茨伯格把这类因素统称为"激励"因素。

赫茨伯格认为,"保健"因素只能起到保持人的积极性维持工作现状的作用,而不能起到激励的作用,只有靠激励因素来调动员工的积极性,这样才能提高生产效率。

四、麦格雷戈的"X-Y理论"

道格拉斯·麦格雷戈(Douglas M. Mc Gregor,1906—1964)是美国著名的行为科学家,他在1924年还是一个服务站的服务员,后在韦恩大学取得文学学士学位;1935年,他取得哈佛大学哲学博士学位,随后留校任教;1937—1964年期间在麻省理工学院任教,但其中有6年(1948—1954年)在安第奥克学院任院长。任院长期间,他对当时流行的传统的管理观点和对人的特性的看法提出了疑问。其后,他在1957年11月号的美国《管理评论》杂志上发表了《企业的人性方面》一文,提出了有名的"X-Y理论",该文1960年以书的形式出版。其代表著作还有《管理的哲学》(1954年)和《经理人员在技术爆炸时期的责任》(1961年)。

麦格雷戈认为,人的本性有两种,一种是消极被动的工作态度,另一种是积极主动地工作,针对不同的人采取不同的管理方法,可大大提高管理效率达到预期的管理目标。基于这种思想,他提出了"X-Y理论"。

他把传统的管理观点叫作"X理论"。该理论对人作出如下假设:①大多数人是懒惰的,只要有可能就会逃避工作。②大多数人都没有什么进取心,也不喜欢负什么责任,而宁可听从指挥。③大多数人的个人目标与组织目标都是自相矛盾的,为了达到组织目标必须靠外力严加管制。④大多数人缺乏理性,容易受骗,容易受人煽动等。

麦格雷戈认为,人群大致分为两类,多数人符合上述假设,所以应把人放在被动的位置上,强调对工人要管束与强制,突出服从与奖惩,才能达到组织的目标;少数人能克制自己,这部分人应当负起管理的责任。由此可见,此种管理方式是胡萝卜加大棒的方法,一方面靠金钱的收买与刺激;一方面,严密的控制、监督和惩罚迫使其为组织目标努力。

然而麦格雷戈认为,人在当时工业组织中如同"X理论"中所述的行为表现并不是人固有的天性所引起的,而是现有工业组织的性质、管理思想、政策和实践所造成的。他确信"X理论"所用的传统的研究方法建立在错误的因果观念的基础上。他指出,在人们的生活还不够丰裕的情况下,胡萝卜加大棒的管理方法是有效的,但是,当人们达到了丰裕的生活水平时,这种管理方法就无效了。因为,那时人们行动的动机主要是追求更高级的需要,而不是"胡萝卜"式的低层次需要了。

由于上述的以及其他许多原因,麦格雷戈又提出了"Y理论"。"Y理论"则认为人不是被动的,该理论对人性作出了以下假设:①人并非生来就是懒惰的,要求工作是人的本能。②在适当条件下,一般人是能主动承担责任的,不愿负责,缺乏雄心壮志不是人的天性。③人的自我实现的要求和组织要求的行为是没有矛盾的,如果给人提供适当的机会,就能将个人目标和组织目标统一起来。④外来的控制和惩罚,并不是促使人们为实现组织的目标而努力的唯一方法。它甚至对人是一种威胁和阻碍,并放慢了人成熟的脚步。人们愿意实行自我管理和自我控制来完成应当完成的目标。⑤大多数人在解决组织的困难问题时,都具有一定程度的想象力和创造力,但在现代工业生活的条件下,一般人的智慧潜能只是部分地得到了发挥。

"Y理论"主张用诱导的手段,鼓励员工发挥其主观能动性,让员工参与管理和决策,并共同分享权力;让员工担当具有挑战性的工作,担负更多的责任,促使其工作做出成绩,满足其自我实现的需要;认为管理者的重要任务是创造一个使人得以发挥才能的工作环境,发挥出职工的潜力,并使职工在为实现组织的目标贡献力量时,也能达到自己的目标。

 **知识拓展**

行为科学管理理论评析

行为科学管理理论的产生改变了人们对管理的思考方法。它使管理者把员工视为是必须予以保护和开发的宝贵的资源,而不是简单的生产要素,更不是"会说话的机器"。该理论以人的行为及其产生的原因作为研究对象,从人的需要、欲望、动机、目的等心理因素的角度研究人的行为规律,特别是研究人与人之间、个人与集体之间的关系,并借助于这种规律性的认识来预测和控制人的行为,以实现提高工作效率、达成组织目标。

行为科学管理理论引起了管理两个方面的转变。

1. 管理对象重心的转变

传统的古典管理理论将管理对象的重心放在对事和物的管理上,忽视个人的需要、目标和人的主动性及创造性。行为科学管理理论将管理对象的重心放在人及其行为的管理上。它强调要重视人这一因素的作用,认识到一切事情都要靠人去做,组织的目标也要靠人去实现。管理者要通过对人的行为的激励和引导实现对人行为的有效控制,以达到对事和物的控制,最终实现组织的目标。

2. 管理方法的转变

传统的古典管理理论强调通过自上而下的绝对权力和严格的规章制度,对工人进行严格的监督,把人看成会说话的工具,从而容易引起工人的对立情绪,影响生产率和利润的提高;行为科学管理理论则强调人的情感、需要和动机等因素,在管理中采用激励和诱导的管理方式来调动人的主动性、积极性和创造性,充分挖掘人的潜力,满足人的需要,实现组织目标。

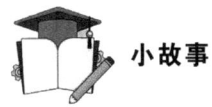 小故事

七人分粥

有七个人曾经住在一起,每天分一大桶粥,要命的是,粥每天都是不够的。一开始他们抓阄决定谁来分粥,每天轮流一个人,于是,几乎每周下来,他们只有一天是吃饱的,就是自己分粥的那一天。后来他们开始推选出一个道德高尚的人出来分粥,一开始还能做到公平公正,但强权总会产生腐败,大家开始挖空心思地去讨好、贿赂这个人,搞得整个小团体乌烟瘴气。然后大家开始组成三人的分粥委员会和四人的评选委员会,每次互相攻击扯皮下来,粥吃到嘴里全是凉的。最后大家想出一个方法:轮流分粥,但分粥的人要等其他人都挑完后拿剩下的最后一碗,为了不让自己吃得最少,每人都尽量分得平均,就算不能完全平均也只能认了,于是大家快快乐乐、和和气气,日子越过越好。

同样是七个人,不同的分配制度就会有不同的风气,所以一个单位如果有不好的工作习气,大概率是机制问题,没有完全公平、公正、公开,没有严格的奖勤罚懒机制。如何制定这样的制度,是每个领导者需要考虑的问题。

第四节　现代管理理论

(20 世纪 50 年代至 70 年代)

第二次世界大战结束后,资本主义国家经济得到了迅速发展。资本主义世界资源积累的完成,向管理提出了如何有效利用资源的问题;同时,企业数量和规模的发展过程中出现了许多新的管理问题;进入 20 世纪 50 年代后,资本主义市场由原来的卖方市场变成了买方市场,企业间竞争加剧,要求企业管理者着重考虑企业与外部市场环境的关系。这些由于战后经济发展所带来的新问题都需要形成新的管理理论来解决。

二战后,世界科学技术如电子技术、计算机技术等得到了迅速的发展,同时还产生并发展了诸如控制论、系统论和信息论等新的学科。科学技术的发展对管理提出了新的问题,同时也为管理理论的发展提供了新的思想、方法和手段。例如,原来从事各个学科研究的许多学者把自己研究学科的理论和方法应用于管理理论的研究。

随着社会的进步和人们生活水平的提高,人们的需求结构也在发生变化,在社会活动过程中会不断的产生新的需求,这些也要求人们在完善自身的过程中深化自身的认识。这促进了人们对管理活动规律性认识的深化,推动了管理理论的发展。

随着现代化科学技术日新月异的发展,人们对管理理论的重视程度日益提高。在美国和其他的许多国家,不仅是从事管理工作的人和管理学家们研究管理理论,而且一些心理学家、社会学家、经济学家、哲学家和数学家等也都从不同的角度,用各自研究领域里的方法对现代管理问题进行研究。这一现象带来了管理理论的空前繁荣,出现了各种各样的学派。美国著名管理学家哈罗德·孔茨将这一现象形象地描述为管理理论的"丛林"。同时,他将出现的各种管理理论整理划分为六个学派。后来,他又将其归纳为十一个学派。下面简单

介绍孔茨划分的六个学派。

一、管理过程学派

管理过程学派是在法约尔的一般管理理论基础上发展起来的。其代表人物是美国加利福尼亚大学教授哈罗德·孔茨和西里尔·奥唐奈,代表作是《管理学原理》。

该学派将管理看成一个过程,认为管理是由许多相互关联的职能所组成的。运用这些职能的过程就是实施管理的过程。他们认为,不论组织的性质不同、所处的环境不同,管理人员的职能是共同的。因此,他们首先确定管理人员的职能,作为理论的概念结构。他们将管理职能分为计划、组织、人事、指挥和控制五项,将协调作为管理的本质。

二、经验学派

经验学派是以向大企业经理提供管理企业的成功经验和科学方法为目标的学派。美国著名的管理学家欧内斯特·戴尔(Ernest Dale)是该学派的代表人物之一。

经验学派认为,古典管理理论和行为科学理论都不能充分适应企业发展的实际需要,有关企业管理的科学应该从企业管理的实际出发,以大企业的管理经验为主要研究对象,以便在一定的情况下,将这些经验传授给企业管理者。该学派主张采取比较方法对大企业的管理经验进行研究,而不是从一般原则出发。

戴尔认为,迄今为止,还没有掌握企业管理上的"通用准则",至多只能讲是各种不同组织的"基本类似点"。他认为,管理知识的真正源泉就是大公司中"伟大的组织者"的经验,主要就是这些"伟大的组织者"的非凡个性和杰出才能。

三、人际关系行为学派

人际关系行为学派的依据是,既然管理就是让别人或同别人一起去把事情办好,因此就必须以人与人之间的关系为中心来研究管理问题。该学派强调要从社会学、人类学、心理学的角度研究管理,重视人的相互关系、重视社会环境对提高工作效率的影响。

这一学派将社会科学方面已有的和新近提出的有关理论、方法和技术用来研究个体与社会互动的现象,范围十分广泛,从个人的个性特点到文化关系都有涉及。

四、社会系统学派

社会系统学派从社会学的观点来研究管理问题,将企业组织中人们的相互关系看成一种协作的社会系统。该学派的创始人是美国管理学家切斯特·巴纳德。其代表作品是《经理人员的职能》。主要观点可归纳如下:

(1) 组织是一个社会协作系统。

(2) 组织存在要有三个基本条件:明确的目标、作贡献的意愿和信息交流。

(3) 提出了组织效力与组织效率原则。组织效力是指组织实现其目标的能力或实现目标的程度,是组织存在的必要前提;组织效率是指在实现其目标中满足其成员个人目标的能力和程度,是组织发展的能力。

(4) 管理人员的权威来自下属的认可。

(5) 经理人员的作用是信息联系系统的中心,负责协调成员的协作活动,使组织正常运转以实现组织目标。

五、决策理论学派

决策理论学派是以社会系统理论为基础，吸收古典管理理论、行为科学和计算机科学等的内容而发展起来的一门边缘学科。它适应了社会生产力发展的需要，特别是适应了大型垄断企业的经营管理和跨国公司急剧扩张的需要。比起其他管理理论学派，决策理论的视角更为广阔，研究更加全面深入。但它过分地强调了决策在管理活动中的地位。其主要代表人物是美国的赫伯特·西蒙。其代表作有《管理决策的新科学》《管理行为》等。由于他在决策理论方面的突出贡献，1978年获得诺贝尔经济学奖。

决策学派的主要内容可以归纳为以下四个方面：

(1) 管理就是决策。
(2) 以"满意标准"代替传统的"最优标准"。
(3) 决策是一个复杂的过程，而不是"拍板"的一瞬间。
(4) 决策可分为程序化决策和非程序化决策。

 **知识拓展**

赫伯特·西蒙简介

赫伯特·西蒙（Herbert Simon，1916—2001），经济组织决策管理大师，美国管理学家和社会科学家，曾先后在加利福尼亚大学、伊利诺伊理工大学和卡内基梅隆大学任计算机科学及心理学教授，还从事过计量学的研究。他还担任过企业界和官方的多种顾问。西蒙在管理学上的贡献是深入研究了经济组织内的决策程序，并提出了管理的决策职能和建立了系统的决策理论。这一理论是以社会系统理论为基础，吸收古典管理理论、行为科学和计算机科学等内容发展而成，是关于公司企业实际决策的独创见解，得到了广泛的认可。鉴于西蒙在决策理论研究方面的突出贡献，1978年他被授予诺贝尔经济学奖。

六、数理学派

数理学派认为，"管理"就是用数学模型及其符号表示计划、组织、控制、决策等合乎逻辑的程序，求出最优解，以达到企业目标。该学派主要代表人物是美国研究管理学和现代生产管理方法的著名学者伯法（E.S.Buffa）等人。他们开拓了管理学的另一个广阔的研究领域，使管理从以往定性的描述走向了定量分析的预测阶段。

 **知识拓展**

现代管理理论评析

现代管理理论丛林中的各学派都是在已有的管理理论基础上，力图吸收和利用其他学科的成就，从不同的角度来探索管理的原理和方法，各学派之间既有观点相同的地方，也有许多观点不一致之处。

总的来看,这种"百花齐放、百家争鸣"的现象对管理理论的发展是非常有益的。其特点可概括为:①强调管理中人的因素。②强调"非正式组织"的作用。③强调系统化、信息化管理。④重视理论联系实际,广泛运用先进的管理理论和方法,将"效率"和"效果"有机结合。

第五节 当代管理理论的新发展

20世纪80年代以来,随着社会、经济、文化的迅速发展,特别是信息技术的发展和知识经济的出现对世界产生了深刻的影响。管理思想领域更是出现了翻天覆地的变化。如战略管理理论、人性化管理、信息化管理理论、知识管理理论、学习型组织理论、企业再造理论等各种管理理论的出现与发展,各理论在实践中也越来越受到重视与运用。

一、企业战略管理理论

企业战略管理理论是指企业对全局性的发展方向做出决策,并通过组织、领导和控制等职能,保证发展方向得到有力贯彻的一系列管理工作。战略管理涉及企业发展中的全局性、长远性的重大问题。诸如企业的经营方向、市场开拓、产品开发、科技发展、机制改革、重大技术改造和筹资融资等。企业战略管理通常包括战略制定、战略实施、战略控制和战略调整等过程。

前身不足100人还是小厂的海尔集团,在1984—1991年实施了名牌化战略,1992—1998年实施了多元化战略,1998年至今实施了国际化战略,从当时亏损147万元的状况,发展成为国内外公认的知名品牌。由此可见企业战略管理的重要性。

二、人性化管理理论

人性化管理理论是将人性学理论应用于管理,摒弃了传统的"以人为手段"的管理理念,按照人性的基本属性进行管理的管理哲学;是一种在整个企业管理过程中充分注意人性要素,以充分挖掘人的潜能为己任的管理模式。它以强调拓展人的未来创造能量、重视人的心灵,潜移默化、培养人的前瞻性思维为手段,通过激发员工工作中的生命意义来达到实现组织共同愿望的最终目的。如对人的尊重,充分的物质激励和精神激励,给人提供各种成长与发展机会,注重企业与个人的双赢战略,制定员工的职业生涯发展规划等。

企业只有了解了人性中的自然属性和社会属性,才能对错综复杂的人际关系、职工的行为和动机进行有效的引导和管理,才能实现更高的管理目标。

人性化管理的实施,众多企业是各显神通。例如大企业集团公司为激励员工的创新意识,不惜拿出巨额资金作为员工创新奖项;上市公司为提高员工的主人翁精神,提倡员工入股制度,让员工从工作中真正感受到管理人性化。

三、信息化管理理论

随着网络技术等新科技革命的兴起与发展,企业的生产经营管理方式正朝着信息化、网络化方向发展,一场以互联网为标志的信息技术革命正在改变着人类的生产、生活。信息成为现代企业的重要战略资源,也是企业管理的基础。

在这个时代,一个企业现代信息技术水平的高低,将成为企业竞争力强弱的重要标志。企业只有迅速掌握好网络技术、利用好网络技术,根据现代管理方法管理企业的物流、资金流、信息流,实现企业管理信息化,才能全面提升企业资源配置水平,提高企业核心竞争力,使企业在市场竞争中立于不败之地。在不久的将来,没有企业信息化,就没有企业现代化,也就没有企业对市场的敏捷应变能力。实施企业管理信息化,是时代所需、企业发展所需。

四、知识管理理论

知识管理理论是网络新经济时代的新兴管理思潮与方法,诞生于知识经济逐渐兴起,信息技术飞速发展,商业竞争日益加剧的环境中。管理学者彼得·德鲁克早在1965年即预言:"知识将取代土地、劳动、资本与机器设备,成为最重要的生产因素。"德鲁克还认为:"21世纪的组织,最有价值的资产是组织内的知识工作者和他们的生产力。"

知识管理就是通过改变员工的思维模式和行为方式,建立起知识共享与创新的企业内部环境,运用集体的智慧提高应变和创新的能力,最终达到建立知识库、促进员工的知识交流、建立尊重知识的内部环境和管理知识资产的目标。

五、学习型组织理论

学习型组织理论的概念是在为了提高企业适应外部动态性环境的适应能力,降低企业生存的风险而提出的。1990年,美国麻省理工大学斯隆管理学院的彼得·圣吉(Peter M. Senge)教授在其著作《第五项修炼——学习型组织的艺术与实践》中系统提出了学习型组织的概念。彼得·圣吉认为"因为我们需要卓越的表现,为了提高质量,为了顾客,为了提高竞争力,为了建立一个充满活力,全心投入的工作团体,为了成功的管理变化,为了追求真理,因为时代的需要,因为我们知道彼此是相互依存的,因为我们需要它——学习型组织"。

学习型组织是指通过营造整个组织的学习气氛,充分发挥员工的创造性思维能力而建立起来的一种有机的、高度弹性的、横向网络式的、符合人性的、能持续发展的组织。它包括层次扁平化、组织咨询化和系统开放化三层含义。

在彼得这本被誉为"20世纪管理圣经"的书中,他指出未来组织所应具备的最根本性的品质是学习,建立学习型组织首先要根除原组织机构中的陈规陋习。提出了学习型组织的五项修炼技能:

(1) 超越自我,是指组织和组织中的个人都要突破极限,要有更远大的目标,从长期的、整体的利益出发,实现自我。

(2) 改善心智模式,是指企业员工,特别是领导必须反思自己的心智模式,找出与市场发展趋势相符合的心智模式的差异,并运用实践证明是有效的修炼技巧,来完善个人与组织的心智模式,从而用新的眼光看待周围世界。

(3) 团队学习,是指通过组织化的学习或交互式的学习,发展员工与团体的合作关系,使个人的力量能通过集体发挥作用,集思广益,避免无效的矛盾和冲突。

(4) 建立共同愿景,是指建立组织成员共同的目标、价值观和使命感。只有这样才能形成一个生命共同体,组织才能形成强大凝聚力,每个人的聪明才智才能得以充分发挥,组织才能形成合力。

（5）系统思考，这是五项修炼的核心，是指为了避免看待问题的不全面性，强调要用系统的观点、动态的观点，把各个独立的、片断的实践联系起来看，以发现其内在的互动关系，深入问题的本质，看见事物的整体，以达到把握全局的目的。

六、企业再造理论

企业再造理论是1993年开始在美国出现的关于企业经营管理方式的一种新的理论和方法。也可译为"公司再造""再造工程"。即是以工作流程为中心，重新设计企业的经营、管理及运作方式。该理论的创始人，美国麻省理工学院教授迈克·哈默与詹姆斯·钱皮将企业再造定义为："为了飞越性地改善成本、质量、服务、速度等重大的现代企业的运营基准，对工作流程进行根本性重新思考并彻底改革。"

企业再造是在更高层次上确定企业如何对市场做出反应，如何识别潜在市场与创造新市场，并在这种识别与创造中重新定位企业在市场中的角色。企业再造重视培养人的学习能力，目的是把企业变成一个学习型组织，增强企业员工及整个组织对瞬息万变的环境的适应能力。企业再造包括企业战略再造、企业文化再造、市场营销再造、企业组织再造、企业生产流程再造和质量控制系统再造等。

为了能够适应新的世界竞争环境，企业必须摒弃已成惯例的运营模式和工作方法，以工作流程为中心，重新设计企业的经营、管理及运营方式。

七、阿米巴经营管理模式

阿米巴经营是指根据产品、工序、客户或地区等的不同，将大组织划分成许多自主经营、独立核算的小集团。"阿米巴经营"基于稻盛和夫的经营哲学和精细的部门独立核算管理，将企业划分为"小集体"，像自由自在的重复进行细胞分裂的"阿米巴"——以各个"阿米巴"为核心，自行制定计划，独立核算，持续自主成长，让每一位员工成为主角，"全员参与经营"，打造激情四射的集体，依靠全体智慧和努力完成企业经营目标。

稻盛和夫用这种模式让京瓷（一家陶瓷生产企业）重获新生，解决了理念共有、降本增效、人才复制、自动自发等问题。京瓷至今60多年从未亏损，且高速高利润发展，1984年又用这种模式创立通信公司DDI（即后来的日本第二大通信集团KDDI）。1997年这两家公司双双成为世界500强。

阿米巴经营模式从1963年正式创立历经60多年探索和发展，已形成一套科学实效的经营管理体系，并从日本走向世界。

【案例讨论】

博 士 的 困 惑

有一个博士分到一家研究所，成为该研究所学历最高的一个人。有一天，他到单位后面的小池塘去钓鱼，正好正、副所长在他的一左一右也在钓鱼。他只是微微点了点头，心想和这两个本科生有啥好聊的呢？不一会儿，正所长放下钓竿，伸伸懒腰，噌噌噌从水面上如飞一样地走到对面上厕所。博士眼睛瞪得都快掉下来了，水上漂？不会吧？这可是一个池塘啊！正所长上完厕所回来的时候，同样又噌噌噌地从水上走回来了。怎么回事？博士又不想去问，自己是博士生嘛！过一阵，副所长也站起来，走几步，噌噌噌地走过水面去上厕所。

这下子博士更是惊讶。不会吧,难道自己到了一个江湖高手云集的地方。

过了一会儿,博士也内急了,这个池塘两边有围墙,要到对面上厕所,需要绕十分钟的路,而回单位又太远,怎么办? 博士也不愿意去问两位所长,憋了半天后,也起身学这两位正副所长的样子往水里跨。"我就不信本科生能过的水面,我博士生不能过"。只听咕咚一声,博士生栽到了水里。两位所长赶紧将他拉了出来,问他为什么要下水,他说:"为什么你们可以走过去呢?"两所长相视一笑:"这池塘里有两排木桩子,由于这两天下雨涨水,正好在水面下。我们都知道这木桩的位置,所以可以踩着桩子过去,你怎么不问一声呢?"

学历代表过去,只有学习力才能代表将来,只有尊重经验的人才能少走弯路,一个好的团队也应该是学习型的团队。

讨论:
1. 你从这则案例中悟出了哪些道理?
2. 结合该案例谈谈对管理理论发展趋势的理解。

【实训项目】

管理职能发挥实训

项目背景

蒋华是某新华书店邮购部经理。该邮购部每天要处理大量的邮购业务,在一般情况下,登记订单、按单备货、发送货物等都是由部门中的业务人员承担的。但在前一段时间里,接连发生了多起 A 要的书发给了 B,B 要的书却发给了 A 之类的事,引起了顾客的极大不满。今天又有一大批书要寄送,蒋华不想让这种事情再次发生。

问题:蒋华应该亲自核对这批书,还是仍由业务员们来处理? 他该如何做才能处理好此事?

实训目的

了解管理的职能,知道作为一名管理者,该如何履行职责,如何带领和培养下属,打造团队文化,实现部门跨越式发展。

实训步骤

(1) 自由组合成小组,每组 4 个人。
(2) 明确各自的角色:蒋华、业务人员 A 和业务人员 B、被发错书的顾客 C 等。
(3) 根据指导教师要求设计解决方案,并进行角色扮演练习。
(4) 分组现场演示,同学交流,教师点评。

【同步测试】

一、单项选择题

1. 西方早期的管理思想中,(　　)是最早研究专业化和劳动分工的经济学家。
   A. 亚当·斯密　　　　　　　　　　B. 查尔斯·巴贝奇
   C. 泰勒　　　　　　　　　　　　　D. 大卫·李嘉图
2. 法约尔提出的管理五项职能或要素是(　　)。
   A. 计划、组织、指挥、协调和控制　　B. 计划、组织、决策、领导和控制
   C. 计划、组织、决策、协调和控制　　D. 计划、组织、激励、协调和控制

3. "管理的十四项原则"是由( )提出来的。
   A. 韦伯　　　　　B. 泰勒　　　　　C. 梅奥　　　　　D. 法约尔
4. 法约尔是西方古典管理理论在法国的杰出代表,其代表作是《工业管理与一般管理》,他被誉为( )。
   A. 工业管理之父　　B. 科学管理之父　　C. 管理理论之父　　D. 行政管理之父
5. 在组织中存在着正式组织与非正式组织,正式组织与非正式组织之间的一个重大的区别就是,正式组织是以( )为重要标准。
   A. 感情的逻辑　　B. 正规的程序　　C. 科学的理念　　D. 效率的逻辑
6. 奠定了管理过程思想基础的是( )。
   A. 泰勒的科学管理理论　　　　B. 西蒙的管理决策理论
   C. 韦伯的理想政治组织理论　　D. 法约尔的一般管理理论
7. 梅奥通过霍桑试验得出,人是( )。
   A. 经济人　　　B. 社会人　　　C. 理性人　　　D. 复杂人
8. 认为不存在着"最佳的""能适应一切情况的""一成不变的"管理方法与管理理论的学派是( )。
   A. 社会系统管理学派　　　　B. 决策理论学派
   C. 经验学派　　　　　　　　D. 权变学派
9. ( )提出用"满意原则"来代替"最优原则"。
   A. 决策理论学派　　　　　　B. 社会系统管理学派
   C. 权变学派　　　　　　　　D. 经验学派
10. 在学习型组织的五项修炼中,( )是整个五项修炼的核心,并渗透于前几项修炼之中。
    A. 超越自我　　B. 团队学习　　C. 改善心智模式　　D. 系统思考

二、判断题
1. 系统管理学派认为,组织是一个由相互联系的若干要素组成,为环境所影响的并反过来影响环境的开放的社会技术系统。( )
2. 企业流程再造的目的是提高经济效益。( )
3. 从19世纪末期到20世纪初期,欧洲和美国都相继有人提出比较系统的管理理论。比如,在美国表现为泰勒创建的科学管理理论,在法国表现为法约尔的行政管理理论。( )
4. 韦伯是德国古典管理理论的代表人物,他对管理理论的贡献是提出了理想的行政管理体系,其代表作是《行政组织体系理论》。( )
5. 梅奥认为,在共同的工作过程中,人们必然发生相互之间的联系,产生感情,自然形成一种行为准则或惯例,要求个人服从,这就形成了正式组织。( )
6. 被称为"科学管理之父"的是法约尔。( )
7. "理想的行政组织体系理论"是行为科学管理理论的一个重要组成部分。( )
8. 泰勒提出科学管理思想,目的是要改变传统的一切凭借经验办事的管理思想,使经验管理转变成为一种"科学的"管理。( )
9. 罗伯特·欧文是空想社会主义的代表人物之一,他首次提出"要在生产中重视人的因素"。( )

10. 孔子儒家管理思想的核心内容是"仁""礼""中庸"。（   ）

三、简答题

1. 古典管理理论的代表人物及其主要思想有哪些？
2. 赫茨伯格的双因素激励理论与马斯洛的需求层次理论之间存在什么样的联系？
3. 请谈谈你对早期的管理思想的认识。

第三章 管理原理

【学习目标】

知识目标
1. 掌握管理原理的含义与内容。
2. 掌握管理原理的主要特征。
3. 熟悉人本原理、系统原理、动态原理及效益原理的基本内容。

能力目标
1. 能够理解和尊重个体差异。
2. 能够具备整体思维能力。
3. 能够具备适应创新能力。
4. 能够提升资源优化配置能力。

素养目标
1. 培养以人民为中心的发展观。
2. 培养系统地分析问题的能力,具有全局意识。
3. 树立人与自然和谐共生的动态发展观。
4. 树立正确的价值观和利益观。

【关键概念】

管理原理,人本原理,系统原理,动态原理,效益原理。

【体系结构】

```
                ┌── 管理原理概述 ──┬── 管理原理的含义与内容
                │                  ├── 管理原理的主要特征
                │                  └── 研究管理原理的意义
                │
                ├── 人本原理 ──────┬── 人本原理的内涵
                │                  ├── 人本原理的主要观点
                │                  └── 人本原理在管理活动中的应用
                │
   管理原理 ────┼── 系统原理 ──────┬── 系统的含义与特征
                │                  └── 系统原理在管理活动中的应用
                │
                ├── 动态原理 ──────┬── 动态原理的含义与观点
                │                  └── 动态原理在管理活动中的应用
                │
                └── 效益原理 ──────┬── 效益原理的含义与特征
                                   └── 遵循效益原理的基本途径
```

第三章　管理原理

【案例导入】

华为的人本管理

华为作为一家高科技公司，始终坚持以人为本的管理理念，关心员工的需求和利益，激发员工的工作热情和创造力，从而实现了企业的持续发展和卓越成就。人本原理在华为的具体应用体现在多个方面。

首先，华为始终坚持以员工为中心，关心员工的成长与发展。公司为员工提供完善的培训和发展计划，通过内部培训和外部学习机会，帮助员工不断提升专业技能和综合素质。此外，华为还设立了多样化的晋升通道，鼓励员工根据自身能力和兴趣选择适合自己的职业发展方向。

其次，华为注重员工的物质和精神需求，为员工提供具有竞争力的薪酬和丰厚的福利待遇。除了基本的薪资和奖金，华为还为员工提供完善的社会保障、充裕的假期、丰富的员工活动等，全方位满足员工的需求。同时，公司还实施了员工持股计划，让员工分享企业的发展成果，激发员工的工作热情和归属感。

再者，华为倡导开放、包容、协作的企业文化，鼓励员工勇于创新、敢于挑战。公司为员工创造宽松自由的工作环境，允许员工在工作中提出新的想法和建议。此外，华为还建立了跨部门、跨层级的沟通机制，促进员工之间的信息共享和协作，共同推动企业的发展。

最后，华为还关注员工的身心健康和工作生活平衡。公司推行弹性工作制度，让员工能够根据自己的工作情况和个人需求合理安排工作时间。此外，华为还提供了完善的健康管理服务和家庭关怀服务，帮助员工保持良好的身心状态，更好地投入工作中。

讨论：结合案例分析华为人本管理的体现。

【知识积累】

第一节　管理原理概述

一、管理原理的含义与内容

原理是指某种客观事物的实质及其运动的基本规律。管理原理是对管理工作的实质内容进行科学分析总结而形成的基本真理，它是现实管理现象的抽象，是对各项管理制度和管理方法的高度综合与概括，因而对一切管理活动具有普遍的指导意义。

由于管理活动首先是人的活动，活动的主体是人，管理是为了人，所以管理活动首先应遵循和运用人本原理，树立人是目的的观念，把人看作最终目的，要以人为中心进行民主管理，重视人的需要。

管理活动是存在于特定的系统之中的，同时管理活动以及与之相联系的各种因素又构成了一个特定的系统，因而，管理活动必须遵循和运用系统原理，树立系统的观点，根据系统的观点去认识管理系统和指导管理活动。

管理系统总是处在不断的运动之中，且系统各要素的运动发展也不是孤立的，而是相互联系、相互制约的，遵循和运用管理系统的动态原理，就是在管理中重视管理系统的动态性和相关性,遵循管理系统运动和发展的规律,在动态中处理好各因素的关系,做好各项管理工作。

管理活动最基本、最一般的目标就是效益,管理者的一切管理活动都必须贯穿着对效益的追求,也就是说,管理活动必须遵循和运用效益原理,努力降低成本,提高效益。

因此,人本原理、系统原理、动态原理和效益原理构成了管理的四大原理。对于这些原理,只要能很好地理解和运用,就能使管理系统成为一个具有充分适应能力的"活体",从而衍生出各种适应客观变化的新办法,极大地提高经营管理效能。但是,现代管理作为一项经济活动,必然会受到客观规律的制约,因而不能教条地对待这些原理,而应把它们作为一种行动的指南。

二、管理原理的主要特征

(一) 客观性

管理原理是对管理的实质及其客观规律的表述。它与管理原则有着严格的区别。管理原则是根据对管理基本原理的认识而引申出来的,是管理工作中要遵守的准则,一般作为观察和处理问题的准绳以及言论或行动所依据的标准。原则一般会带有指令性、强制性和法定性,是人们共同遵守的行为规范,一旦违反原则,就要受到组织的制裁。而原理则是对管理工作客观必然性的描述,原理之"原"即"源"——原本、根本的意思,"理"即道理、基准、规律。原理不具有指令性、强制性和法定性,违背了原理在组织中不一定会受到制裁。

管理的原理和原则既有区别又有联系,在日常管理工作中要认清二者的关系。在制定原则时,要以客观规律为依据,使每项原则都符合管理原理,同时,要以指令或法令的形式强化管理原则的约束作用,加强管理原理的指导作用。只有这样,才能使管理达到令人满意的效果。

(二) 概括性

管理原理所反映的事物很广泛,涉及自然界与社会经济的许多领域,包括人与物的关系,物与物的关系以及人与人的关系。不同的人、环境、条件等因素都会使管理具有不同的特征,呈现出多样化的特点。尽管管理现象千变万化,但管理原理不是对这些现象的罗列,而是对这些现象的概括和总结,抽象出其中具有普遍指导意义的规律。总之,管理原理是对各种包含了复杂因素和关系的管理活动中所体现规律的概括和描述,也可以说管理原理是在总结大量管理活动和经验的基础上,舍弃各个组织之间的差别,经过高度的概括和总结形成的具有普遍性、规律性的结论。所以,管理原理不是对一时一地局部经验的描述,而是对管理中被实践证明了的、行之有效的普遍规律的概括。

管理的互通性、规律性

(三) 稳定性

管理原理的稳定性是指管理原理是对管理规律的概括和总结,这些原理是明确和稳定的,而不是模糊和变动不定的,具有相对稳定性。当然,管理原理不是一成不变的教条,它随着社会经济和科学技术的发展而不断发展。不同的时代给管理提出不同的问题和要求,带动着管理原理的发展。但是,管理原理也不是变化多端和难以捉摸的,而是具有相对稳定性的。管理原理和其他科学原理一样,都是确定的、巩固的,具有"公理的性质"。也就是说,尽管管理活动和管理现象是不断运动、变化和发展的,但管理原理的确定性是相对稳定的。因此,管理原理才能被人们正确认识和利用,才能成为可遵循的行为准则,从而指导管理实践活动取得成效。

(四) 系统性

管理的各个原理之间不是相互分割的,它具有系统性。人本原理、系统原理、动态原理和效益原理之间相互影响、相互联系、相互作用。在管理中应当明确以人为本原理;人们的管理的活动受条件、环境等因素的影响,因此管理中必须遵循系统原理;管理系统中各要素不断运动、发展且相互联系,因此应运用动态原理;效益是管理的永恒主题,因此,管理活动必须遵循和运用效益原理。总之,管理的四大原理这一有机体系正是在管理活动的统一过程中,对管理工作的实质内容及其基本规律的完整科学分析和系统概括。

三、研究管理原理的意义

管理原理,是对管理现象的抽象与概括,是大量管理实践经验的升华,它指导一切管理行为,对做好管理工作有着普遍的指导意义。

（一）研究管理原理有助于提高管理工作的科学性,避免盲目性

管理原理是管理实践不可违背的基本规律。实践证明,遵循这些基本规律,能够避免管理中的重大失误。例如,我国很多企业存在管理混乱,职工的积极性不能充分发挥,企业经济效益很差,甚至出现大量亏损现象。出现这种后果,其原因虽然复杂,但认真分析一下,都是与违背管理原理分不开的。因此,掌握并运用管理原理,管理工作就有了正确的指南,建立管理组织、进行管理决策、制定管理制度等才有了科学的依据,管理工作才会有良好的效果。

（二）研究管理原理有助于掌握管理的基本规律

管理工作千头万绪,错综复杂,但万变不离其宗,各类管理工作都具有共同的基本规律。仅仅看到管理的现象,就会被表面现象所蒙蔽,管理工作的背后都有可以认识和掌握的基本规律。管理者只要掌握了这些基本规律,面对纷繁杂乱的局面就能胸有成竹,管理工作才可井井有条,这也是许多成熟的管理者在各种迥然不同的管理岗位上都能取得成功的原因。管理原理是在总结前人实践经验的基础上经过系统而深入的研究所升华而来的理性认识。因此,学习管理原理将能加速人们认识和掌握管理基本规律的过程,使人们更快地形成自己的管理哲学,以便应付瞬息万变的世界。

（三）研究管理原理有助于迅速找到解决管理问题的途径和手段

管理原理对具体的管理实践具有很强的指导性。管理者可根据组织的实际情况,利用管理相关原理建立科学合理的制度、方式和方法,使管理行为制度化、规范化,使管理工作有章可循、有规可依。管理者在遇到管理问题的时候,运用管理原理,可以准确地找到问题的根源,找到解决问题的方法。因此,领导者可以从繁杂的日常事务中解脱出来,集中精力处理例外事项。即使领导者更换,由于组织具有科学合理的管理制度,系统运作仍可照常顺利进行。一方面提高了管理的效率,另一方面,组织在一定程度上具备了自我运转的能力。

总之,研究管理原理,完善并掌握管理原理是为了指导管理行为,强化管理工作,发挥组织功效,实现管理的基本目标。

 **动动脑**

如何修皇宫？

我国宋真宗年间,内宫失火,楼榭亭台,付之一炬。真宗命晋国公丁谓修葺皇宫。丁谓提出了一个"一举三得"的方案：

（1）将皇宫前大街开挖成河,取土烧砖。

(2) 引汴水入宫,水运建材。
(3) 皇宫修复,以废砖烂瓦填平河沟,修复皇宫前大街。

这样,挖河一举解决了就地取土、方便运输、清理废墟三个问题,省时、省工、省钱,符合管理的最优化原则,成为运用管理思想的实践典范。

思考:谈谈心得和体会。

第二节 人 本 原 理

一、人本原理的内涵

一切管理活动都是通过人来进行的。在管理活动中,人既是管理的主体(管理者),同时又是管理的客体(被管理者),离开了人,就谈不上管理。

人本原理要求人们在管理活动中坚持一切以人为核心,以人的权利为根本,强调人的主观能动性,力求实现人的全面、自由发展。其实质就是充分肯定人在管理活动中的主体地位和作用。因此,如何创造良好的社会和管理环境,充分发挥人的主观能动性,是一个组织管理的重要任务。

人本原理的内涵可以具体从以下三个方面来理解:①人是组织管理的核心,离开人的管理就谈不上管理。②人力资源的开发是无限的,管理活动的任务是调动人的积极性、能动性和创造性。③管理的手段是通过对人的思想、感情和需求的了解,做好人的思想工作,尊重人的感情,采取各种激励措施,最大限度地调动人的积极性,挖掘人的潜能。

二、人本原理的主要观点

(一)"人"作为管理的目的

在管理学的整个发展过程中,"人"始终是一个最基本的概念。传统的管理往往把人当作手段来看待,认为人和机器一样,无非是达到某一目的的手段,而现代管理则把"人"看作目的,认为人本身就是一切管理活动的最终目的。人本原理的特征之一,就是把"人"作为管理的目的,促进管理系统以及与管理系统紧密相关的人的全面发展,促进人性的完美发展。

尊重人性是现代管理的核心。人本原理要求对人的管理必须遵循人性化思路,在组织里与人有关的政策、制度的制定和实施,应该全面认识员工的特点及其表现,并在其中予以体现,并且应该灵活地、人性化地去把握和实践;应该创造一种员工自由表现、不断创新的氛围;就员工而言,应该具有积极参与组织各种活动的心态和要求。

把"人"作为管理的目的,其实质就是要以人为中心,为人服务,实现人的发展和价值。因此,尊重人、依靠人、发展人、为了人是人本原理的核心内容。

(二)管理活动"以人为中心"

现代管理学所讲的管理,主要是指对人与人的关系和人与财、物关系的管理,而且首先是指对人与人关系的管理,所以管理应"以人为中心"。

管理者要以人为中心进行管理。首先,必须了解组织成员的个性专长,让他们在适合自己的岗位为组织作出贡献;其次,管理者要知道组织成员的需要,并且尽可能满足成员的需求;再次,要让成员明白组织的意义,从中感觉到自身的价值;最后为成员提供发展的机会和空间,也就是关注成员的未来发展。

(三) 员工是组织的主体

20世纪70年代,随着日本经济的崛起,人们通过对日本成功企业管理经验的剖析,进一步认识到日本企业的发展,与其员工在生产经营中所起的主体作用是分不开的,从此逐渐形成了以人为中心的管理思想。我国管理学家蒋一苇在20世纪80年代发表了论文《职工主体论》,明确提出"职工是社会主义企业的主体"的观点,从而把职工在企业经营活动中的地位和作用提到了一个新的高度。这种观点认为:职工是企业的主体;企业管理既是对人的管理,也是为人的管理;企业生产经营的目的,不能单纯是为了盈利和企业自身的发展,还要考虑满足职工的要求、为职工的发展提供服务。

管理实践证明:员工队伍状态是组织成功的关键。因此,人本原理要求在实施各项管理措施、制度、办法时,不仅要看到实施取得的经济效果,同时要考虑对人精神状态的影响,要使制度、措施为组织中的人服务,体现"以人为本"的理念。

(四) 管理方式实行民主管理

人本原理要求管理要采取民主化的管理方式,即让组织成员广泛参与管理的管理方式。它要求管理者在管理中重视人的作用,把职工列在管理主体之内,鼓励他们广泛参与管理。这样,既发挥了领导者的作用,又促进被领导者的积极参与,从而共同实现组织目标。

民主管理要求管理者主动去建立和发展人际间的信赖、亲密关系,杜绝传统的家长制管理方式和独裁专制作风,建立密切联系群众的民主新风,以科学的管理手段和措施去引导、激励员工的工作热情,为员工提供成长和发展的机会,从而促使员工配合管理者共同实现组织目标。

民主管理方式的做法具体有:

(1) 让员工通过正常渠道,对本单位的活动目标、干部任免提出合理化建议,参与决策。

(2) 让员工通过自己的代表或群众组织,直接参与本单位的管理工作。

(3) 让员工对本单位的活动、管理机构和管理者的工作进行监督。

民主管理是一种高度有序的管理,它打破了从下到上单向的逐层被管理,而在管理系统的每一个层次上都保证上下左右的相互监督和相互限制。

知识拓展

人本原理拓展——能级原理

能和级均是物理上的名词。能级是指原子、分子、原子核在不同状态下运动所具有的能量值,这些能量值好像台阶一样,故称为能级。人的能力大小也不相同,也形成能级。

能级原理是指根据人的能力大小,赋予相应的权力和责任,使组织的每一个人都各司其职,以此来保持和发挥组织的整体效用。一个组织应该有不同层次的能级,只有这样才能构成一个相互配合、有效的系统整体。能级原理是实现资源优化配置的重要原理。任何一个组织都由不同能量的人组成,要使这些能量大小不同的人组合起来,就必须进行合理的分级,使不同能级的人处于相应能级中。一般将管理能级分为:决策层、管理层、执行层和操作层。能级原理要求:建立合理稳定的管理能级;实现各能级责、权、利的有机统一;建立动态相适应的能级,做到人尽其才,各尽其能。

人本原理拓展——动力原则

没有动力,事物不会运动,组织不会向前发展。在组织中只有强大的动力,才能使管理系统得以持续、有效地运行。现代管理学理论总结了三个方面的动力来源:物质动力、精神动力、信息动力。物质动力指管理系统中员工获得的经济利益以及组织内部的分配机制和激励机制;精神动力包括革命的理想、事业的追求、高尚的情操、理论或学术研究、科技或目标成果的实现等,特别是人生观、道德观的动力作用,将能够影响人的终生;信息动力是指为员工提供大量的信息,通过信息资料的收集、分析与整理,得出科学成果,创造社会效益,使人产生成就感。

三、人本原理在管理活动中的应用

重视人的需要是尊重人、理解人、关心人、爱护人的体现,是一切成功管理的钥匙。人本原理强调"以人为中心",重视人的需要,要求管理者对被管理者的经济、政治和精神生活加以合理组织,帮助他们选择自己的角色,了解自己在系统中的位置、职能、权利和义务,并创造最佳条件,使被管理者掌握必要的知识、技能,出色地扮演其所担负的角色。在管理活动中,重视人的需要,通过认识和引导人的需要去实施对人的管理,具体包括三个方面的内容。

(一)通过认识人的需要去实现对人的管理

人的需要是多种多样的,表现为不同的愿望、利益和追求,而且可以划分为两类:一类是同社会利益相一致的,是相容的;另一类则同社会利益不相符合甚至背离了社会的需要。管理就是在认识人的上述两类不同需要的基础上,对前一类进行鼓励、支持和强化,而对后一类进行限制。

(二)通过促进人的需要的满足去实现对人的管理

人的全部行为归根到底都是为了满足自身需要的活动。有效的管理就是设法满足组织成员的需要,努力使他们的需要不仅得到一时一地的满足,而且得到长期稳定的满足,以极大地调动组织成员完成组织任务、实现组织目标的积极性,并进一步促进他们为满足需要,实现利益而努力。

(三)通过唤起和促进人的需要的形成去实现更为积极主动的管理

成功、有效的管理,能促进被管理者需要的形成,能唤起被管理者的需要,使被管理者自觉地把组织的利益变成个人的利益,把组织的信念变为个人的信念,把组织的事业变为个人的事业。这样一来,被管理者对执行组织任务不是看作出于强迫和无奈,而是出于个人的内在推动和内在需要。

 动动脑

诸葛亮挥泪斩马谡

公元228年,诸葛亮出兵祁山,马谡主动请战并立下军令状,要在街亭屯兵扎寨,准备迎战魏将张郃。马谡领兵到了街亭,一看此处山势险峻,便未依孔明之计于山下扎营,而是在缺少水源的山上扎营,致兵败街亭而获罪入狱。

诸葛亮一向器重马谡,在南征孟获时,马谡献计献策,帮诸葛亮平定了南方部落,并且两人私交甚好。但为明正军纪,诸葛亮不得不下令斩马谡。对于诸葛亮斩马谡一事,参军蒋琬持有不同的看法。他求见孔明说:"春秋时,成得臣是楚国大将,由于对晋作战失利,而被楚王下令自杀,晋文公得知消息大为高兴。现在天下未定,丞相却要杀了智勇之士,不是亲者痛、仇者快么?"孔明哭着回答说:"以前孙武能制胜于天下,就是因为赏罚分明。现在四方纷争,战乱频繁,如果失去了法度还怎么去带兵讨贼?"

临刑,马谡含泪对诸葛亮说:"丞相平日视我如子,我也将丞相视若亲父。我犯了死罪,不敢求赦,但希望丞相善待我的家人!"诸葛亮也哭着回答说:"我们平生之交,亲如兄弟。你的孩子我会视如己出,定不负所托!"于是在全体军士的大哭声中,马谡从容赴刑。诸葛亮亲自临祭,并对马谡一家大小视如己出。明正典刑,也全了上下之义。诸葛亮斩了马谡之后,曾亲自上表给刘禅弹劾自己识人不明之罪,请求贬降。刘禅勉为同意。

诸葛亮挥泪斩马谡,重点不在于执法时的冷酷,而在于"不得不然"的人性管理,如果斩马谡少了"挥泪"两字,也就没什么可议的了。

思考:谈谈你对诸葛亮人性管理做法的看法。

第三节 系统原理

一、系统的含义与特征

任何社会组织都是由人、物、信息等有机组成的系统,任何管理都是对系统的管理,没有系统,也就没有管理。系统原理不仅为认识管理的本质和方法提供了新的视角,而且它所提供的观点和方法也广泛渗透到人本原理、动态原理和效益原理之中,从某种意义上讲,系统原理在管理原理的有机系统中起着统率的作用。

(一)系统的含义与类型

系统是指由两个或两个以上的相互联系、相互作用的要素在一定的环境中所构成的具有特定功能的有机整体。其中,"要素"是指系统内部相互联系、相互作用的各个组成部分。"功能"是指事物所能发挥的作用或效能。

系统论最初是在 20 世纪 40 年代由美籍奥地利生物学家贝塔朗菲(Ludwig Von Bertalanffy, 1901—1972)所创立的一门科学。它的主要目的是确立系统研究的一般原则,从而使系统观点、系统方法由定性走向定量,由经验走向科学。后来,经过许多科学家的不断发展,形成了比较系统的理论体系。系统论强调事物是普遍联系和发展的,要从总体上系统、动态地把握事物。系统论从哲学角度提出了有关系统的基本思想,并且通过科学精确的计算,定量地描述系统中各个要素之间的差异、作用和变化。

根据不同的标准,可以将系统分成不同的系统类型:

(1)按照系统的形成过程可分为自然系统和人造系统。生态系统、太阳系等由自然物质组成的系统被称为自然系统。而生产系统、管理系统等则是人为地为达到某种目的而建立的系统,这种系统属于人造系统。

(2)按照系统与环境的关系可分为封闭系统和开放系统。封闭系统是指那些不与外界发生物质、能量和信息交换的系统,它不被其他事物所影响,同时也不对其他事物施加影响。开放系统是指与外界进行物质、能量和信息交换的系统。系统的封闭是相对的、特殊的,而开放则是绝对的、普遍的。

(3) 按照系统的运动属性可分为静态系统和动态系统。静态系统是指那些状态不随时间而变化的系统;反之,如果系统的状态随时间而改变,则称为动态系统。绝对的静态或动态是不存在的。事物总是在变化中有稳定,稳定中包含着变化。

对系统进行各种形态的划分,是为了加深对各类系统的理解。实际上,系统常常是以上几种类型的综合体。在实际的管理工作和研究中应对系统进行全面的考察和分析。

(二) 系统的特征

1. 整体性

系统的整体性表现为系统是由两个或两个以上相互区别的要素,按照一定的方式和目的,有秩序地排列而成的,系统的功效大于各要素的功效之和。例如,管理过程是由计划、组织、人员管理、指导和领导、控制五项职能相互联系、相互作用构成的有机体,而不是这些职能的简单叠加。整体性是系统的最基本的特征。

2. 相关性

系统的相关性表现为系统各要素之间相互依存、相互制约的关系。一方面,它表现为子系统同系统之间的关系,系统的存在和发展,是子系统存在和发展的前提,因而各子系统本身的发展,就要受到系统的制约。另一方面,表现为系统内部子系统或要素之间的关系。系统之中某要素的变化会影响到另一些要素的变化,对于子系统和整个系统的发展,产生截然不同的结果。比如,人类发展的足迹逐渐改变着生态系统,这些变化致使生态失去平衡,环境污染、温室效应等现象都是这些变化引起的。生态系统的变化和人类的社会系统具有紧密的联系。生态系统失衡所带来的天灾影响着人类的政治、经济、生活等系统的运行。"蝴蝶效应"就是系统相关性的生动概括。

3. 层次性

系统的层次性表现为任何系统都有一定的层次结构,构成系统的要素、子系统都分别处于不同的地位。由于系统层次的普遍性,因而系统概念本身也就具有层次性。系统的层次是客观存在的,而系统和子系统永远是相对的。例如,某个车间,相对于工厂系统来说是子系统,而相对于班组来说,又是一个系统。班组相对于车间来说是子系统,而相对于工厂系统来说,又是个子子系统。不管系统和子系统的具体所指怎么变,它们之间的层次关系永远是确定的。

4. 目的性

系统的目的性是指系统活动最终趋向于有序和稳定。任何一个系统都有明确的总目标,子系统为完成大系统的总目标而协调工作,而系统还有自己的分目标。

目的不明必然导致管理的混乱,因此必须实行目标管理。在现代组织中,组织的目标往往又不止一个,因而必然存在目标之间的矛盾。因此,管理者必须通过管理和协调来达到整体目标的最优化。

5. 环境适应性

环境适应性是指系统与外部环境的关系是互动的:一方面,系统要根据环境的特点及变化选择并调整自己的活动;另一方面,系统会通过自己的活动去影响和改造环境,使环境朝着有利于自己的方向变化。所有的开放系统,总是在一定的环境中存在和发展,系统及其内各子系统,与环境之间不断地进行物质、能量、信息的沟通。当环境发生变化时,系统、子系统的结构和功能也会随之改变,以便适应环境,继续存在和发展下去。

 **管理育人**

系统原理的育人思想

系统原理的育人思想主要体现在其强调整体性、联系性、动态性和开放性的观点上。以系统观念健全"三全育人"体制机制为例,这一思想要求学校统筹协调各级党组织、各系统、各单位形成联动机制,聚焦创新建立系统完备、科学规范、运行有效的制度体系,将立德树人落实在学校工作的各领域、各方面、各环节,构建"三全育人"工作格局。

具体来说,系统原理的育人思想包括以下几个方面。

整体性原理:强调育人的整体性,即将育人看作一个由多个相互关联、相互作用的要素组成的有机整体。在教育过程中,要注重各种教育资源和力量的整合,形成合力,共同推动学生的全面发展。

联系性原理:强调育人过程中各要素之间的联系和相互作用。在教育过程中,要注重学生、教师、家长、社会等各方面的联系和互动,形成良好的育人环境。同时,也要注重不同学科、不同领域之间的交叉融合,促进学生的全面发展。

动态性原理:强调育人过程的动态性和变化性。在教育过程中,要根据学生的成长规律和时代发展的需要,不断调整和优化育人策略和方法,以适应学生发展的需要。同时,也要注重学生的个性化差异,因材施教,促进学生的个性化发展。

开放性原理:强调育人过程的开放性和包容性。在教育过程中,要注重与外界环境的互动和交流,吸收和借鉴先进的教育理念和方法,提高育人质量和水平。同时,也要注重培养学生的开放意识和国际视野,使他们能够适应全球化时代的需求。

总之,系统原理的育人思想强调整体性、联系性、动态性和开放性,注重各种教育资源和力量的整合和优化,以及学生个性化发展的需要,为推进教育现代化和人才培养提供了重要的理论支撑和实践指导。

二、系统原理在管理活动中的应用

根据系统论的观点,组织管理活动中应注意以下几个方面。

(一)管理活动所要处理的每一个问题都是系统中的问题

解决每个具体的问题,不仅要考虑该问题的解决对直接相关的人和事的影响,还要顾及对其他相关因素的影响;不仅要考虑到对目前的影响,还要考虑到对未来可能产生的影响。只有把局部与整体、内部与外部、目前与未来统筹兼顾、综合考虑,才能妥善地处理组织中的每一个问题,避免顾此失彼。

(二)管理必须有层次观点

组织及其管理活动是一个多元、多级的复杂系统。在这个系统中,不同层次的管理者有着不同的职责和任务。各管理层次必须职责清楚、任务明确,并在实践中各司其职,各行其权,各负其责,以正确发挥各自的作用实现管理的目标。如果管理工作层次不清、职责不明,或者虽然层次分明,但上级越权指挥、下级越权请示,不按组织层次展开工作,则可能使管理系统变得一片混乱。

(三) 管理工作必须有开发观点

组织与环境的作用是交互的,管理者不仅应根据系统论的观点,注意研究和分析环境的变化,及时调整内部的活动和内容,以适应市场环境特点及变化的要求,而且应努力通过自己的活动去改造和开发环境,引导环境朝着有利于组织的方向去发展变化。

 知识拓展

系统原理拓展——整分合原理

现代高效率的管理,必须在整体规划下明确分工,在分工基础上进行有效的综合,也就是"统分结合",这就是整分合原理。泰勒曾经指出:在详细了解一件工作如何完成并如何分解成一个个基本要素的基础上,对劳动加以适当的组织,就能提高效率。整分合原理要求整体观点是大前提,不充分了解整体及其运行规律,分工必然是盲目的;但分工又是关键,没有分工的整体就谈不上合作,就构不成职责明晰的现代管理系统。因此,贯彻整分合原理,在管理中必须做到能级对应和优化组合。①合理分工,能级对应。不同的人有着不同的才能,适合于不同的工作和岗位。因此,作为一个有效的管理者,必须根据每个人的能量加以分级运用,做到能级对应,知人善任,"好钢用在刀刃上"。②优化组合。既要搞好分工,同时也要搞好协作,实现优化组合。优化组合包括目标优化组合、组织优化组合、人才优化组合和环境优化组合。

第四节 动 态 原 理

一、动态原理的含义与观点

(一) 动态原理的含义

动态原理是指管理者要明确管理的对象、目标都是在发展变化的,不能一成不变地看待它们;要根据内部、外部情况的变化,注意及时调节,保持充分的弹性,有效地实现动态管理。

管理的动态原理体现在管理的主体、对象、手段和方法的动态变化上,同时,组织的目标以至管理的目标也是处于动态变化之中,因此有效的管理是一种随机制宜,因情况而调整的管理。动态管理原理要求管理者应不断更新观念,避免僵化、一成不变的思想和方法,不能凭主观臆断行事。

(二) 动态原理的主要观点

1. 动态相关

事物的发展是动态的、变化的,在这动态变化的各因素之间又是相互关系、相互作用的。系统的运动变化及构成系统的各个要素之间的相互关系,称为动态相关性。管理系统总是处在不断的运动之中,静止只是相对的特殊运动状况。管理系统各要素的运动发展并不是

孤立的,而是相互联系、相互制约的。系统这种动态和相互关系作用始终推动着管理系统不断地向前发展。在管理中运用动态相关原理,就是在管理中重视管理系统的这种动态性和相关性,遵循管理系统运动和发展的规律,在动态中处理好各因素的关系,做好各项管理工作。

认识管理系统的动态相关性,对搞好管理工作具有极其重要的意义。现代管理不仅要提高每个人的工作主动性、积极性、创造性,而且要增强人与人、人与物、物与物之间的群体效应,使企业管理系统有一个良好的组织结构,成为具有高效率的、内部协同的、功能良好的转化系统。

2. 动态平衡

管理系统中,各要素的互相作用和运动维持了系统整体的动态平衡,使系统结构和功能处于一种相对稳定的状态,如果其中的某要素一旦受到破坏,就会打乱系统的动态平衡。因此,管理系统中各要素不仅相关,而且要平衡,维持动态平衡,保持相对稳定,便是贯彻这个原则的基本要求。

要获得管理的最佳效益,必须把管理系统的各子系统放在运动中加以研究,探索其运动规律。在管理活动中,注意各子系统或构成管理系统的要素的动态变化,并注意预防和克服经常可能出现的限制总体功能的薄弱环节,从而保持系统运动的新平衡,产生新的系统功能。

总之,有效的管理,不仅使管理系统内各子系统和各要素能进行相关的运动,而且要取得相对平衡,保持相对稳定的有序运动。

二、动态原理在管理活动中的应用

(一) 权变管理

权变管理认为,没有一成不变、普遍适用的管理原则与方法,任何管理理论和方法都只能适应特定的管理活动,不可能存在解决一切问题的灵丹妙药。任何管理活动都必须从具体实际出发,都不能仅凭教条或主观臆断行事。权变管理要求管理者必须树立权变观念,从思想上明确管理的环境、对象和目的都可能会发生变化。只有这样,才能促使管理者在管理的动态过程中管理。例如,它可以帮助管理者提出适用于某些环境和技术条件的组织设计方案;可以帮助管理者确定适宜的领导风格以及实行组织变革和改良的最切实际的方法等。

虽然权变观念并不能为管理一切组织提供通用的管理原则,但可以为在具体情况下的组织诊断和管理行动提出重大的指导方针。因此,管理者有意识地训练和提高权变控制能力,增强权变意识,尽可能考虑到各种有关的变动因素,并以此来决定采取什么样管理方式,这对组织的长远发展是大有裨益的。

(二) 创新管理

组织的发展是一个动态过程。要使这个过程不断地持续下去,组织就不能停止创新。尤其是在知识经济时代,组织的内外部环境发生了重要的变化,组织的发展与竞争优势更取决于组织的创新能力,可以说不创新,就意味着灭亡,创新已成为组织发展壮大过程中的关键性因素。实行创新管理是组织竞争的取胜之道。而构建创新管理体系,则是保证创新管理有效进行的前提。创新管理体系主要包括观念创新、技术创新、制度创新和管理创新。

(三) 弹性管理

弹性是指物体受外力作用变形后,除去作用力后能恢复原来形状的性质,比喻事物的可伸缩性。弹性原理是指管理必须保持充分的弹性,及时适应客观事物的各种变化,才能有效地实现动态的管理。一般可以将弹性分为局部弹性和整体弹性。所谓局部弹性,是指在一系列环节上保持可以调节的弹性,特别在重要的关键环节上要保持足够的余地;所谓整体弹性是指整个系统的可塑性或适应能力,是组织适应变化、抓住机会、避免风险的生存与发展能力。弹性管理就是说管理应具有伸缩性,即富有弹性。要求管理者在进行决策和处理问题时,除了尽可能考虑多种因素之外,还要留有余地,以求综合平衡;同时,在组织机构的设计,管理层次和部门的划分上也应富有弹性,使组织机构能适应环境的变化。

实施弹性管理,管理者需要根据具体实际情况研究"弹性工作制"和"弹性工资"等具体内容,以提高组织员工的积极性,但更为重要的是应将弹性管理贯穿于管理的全过程中去。只有这样将弹性管理落到实处,才能更好地推动动态管理。

知识拓展

> **动态原理拓展——反馈原理**
>
> 反馈是指由控制系统把信息输送出去,又把其作用结果返送回来,并对信息的再输出发生影响,起到控制的作用,以达到预定目标。反馈分为正反馈和负反馈两种。凡是反馈使系统的输入对输出的影响增大,导致系统运动加剧发散,这种反馈叫作正反馈;而凡是反馈使系统的输入对输出的影响减小,使系统偏离目标的运动收敛,进入稳定状态,叫作负反馈。
>
> 反馈原理是指管理中心根据反馈信息,通过与原有目标的比较、分析、判断,再发出新的信息,不断循环往复,及时调整、控制系统的运动,使系统的内部条件适应外部环境的变化,以实现系统目标。反馈原理要求管理者:一要增强信息的来源;二要使反馈信息传递次数少、速度快;三要有高效率的反馈信息处理机构,使反馈信息接收集中、灵敏,整理分析及时,判断正确,以充分发挥反馈的控制作用。

第五节 效益原理

一、效益原理的含义与特征

(一) 效益的含义与分类

效益是指一个系统的有效产出与全部投入之比。效益是管理的永恒主题。任何组织的管理都是为了获得某种效益。效益的高低直接影响着组织的生存和发展。在了解效益的概念前,有必要把效益、效果与效率的概念分清。效果是指组织由投入经过转换而产出的有用成果,其中有的是有效益的,有的是无效益的。例如,有的企业生产的产品虽然质量合格,但产销不对路,在市场上卖不出去,积压在仓库里,最后甚至会变成废弃的物质,这些产品是不具有效益的。所以,只有那些为社会所接受的效果,才是有效益的。效率是指特定的系统在单位时间内投入与所得的效果之间的比率。这个比率是一个经常用来衡量管理水平的标准。例如,要衡量企业管理的水平,就必须考察企业投入的资金、技术、人力、物力等因素与所获得的利润之间的比率。在一定的时间内,如果消耗的物资、能量等因素越少,而产生的效果越大,就意味着效率越高;反之,如果消耗的物资、能量等因素越多,而产生的效果越小,就意味着效率越低。

效益可分为经济效益和社会效益两大类。经济效益是人们在社会经济活动中所取得的收益性成果。对于企业来说,它不仅要求产出有用成果:质量高、数量多、适销对路,而且成本要低,企业一方面出于积累资金自我发展,另一方面更为重要的是促进社会的进步、国民经济的发展以及社会生产力的提高。社会效益是人们的各项活动对社会发展的积极作用或有益的效果。广义的社会效益包括经济、政治、思想、文化等效益。狭义的社会效益是指经济效益以外的对社会生活有益的效果。现代管理学所讲的社会效益一般是指狭义的社会效益。

现代管理工作在处理经济效益与社会效益的关系时,应该统筹兼顾,最大限度地追求经济效益与社会效益的同步增长。既反对单纯追求经济效益而不顾社会效益的倾向,也反对片面讲求社会效益而不讲经济效益的做法。

(二) 效益原理的含义与特征

效益原理是指组织的各项管理活动都要以实现有效性、追求高效益作为目标的一项管理原理。它表明现代社会中任何一种有目的的活动,都存在着效益问题,它是组织活动的一个综合体现。效益原理的特征主要体现在以下几个方面:

1. 讲求经济效果

效果,是指一项活动的成效和结果,是人们通过某种行为、方式而产生的目的性结果。效果分为被社会接受的效果和不符合社会需要的效果。只有为社会接受的效果,才是有效益的,不符合社会需要的效果是无效益的。效益原理的特征之一就是讲求经济效果,才能提高生产效率,实现管理的目标。

2. 以提高经济效益作为管理的目标

在物质资料的生产过程中,能够投入生产的各种资源是有限的,而人们的消费水平在不断提高,对物质和精神产品的要求是无限的。这就要求管理必须处理好人、财、物的有限性与人们需求不断增长的无限性之间的矛盾。为此,必须大力提高经济效益,以提供更多的产品,为社会增加更多的财富。

3. 讲求科学管理和注重科学技术新成就的运用

一切管理都努力提高效益,但并不是一切管理都是有效益的。要取得管理的效益:①必须讲求科学管理。因为科学管理可以根据具体的内、外环境变化情况,把人类共同劳动中的各种因素、关系以最佳的方式组合起来,使其协调有序地朝着预期目标发展,达到提高效益的目的。特别是在现代管理中,科学的管理已成为效益的重要增长点。②注重运用科学技术的新成就。科技的发展是提高效益的又一基本途径,它既拓展了人类改造世界的深度和广度,提高了劳动者的素质和能力,又改变着劳动的手段、对象和方式,从而大大增加了人类改造世界的物质和精神成果。

加强科学管理与发展科学技术在提高效益的过程中是互相联系、互相促进的,科学技术的发展是在提高科学管理水平的基础上,为现代管理提供新观念、对象、方式和手段的;科学的管理则及时把科学技术转化为生产力,并为科学技术的发展创造良好的条件和环境。

 **知识拓展**

鲶鱼效应

挪威人爱吃沙丁鱼,但沙丁鱼非常娇贵,极不适应离开大海后的环境。在渔民把刚捕捞上来的沙丁鱼放入鱼槽运回码头的过程中,许多沙丁鱼就会死去,而死掉的沙丁鱼味道不好,销量会变差很多。倘若抵港时沙丁鱼还活着,鱼的卖价就要比死鱼高出若干倍。为延长沙丁鱼的存活期,渔民想方设法让鱼活着达到港口。后来一个渔民想出了一个法子,将几条沙丁鱼的天敌鲶鱼放在运输容器里。因为鲶鱼是食肉鱼,放进鱼槽后,鲶鱼便会四处游动寻找小鱼吃。为了躲避天敌的吞食,沙丁鱼自然会加速游动,从而保持旺盛的生命力。如此一来,沙丁鱼就能一条条活蹦乱跳地运到渔港。

讨论:管理中如何运用鲶鱼效应?

二、遵循效益原理的基本途径

所有的管理都是致力于提高效益,但并不是所有的管理都是有效的。从管理的角度来看效益的提高,涉及的因素是多种多样的,如管理思想、管理制度、管理方法、管理环境和管理措施等,这些因素对管理效益的影响十分重大,尤其是管理者的思想观念、行为方式,能够直接影响管理的计划、组织、领导和控制的一系列活动,并对管理效益产生着直接的作用。因此,遵循效益原理,就要求管理者把握以下四个方面。

(一)确立可持续发展的效益观

由于自然资源的短缺与自然环境的恶化已成为整个人类社会生存和发展的重大威胁,因此,组织管理者在提高效益的过程中,必须确立可持续性的发展观。可持续性的发展,就是既满足当代人目前的生存发展需要,也不危害下一代人的生存发展利益。

将可持续性发展与效益原理结合起来,就是在讲究经济效益的同时,保持与生态环境和社会环境的协调发展,即既要注重技术的先进性、经济的合理性,又要注重对社会的效用性和天人合一的和谐性。对那些在生产过程中排放大量的工业废气,污染周围环境的企业,或以次充好,质量掺假而高价出售产品的企业,社会必须通过经济、法律、行政和教育的手段给予严厉的制裁和惩诫,创造出一种具有约束力的激励环境,使各组织能够正确处理好经济效益和社会效益、局部效益与全局效益、短期效益和长远效益、间接效益和直接效益等方面的关系,把过程与结果、动机与效果有机地结合起来。

(二)提高管理工作的有效性

管理学家德鲁克认为:作为管理者,不论职位高低,都必须力求有效。管理的有效性,应是管理的效率、效果和效益的统一。其实现的重要途径是要确立有效管理的评价体系。

(1)在评价标准上,要注意直接的成果和价值的实现。从组织获取的产值、利润等方面看组织目标实现的状况,以考察组织在产品或服务的质量方面所获得的效果和效益。而价值的实现则是比对直接成果的追求体现出更高水平的管理,是一种深层次的管理,像组织文化、经营哲学、组织形象的塑造、开发并向市场推出民众欢迎的产品、服务特色等,就是大价值意义上的管理追求。

(2)在评价内容上,应以工作绩效为主,以贡献为主,并分清主客观条件对工作绩效的影响。具体来讲,对管理者的评价主要结合德、能、勤、绩等方面的内容加以考察;对管理集体的评价,要考察其管理上服务态度与质量,与相关管理部门的协调性等。

(3)在评价方法上,应综合不同评价主体的评价结果。一般来说,评价主体可以是管理者(机构)本身,也可以是上级主管或职工,还可以是有相互工作往来、服务关系的其他管理者或管理部门。只有综合这些不同评价主体的结果,并做到定性与定量相结合,才能保证评价结果的全面性、客观性和公正性。

(三)处理好局部效益和全局效益的关系

全局效益是一个比局部效益更为重要的问题。如果全局效益很差,局部效益提高就难以持久,为局部效益提高而损坏全局效益的行为是短视行为。不过,局部效益又是全局效益的基础,没有局部效益的提高,全局效益的提高也是难以实现的。局部效益和全局效益是矛盾统一的,当两者发生冲突时,管理者必须把全局效益放在首位,做到局部效益服从全局效益。

(四)追求长期稳定的高效益

管理者要追求组织长期稳定的高效益,一方面,不仅要"正确地做事",更为重要的是要"做正确的事"。这是因为效益与组织的目标方向紧密相联:如果目标方向正确,工作效率越高,获得的效益越大;如果目标方向完全错误,工作效率越高,效益反而会出现负值。因此,管理者工作中首要的问题是确定正确的目标方向,搞好组织的战略管理,并在此前提下讲究工作的高效率。只有这样,才能获得较高的经济效益和社会效益。另一方面,管理者必须具有改革创新精神,不能只满足于眼前的经济效益,而应居安思危,不断推行新产品,以高质量、低成本的优势去迎接新的挑战。只有不断地进行企业的技术改造、开发产品和人才开发,才能保证企业有长期稳定的高效益。

【案例讨论】

比亚迪公司的管理制胜之道

企业在管理中遵循效益原理是指企业的各项管理活动都要以实现有效性、追求高效益作为目标管理的思想。现代社会中任何一种有目的的活动,都存在着效益问题,它是组织活动的一个综合体现。比亚迪在管理中的效益原理主要体现在经济效益和社会效益两个层面。

从经济效益的层面来看,比亚迪一直秉持着"技术为王、创新为本"的发展理念,通过研发实力和创新的发展模式,获得了全面的发展。其在电池、电子、乘用车、商用车和轨道交通等多个领域都发挥着举足轻重的作用,产品线的丰富度有助于满足不同消费者群体的需求。比亚迪汽车在价格上的实惠,以及在电动汽车领域的创新突破,都使其在国内国外市场上取得了成功。同时,比亚迪注重渠道建设和售后服务,这进一步提升了其品牌影响力和市场份额,为公司带来了显著的经济效益。

从社会效益的层面来看,比亚迪积极承担社会责任,注重环境保护和员工福利。公司推动电动汽车的发展,倡导绿色出行,积极推广可再生能源的应用,助力减少对传统能源的依赖。此外,比亚迪高度重视员工的安全与健康,提供健康体检、保险和医疗服务等福利,同时还注重员工的职业培训与发展,为员工提供广阔的学习和成长空间。这些举措不仅提升了员工的满意度和忠诚度,也为社会创造了更多的就业机会和价值。

综上所述,比亚迪的效益原理主要体现在其经济效益和社会效益的双重提升上。通过不断创新和发展,比亚迪实现了经济效益的最大化;同时,通过积极承担社会责任和关注员工福利,比亚迪也实现了社会效益的最大化。这种双重效益的提升,使得比亚迪在激烈的市场竞争中脱颖而出,成为一家具有强大竞争力和可持续发展能力的企业。

讨论:
(1) 效益原理的基本内涵是什么?
(2) 比亚迪在管理中坚持效益原理的体现有哪些?

【实训项目】

管理原理实训

项目背景

王华是一家房地产公司销售总监,公司设有三个销售部,其中一个销售部经理张健被公司派到外地,造成此岗位空缺。王华希望从公司内部选拔,特别是从现有的销售队伍中选拔。在他心里有两个不错的人,一是销售冠军李艳,二是销售骨干赵晓军。

李艳来公司工作将近八年,大专毕业,精通业务,善于与客户打交道,对公司销售政策十分熟悉,她对现有的销售激励政策也比较满意,去年有一家房地产公司想挖她,她没走。目前她拥有一幢价格昂贵的市区住房,开着豪华车,全部收入都用在生活开销上。

赵晓军来公司工作不到三年,本科毕业,熟悉业务,对公司销售政策十分熟悉,有较好的专业背景和沟通能力,在公司人缘不错,销售业绩逐年提升。

经过再三思考,王华决定提拔李艳,可李艳当了销售经理后,工作起色不大,没有以前的工作热情,也经常有事请假。下属对她意见较大,有的人说她不懂得尊重下属,有的人说她不会指导工作,只是一味强压任务指标等。王华甚是不解:李艳工作前后怎么判若两人? 难道提拔李艳错了吗?

问题:
(1) 假设你是王华该如何决策提拔谁?
(2) 提拔李艳错了吗? 为什么?
(3) 假设你是王华接下来该如何做?

实训目的
(1) 增强对管理基本原理的感性认识。
(2) 培养对管理基本原理的分析能力。

实训要求
(1) 自由组合成小组,每组3~5人。
(2) 明确各自的角色:王华、李艳、赵晓军、其他等。
(3) 每组根据所学管理基本原理去分析上面材料,写成简要书面分析报告。
(3) 在班级组织一次交流与讨论。
(4) 由教师根据分析报告与讨论表现评估打分,两项成绩共同构成小组的实训成绩。

【同步测试】

一、单项选择题

1. 管理原理是对管理规律的概括和总结,这些原理是明确的和稳定的,而不是模糊和变动不定的,这体现了管理原理的（　　）特征。
   A. 客观性　　　　B. 概括性　　　　C. 稳定性　　　　D. 系统性
2. 不属于系统原理主要观点的是（　　）。
   A. 整体性观点　　B. 动态性观点　　C. 开放性观点　　D. 目的性观点
3. 不属于动态原理的应用的是（　　）。
   A. 权变管理　　　B. 创新管理　　　C. 计划管理　　　D. 弹性管理
4. 不属于人本管理基本观点的是（　　）。
   A. 员工是企业的主体
   B. 人是"经济人",所以只要给予足够的物质激励,就能让他为企业努力工作
   C. 实行民主管理方式
   D. 人是管理的目的
5. 系统最基本的特征是（　　）。
   A. 整体性特征　　B. 相关性特征　　C. 层次性特征　　D. 目的性特征
6. （　　）是管理的首要原理。
   A. 人本原理　　　B. 效益原理　　　C. 系统原理　　　D. 动态原理
7. 任何有机系统都是耗散结构系统,系统与外界不断交流物质、能量和信息,才能维持其生存,这体现了系统的（　　）。
   A. 整体性原理　　B. 动态性原理　　C. 开放性原理　　D. 环境适应性原理
8. 系统要素之间的相互关系及要素与系统之间的关系以整体为主进行协调,局部服从整体,使整体效果为最优,这是系统原理中的（　　）。
   A. 整体性原理　　B. 动态性原理　　C. 开放性原理　　D. 环境适应性原理
9. 追求效益是人类一切活动均应遵循的基本规则,这是由（　　）所决定的。
   A. 人类需要　　　B. 资源的有限性　C. 目标活动的实现　D. 环境的变化规律
10. 管理者在组织管理活动的实践中必须依循的基本原理不包括（　　）。
    A. 人本原理　　　B. 系统原理　　　C. 效益原理　　　D. 弹性原理

二、判断题

1. 追求长期稳定的高效益是管理效益原理实现的途径之一。（　　）
2. 管理原理是对管理工作的实质内容进行科学分析总结而形成的基本真理。（　　）
3. 管理活动是以物为中心的活动。（　　）
4. 系统最基本的特征是层次性特征。（　　）
5. 管理的动态原理体现在管理的主体、对象、手段和方法的动态变化上。（　　）
6. 人本原理的观点之一是认为现代管理的核心是使人走向完美。（　　）
7. 系统是由若干相互联系、相互作用的部分组成,在一定环境中具有特定功能的有机整体。（　　）
8. 环境适应性原理表明,系统对环境的适应都是被动的。（　　）
9. 追求效益就是追求经济效益。（　　）

10. 权变管理是动态原理在管理活动中的一种应用。　　　　　　　　　　（　　）

三、简答题

1. 管理基本原理的主要内容有哪些？
2. 谈谈你对管理四大基本原理的理解。
3. 管理原理中,效益原理的实现途径有哪些？

第二篇
管理职能篇

第四章 决策与计划

【学习目标】

知识目标

1. 了解决策的含义和类型。
2. 掌握决策的基本程序和方法。
3. 了解计划的含义和内容。
4. 掌握计划的分类和方法。

能力目标

1. 能够结合企业目标制定科学的决策。
2. 能够依据内外环境制定企业的计划。

素养目标

1. 提升战略思维素养。
2. 培养预见性与风险管理意识。
3. 培养创新思维。

【关键概念】

决策,德尔菲法,头脑风暴法,量本利分析法,计划,网络计划法。

【体系结构】

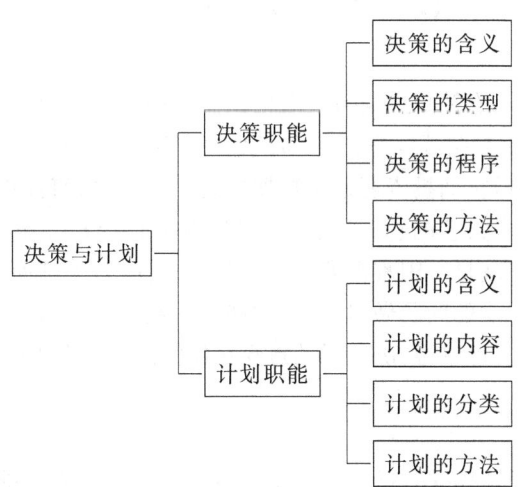

第四章 决策与计划

【案例导入】

曲突徙薪

某人到一个朋友家里做客,看见朋友家灶上的烟囱是直的,跟前又堆放了很多木材。于是他告诫朋友说:"你家的烟囱要改成弯曲的,因为烟囱是直的,有风的话,会引燃旁边的木材,木材必须移到远离烟囱的地方去,否则将来必定会引发火灾。最好还是把它移开吧。"朋友听了,不以为然,认为没这个必要,于是没做任何改变。

没过多久,朋友家里果然失火了,四周的邻居赶紧跑去救火,在大伙的奋力救援下,终于将火扑灭了,但还是造成了一些损失。这位朋友感动之际,烹羊宰牛,宴请四邻,以酬谢他们救火的恩情,但是没有意识到应当宴请当初建议他将木材移走、将烟囱改曲的人。

有人对这位朋友说:"如果当初听了那位先生的话,就不会发生今天的火灾、造成这样的损失,也就不用大摆筵席了!现在论功行赏,最应该感激的就是原先给你提建议的人,现在救火的人反而成为座上宾,真是很奇怪的事呢!"这位朋友顿时醒悟,赶紧去邀请当初给他提建议的那个客人来喝酒。

这就是曲突徙薪的故事,这故事告诉我们:"预防重于治疗,能防患于未然之前,更胜于治乱于已成之后。"由此观之,"人无远虑,必有近忧"。在这个竞争残酷的时代,一切都是瞬息万变的,任何企业都不能保证自己永远立于不败之地,居安思危、未雨绸缪才是高明之举。有效的组织不仅强调"有反应能力",更应强调"超前管理"和"前瞻性规划",培养危机意识,发挥主观能动性,制定周密计划。总之,决策要先行,前瞻性与洞察力是重中之重。

【知识积累】

第一节 决策职能

每天都要做许多决策,有简单的也有复杂的。简单的如:今天早上吃什么早点?穿什么款式的衣服?下班回家走什么路线?复杂的如:手上的流动资金应该选择什么样的投资方式?是买股票还是买债券,是做长期投资还是做短期投资?显然,如何投资的决策要比吃什么早点的决策复杂得多,因为它有太多的选择,而且不是所有的选择都能量化。因此,在投资的可选方案中选出"最好"的方案就显得困难得多。企业与人一样,每天都面临许许多多的决策,对企业管理人员来说必须对大量的问题做出决策,例如,是否要裁员?是否要增加广告投入?是否有必要调整生产线,等等。可以说,决策活动贯穿在任何组织和个人的一切活动中。

一、决策的含义

决策是人们为了实现特定的目标,在占有大量调研、预测资料的基础上,运用科学的理论和方法,充分发挥人的智慧,系统地分析主、客观条件,围绕既定目标拟定各种实施预选方案,然后从若干个可行方案中选择一个满意方案的分析判断过程。它是人们在改造客观世界的活动中充分发挥主观能动性的表现,涉及人类生活的各个领域。

决策活动是管理活动的重要组成部分。作为管理学的一个特定术语,决策这一概念的含义非常广泛。通常对决策的含义有广义和狭义之分。狭义来说,决策是在几种行动方案之间进行选择。广义来说,决策还包括在做出选择之前进行的一系列活动。从管理的角度,决策是指人们为了达到一定的目标,在掌握的有限的信息资料的基础上,通过对有关情况进行分析,用科学的方法拟定并评估方案,从中选出合理方案的过程。可见决策活动同任何管理工作,甚至同任何个人都有关系,因此掌握决策科学知识对任何人都是非常有用的。

(一) 决策要有明确的目的

决策是为了解决某个问题或为了实现一定的目标。没有目标就无从决策,没有问题也无需决策。因此,在决策时,要解决的问题必须是十分明确的,要达到的目标必须有一定的标准可以衡量比较。

铱星的悲剧

(二) 决策要有若干可行的备用方案

若只有一个方案就无从比较其优劣,也无选择的余地,"多方案抉择"是科学决策的重要原则。决策时不仅要有若干个方案来相互比较,而且各方案必须是可行的。

(三) 决策的结果是选择一个满意的方案

决策理论认为,最优方案往往要求从诸多方面满足各种苛刻的条件。只要一个条件不满足,最优目标便难以实现。因此,科学决策追求的是在现实条件下,能够使主要目标得以实现,其他次要目标也足够好的合理方案。

(四) 决策是一个分析判断过程

决策有一定的程序和规则,但它又受决策者价值观念和经验的影响。在分析判断时,参与决策人员的价值准则、经验会影响决策目标的确定、备选方案的提出、方案优劣的判断及满意方案的抉择。管理者要做出科学的决策,就必须不断提高自己的决策能力。

二、决策的类型

根据不同的分类方法,可以将决策划分为不同的类型,每种类型的决策在方法和要求上具有不同的特征。为了正确进行决策,必须对决策进行科学的分类。

(一) 按照决策主体性质划分

决策主体是指决策者,按照决策者是个人还是群体,可以将决策划分为个人决策和集体决策两种类型:前者是指一个人独立做出选择的过程,而后者则是由两个或两个以上的人共同做出某一选择的过程。两类决策在现实生活中均非常普遍,拥有各自的优点和缺陷,因而具有不同的适用范围。

1. 集体决策的优点和缺点

集体决策与个人决策是对立统一的两个方面,也就是说集体决策的优点和缺点正好与个人决策的缺点和优点相对应。集体决策的优点和缺点,如表4-1所示。

表 4-1 集体决策的优点与缺点

优 点	缺 点
(1) 提供更完整的信息	(1) 耗费时间:议而不决,效率低下
(2) 产生更多的方案:特别是成员来自不同的专业领域时,更多的方案有利于提高选择方案的质量	(2) 少数人统治:群体成员不会平等,因经验、知识、语言技巧,自信心等方面的差异,群体成员在决策过程中的地位是不平等的

续 表

优 点	缺 点
（3）增加对某个方案的接受性：参与决策制定过程的人更易于接受决策方案，从而有利于减轻方案执行过程中的阻力	（3）屈从压力：群体中大多数人表现出某种倾向性时，会使得持不同意见的少数人感到巨大的压力从而选择简单服从，这种群体思维削弱了批判精神，也降低了决策质量
（4）提高合法性：集体决策往往给人以民主的印象，而个人决策常常让人感到独裁武断	（4）责任不清：任何一位成员都不会对最终的结果承担完全的责任，责任意识被冲淡，从而缺乏理性决策的动机

2. 集体决策的优化

怎样克服集体决策的缺点，更好地发挥其优势一直是理论研究者们关注的内容。总体上讲，可以从以下两个方面着手。

（1）完善决策集体成员的结构。所谓结构是指构成元素以及元素间的排列组合关系。有人说，《西游记》中的唐僧师徒四人就是一个结构非常完善的集体。唐僧目标专注、意志坚定，具有良好的"一致性"，这是一个团队领袖所应该具备的最重要的品格；孙悟空本领高强，一路降妖除魔，逢山开路、遇水架桥，是一个解决问题的高手。团队中必须要有这样的人物，但也不能太多，否则容易产生不必要的斗争；猪八戒最为真实，他是团队的"润滑剂"；沙和尚则是一个不折不扣的、坚定的执行者。正是因为有了这样一个良好的结构，西天取经的目的才能够实现。

决策集体成员的结构一般包括以下几个方面。①年龄结构。要老中青结合，不同年龄段的人有不同的优势和缺点，比如老年人经历丰富、遇事冷静沉稳，但相对较为保守，在对新事物的敏感性方面不如年轻人。年轻人则正好相反，能够迅速接受新事物，有冲劲且富有创新精神，但在经验等方面有所不足。②知识结构。团队成员的知识构成应该是多样化且互相补充的，这样有利于提供更丰富的信息，构造更完整的决策方案；还有像兴趣、爱好，甚至性别等方面都应该能够相容并互补。总之，一个构造良好的决策集体有利于提高决策的质量。

（2）采用先进的集体决策方法。设计科学、合理的集体决策方法，可以在很大程度上克服集体决策的缺点。常用的方法包括：头脑风暴法、德尔菲法等。

3. 集体决策与个人决策的适用范围

一般而言，集体决策趋向于更加精确，而个人决策则更有效率。这可以成为选择使用集体决策还是个人决策的标准。

管理育人

猜牛体重的故事

1906年，英国科学家弗朗西斯·高尔顿（Francis Galton）参加了一场在乡村集市上举行的"猜重量赢大奖"的比赛。一头肥壮的公牛被牵到展台上，观众们纷纷下注猜测这头牛的体重。高尔顿作为一名统计学家，对这场赌局产生了浓厚的兴趣。

比赛结束后，高尔顿收集了所有参赛者的猜测数据，并进行了统计分析。他原本以为，由于大多数参赛者缺乏专业的称重经验，他们的猜测数值可能会非常离散，平均值与真实体重之间会有很大的差距。然而,当高尔顿计算出所有猜测数的平均值时,他惊讶地发现,这个平均值竟然与牛的真实体重惊人地接近。

具体来说,那头牛的真实体重是1198磅,而所有参赛者猜测的平均体重为1197磅。这个微小的误差几乎可以忽略不计,高尔顿因此深刻体会到了群体智慧的强大力量。

这个故事展示了群体智慧在特定情境下的巨大潜力。即使群体中的个体可能并不具备专业的知识和技能,但通过集体智慧的汇聚,他们仍然能够得出非常接近真相的结论。这种群体智慧的力量在现代社会中得到了广泛的应用,例如,在市场调研、选举预测、危机管理等领域,群体智慧都发挥着不可替代的作用。

这个故事启示我们,在决策过程中,应该充分尊重和利用群体的智慧和力量。通过广泛征集各方意见,进行深入的讨论和分析,可以大大提高决策的科学性和准确性。同时,我们也应该认识到,群体智慧并不是万能的,它也需要建立在一定的规则和基础之上,才能发挥出最大的效果。

(资料来源:《群体的智慧》)

(二)按照决策问题的性质划分

决策者进行决策思考的出发点是正确判明问题的性质。问题性质不同,决策的性质和方法也将不同。

1. 例行问题和例外问题

例行问题又称为常规性问题,是指重复出现的例行公事,如订货、材料出入等。有关这类问题的决策是经常重复的,而且有一定的结构。处理这类问题的特点是借助规章制度,当问题重复出现时,不必再做决策,而只需要根据已有的制度和规则按例行的程序处理即可。

例外问题是指那些偶然发生的、新颖的、性质不完全清楚的、结构上不甚分明的问题。这类问题不是重复出现的,不能用对待例行公事的办法来处理。它要求决策者逐项逐个认真研究,慎重解决。这类问题往往比较重要,如公司的多元化、新产品的研究与开发、企业的兼并等,可能为数不多,却是管理者决策的重心之所在。

2. 程序化决策与非程序化决策

与上述的两类问题相对应,处理例行问题的决策就是程序化决策,处理例外问题的决策通常称为非程序化决策。

①程序化决策,又称为"结构良好"的决策。是指决策可以程序化到呈现出重复和例行的状态,可以程序化到制定出一套处理这些决策的固定程序,每当它们出现时不需要再重复处理它们。②非程序化决策又叫"结构不良"决策,是针对那些新颖的、无结构问题的,非程序化决策往往依赖于创新。

对于程序化决策与非程序化决策还有几个问题需要说明:

(1)程序化和非程序化是相对而言的,几乎没有一个决策是属于完全程序化的或者完全非程序化的。就像光谱一样是一个连续的统一体,一端是高度程序化的,另一端是高度非程序化的,沿着这个统一体可以找到不同灰色程度的决策。

(2)尽可能地将非程序化决策转化为程序化的决策。程序化决策在信息、决策者的经验、智能水平等方面的要求均较非程序化决策低,且效率更高。因此,将非程序化决策转化为程序化的决策有利于节省整个组织的决策成本。

(3) 两类决策与组织层次的关系。越是组织的上层主管人员,所面临的问题大多是例外的、偶发的、结构不良的,其所作的决策也就越是倾向于非程序化。相反,中下层的管理人员面对的问题大多是例行的、常规的、结构良好的,它们所作的决策也就更倾向程序化,如图4-1所示。

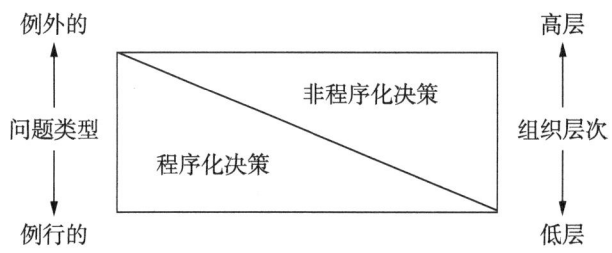

图4-1 决策类型与组织层次

图4-1中,从下往上也就是从组织的底层向上,面临的例外问题在不断增加,非程序化的决策也在不断地增加,从上往下则正好相反。

(三) 按照决策调整的对象和涉及的时限划分

按照决策调整的对象和涉及的时限,可分为战略决策和战术决策。战略决策决定组织的活动内容和方向,事关组织的兴衰成败,一旦做出决策将在较长的时间和组织整体范围内产生影响。属于根本性决策,往往由组织的最高管理层抉择。比如企业方针、目标、发展规划、技术发展方向、组织变革等。战术决策是为了实现战略目标而作出的局部性的具体决策。

二者的区别可以概括为以下几点:

(1) 从调整对象看,战略决策调整组织的活动方向和内容,解决"干什么"的问题,是根本性决策;战术决策调整在既定方向和内容下的活动方式,解决"如何干"的问题,是执行性决策。

(2) 从涉及的时间范围看,战略决策面对未来较长一段时期内的活动,而战术决策则是具体部门在未来较短时期内的行动方案。战略决策是战术决策的依据,战术决策是在其指导下制定的,是战略决策的落实。

(3) 从作用和影响上看,战略决策的实施效果影响组织的效益和发展,战术决策的实施效果则主要影响组织的效率与生存。

(四) 按照决策的可靠程度划分

按照决策的可靠程度,可以划分为确定型决策、风险型决策和不确定型决策。

(1) 确定型决策,是指各种可行方案的条件都是已知的,并能较准确的预见到它们各自的后果,易于分析、比较和抉择的决策。

(2) 风险型决策,是指各种可行方案的条件大部分是已知的,但每个方案的执行都有可能出现几种不同的结果,各种结果的出现有一定的概率,决策结果只有按概率来确定,存在风险的决策。

(3) 不确定型决策,与风险型决策类似,每个方案的执行都有可能出现几种不同的结果,但各种结果出现的概率是未知的,完全凭决策者的经验、感觉和估计做出的决策。

三、决策的程序

（一）决策的基本程序

赫伯特·西蒙认为，决策过程由以下四个阶段构成：①搜集情报阶段。搜集组织所处环境中有关经济、技术、社会等方面的情报并加以分析，同时对组织内部的情报也要加以收集和分析，以便为拟定和选择计划提供依据。②拟定计划阶段。以组织所要解决的问题为目标，根据第一阶段搜集到的情报，拟定出各种可能的备选方案。③选定方案阶段，根据当时的情况和对未来发展的预测，从各个备选方案中选定一个。④对选定并付诸实施之后方案的情况进行评价。

第一阶段的任务是探察环境，包括组织内部环境和外部环境，寻求要求决策的条件，可以称为"情报活动"。第二阶段的任务是设计、制定和分析各种可能采取的行动方案，可以称为"设计活动"。第三阶段的任务是从第二阶段确定的各种可行方案中，选出一个作为行动方案，可以称为"抉择活动"。第四阶段的任务是对已经做出的抉择进行评价，可以称为"审查活动"。

从西蒙所确定的决策四阶段中可以看到，决策实际上是一个"决策—实施—再决策—再实施"的连续不断的循环过程，贯穿于全部管理活动的始终，贯穿于管理的各项职能之中。

（二）决策的具体步骤

以上决策的基本程序，在实际的操作过程中，可以进一步细分和具体化分为八个步骤，如图4-2所示。

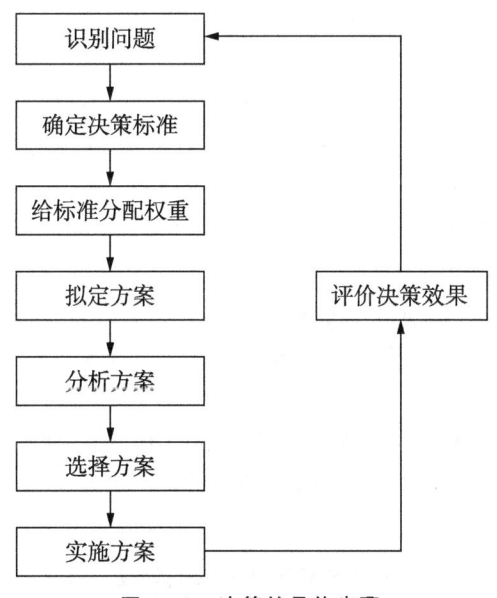

图4-2 决策的具体步骤

1. 识别问题

问题是指现实状况和期望状况之间的差异，意味着矛盾和不平衡。任何决策都是为了解决特定的问题，解决问题是决策的目标之所在，但同时问题又是决策的起点。决策者必须对问题进行充分的调查研究，判明其性质，并据此提出计划方案，以解决问题，达到期望状况。首先，要确定哪些问题进入决策程序，组织可能面临着大量的问题，管理者不可能在同一时间解决所有的问题，必须有所取舍。有些问题无足轻重，而另外一些则相当困难，解决的条件和时机均不成熟,这是决策者应该避免选择的方向。其次,要认真分析问题产生的根源,找出相关的影响因素,确定问题的性质,为制定解决方案打下基础。假设,某企业的一位高级经理需要去国外进行一次商务旅行,于是出现了一个显而易见的问题:他需要一家宾馆。

2. 确定决策标准

决策标准是指对方案进行取舍的依据,前面谈到的宾馆决策的案例中,经理可能会考虑这样一些因素:房间的价格、便利性(是否容易到达)、服务设施的舒适性、环境以及宾馆的声誉等因素。

每一位决策者都有指引他进行决策的标准,不管他有没有明确地表达出来。有些因素也许对决策问题很重要,但如果它不在决策者考虑的范围之内,它将对决策问题不起作用。

3. 给标准分配权重

指引决策者进行方案选择的标准往往不止一个,而是一套标准体系。但这些标准对决策者而言并不是同等重要的,对它们一视同仁是不符合实际情况也是不科学的,因此必须合理地分配各标准的权重,以表明其重要程度。

衡量标准重要性的一个常用办法是,为最重要的标准打最高分(权重的最高分可以是10分,也可以是100分),然后依次给余下的标准打分,这样就能表明各个不同标准的相对位置了。如表4-2所示,列出了经理选择宾馆的决策标准和权重。在他的考虑中便利性是最重要的,而周边环境则最不重要。

表4-2 宾馆选择的标准及权重

标准	权重	标准	权重
便利性	10	房间价格	4
舒适性	8	周边环境	1
声誉	5		

注:此例中标准权重的最高评分为10分。

4. 拟订方案

要求决策者列出能成功解决问题的可行方案,仅仅列出即可。假设旅行社提供了A、B、C、D四家宾馆作为选择方案供经理参考,如表4-3所示。

5. 分析方案

方案一旦拟定以后,决策者就必须对其进行逐一的分析、评价,从而确定每一方案各自的优缺点。具体的做法是:经理实地考察每一家宾馆,用事先确定下来的标准对它们进行衡量,并给出评价分值,如表4-3所示。

表4-3 宾馆选择决策的标准及评价

方案	标准				
	便利性	舒适性	声誉	房间价格	周边环境
A	5	6	10	10	7
B	7	8	5	6	4
C	5	8	4	5	8
D	10	7	3	4	3

注:此例中标准权重的最高评分为10分。

6. 选择方案

在确定了与决策有关的所有因素和它们的重要性,并用于衡量每一可行方案之后,可以通过加权平均的方式计算每一方案的综合得分。最终的选择就是综合得分最高的方案,在宾馆选择的例子中决策者将选择 A,如表 4-4 所示。

表 4-4 宾馆方案的综合评价

方案	标　准					
	便利性	舒适性	声誉	房间价格	周边环境	总分
A	50	48	50	40	7	195
B	70	64	25	24	4	187
C	50	64	20	20	8	162
D	100	56	15	16	3	190

7. 实施方案

尽管步骤 6 已经完成了选择的过程,但如果方案得不到有效实施,决策是无意义的。步骤 7 就是将选择的方案付诸行动。

8. 评价决策效果

决策制定过程的最后一步就是评价决策效果,看看是否已经解决了问题。如果发现问题依然存在,就应该分析是哪一步骤出现了问题,可能导致重新开始决策。

四、决策的方法

确定了活动方向的目标以后,还应对可以朝着同一方向迈进的不同活动方案进行选择。选择是以比较为前提的,比较不同方案的一个重要标准是它们能够带来的经济效益,由于任何方案都需在未来实施,而人们对未来的认识程度不同,因此,方案在未来实施的经济效益的确定程度和人们评价这些经济效益的方法也不相同。根据这个标准,可以把评价方法分为定性分析和定量分析两种。

(一) 定性决策法

定性决策法,又称为主观决策法,是指用心理学、社会学的知识,采用有效的组织形式,在决策过程中,直接利用专家们(在某些专业方面积累了丰富知识、经验和能力的人)的知识和经验,根据已掌握的情况和资料,提出决策目标以及实现目标的方法,并做出评价和选择。

定性决策法的优点是方法灵活、通用性大,容易被接受,而且特别适用于非程序性决策。但是定性决策法也有局限性,因为它是建立在专家直观基础上,缺乏严格的论证,容易产生主观性;另外,参与决策的专家人选是由决策组织者挑选决定的,因此专家的意见容易受到决策组织者个人倾向的影响。常用的定性决策法有德尔菲法、头脑风暴法等,下面逐一说明。

1. 德尔菲法

德尔菲法又称为专家调查法,是在 20 世纪 40 年代由赫尔默和达尔克创立,经过 T.J.戈登等人及兰德公司进一步完善发展而成的。德尔菲这一名称起源于古希腊有关太阳神阿波罗的神话。传说中阿波罗具有预见未来的能力,因而这种预测方法被命名为德尔菲法。1946 年,兰德公司首次运用这种方法开展预测工作,后来该方法被迅速广泛采用。

德尔菲法依据系统的程序,采用匿名发表意见的方式,即专家之间不得互相讨论,不发生横向联系,只能与调查人员发生关系,通过多轮次调查专家对问卷所提问题的看法,经过反复征询、归纳、修改,最后汇总成专家基本一致的看法,作为预测的结果。这种方法具有广泛的代表性,较为可靠。

德尔菲法的具体实施步骤如下:

(1) 组成专家小组。按照课题所需要的知识范围,确定专家。专家人数的多少,可根据预测课题的大小和涉及面的宽窄而定,一般不超过20人。

(2) 向所有专家提出所要预测的问题及有关要求,并附上有关这个问题的所有背景材料,同时请专家提出还需要什么材料。然后,由专家作书面答复。

(3) 各个专家根据他们所收到的材料,提出自己的预测意见,并说明自己是怎样利用这些材料并提出预测值的。

(4) 将各位专家第一次判断意见汇总,列成图表,进行对比,再分发给各位专家,让专家比较自己同他人的不同意见,修改自己的意见和判断。也可以把各位专家的意见加以整理,或请身份更高的其他专家加以评论,然后把这些意见再分送给各位专家,以便他们参考后修改自己的意见。

(5) 将所有专家的修改意见收集起来,汇总,再次分发给各位专家,以便做第二次修改。逐轮收集意见并为专家反馈信息是德尔菲法的主要环节。收集意见和信息反馈一般要经过三四轮。在向专家进行反馈的时候,只给出各种意见,但并不说明发表各种意见的专家的具体姓名。这一过程重复进行,直到每一个专家不再改变自己的意见为止。

(6) 对专家的意见进行综合处理。

德尔菲法作为一种主观、定性的决策方法,不仅可以用于预测领域,而且可以广泛应用于各种评价指标体系的建立和具体指标的确定过程。

例如,在考虑一项投资项目时,需要对该项目的市场吸引力作出评价。可以列出同市场吸引力有关的若干因素,包括整体市场规模、年市场增长率、历史毛利率、竞争强度、对技术要求、对能源的要求、对环境的影响等。市场吸引力的这一综合指标就等于上述因素加权求和。每一个因素在构成市场吸引力时的重要性即权重和该因素的得分,需要由管理人员的主观判断来确定。

德尔菲法同常见的召集专家开会、通过集体讨论、得出一致决策意见的专家会议法既有联系又有区别。德尔菲法能发挥专家会议法的优点,即:①能充分发挥各位专家的作用,集思广益,准确性高。②能把各位专家意见的分歧点表达出来,取各家之长,避各家之短。同时,德尔菲法又能避免专家会议法的缺点:①权威人士的意见影响他人的意见。②有些专家碍于情面,不愿意发表与其他人不同的意见。③出于自尊心而不愿意修改自己原来不全面的意见。德尔菲法的主要缺点是过程比较复杂,花费时间较长。

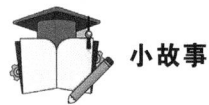 小故事

德尔菲法的应用

某书刊经销商采用德尔菲法对某一专著销售量进行预测。该经销商首先选择若干书店经理、书评家、读者、编审、销售代表和海外公司经理组成专家小组。将该专著和一些相

应的背景材料发给各位专家,要求大家给出该专著最低销售量、最可能销售量和最高销售量三个数字,同时说明自己作出判断的主要理由。将专家们的意见收集起来,归纳整理后返回给各位专家,然后要求专家们参考他人的意见对自己的预测重新考虑。专家们完成第一次预测并得到第一次预测的汇总结果以后,除书店经理B外,其他专家在第二次预测中都作了不同程度的修正。重复进行,在第三次预测中,大多数专家又一次修改了自己的看法。第四次预测时,所有专家都不再修改自己的意见。因此,专家意见收集过程在第四次以后停止。最终预测结果为最低销售量26万册,最高销售量60万册,最可能销售量46万册。

2. 头脑风暴法

在群体决策中,由于群体成员心理相互作用影响,易屈于权威或大多数人意见,形成所谓的"群体思维"。群体思维削弱了群体的批判精神和创造力,损害了决策的质量。为了保证群体决策的创造性,提高决策质量,管理上发展了一系列改善群体决策的方法,头脑风暴法是较为典型的一个。

头脑风暴法是一种激发、培养创造力的方法。它首先组织一些具有科研能力和知识修养的专门人才,组成一个小组进行集体讨论,相互启发、相互激励、相互弥补知识缺陷,引起创造性设想的连锁反应,产生尽可能多的设想,然后对提出的设想、方案逐一通过客观、连续的分析,找到一组切实可行的"黄金"方案。

头脑风暴法又可分为直接头脑风暴法(通常简称为头脑风暴法)和质疑头脑风暴法(又称反头脑风暴法)。前者是在专家群体决策尽可能激发创造性,产生尽可能多的设想的方法,后者则是对前者提出的设想、方案逐一质疑,分析其现实可行性的方法。

采用头脑风暴法组织群体决策时,要集中有关专家召开专题会议,主持者以明确的方式向所有参与者阐明问题,说明会议的规则,尽力创造融洽轻松的会议气氛。一般不发表意见,以免影响会议的自由气氛。由专家们"自由"提出尽可能多的方案。

头脑风暴法应遵守如下原则:

(1)庭外判决原则。对各种意见、方案的评判必须放到最后阶段,此前不能对别人的意见提出批评和评价。认真对待任何一种设想,而不管其是否适当和可行。

(2)欢迎各抒己见,自由鸣放。创造一种自由的气氛,激发参加者提出各种荒诞的想法。

(3)追求数量。意见越多,产生好意见的可能性越大。

(4)探索取长补短和改进办法。除提出自己的意见外,鼓励参加者对他人已经提出的设想进行补充、改进和综合。为方便提供一个良好的创造性思维环境,应该确定专家会议的最佳人数和会议进行的时间。经验证明,专家小组规模以10~15人为宜,会议时间一般以20~60分钟效果最佳。

专家的人选应严格限制,便于参加者把注意力集中于所涉及的问题,具体应按照下述三个原则选取:

(1)如果参加者相互认识,要从同一职位(职称或级别)的人员中选取。领导人员不应参加,否则可能对参加者造成某种压力。

(2)如果参加者互不认识,可从不同职位(职称或级别)的人员中选取。这时不应公布参加人员职称,无论成员的职称或级别的高低,都应同等对待。

(3) 参加者的专业应力求与所论及的决策问题相一致,并不是专家组成员的必要条件。但是,专家中最好包括一些学识渊博,对所论及问题有较深理解的其他领域的专家。

头脑风暴法的主持工作,最好由对决策问题的背景比较了解并熟悉头脑风暴法的处理程序和处理方法的人担任。头脑风暴法专家小组应由下列人员组成:

方法论学者——专家会议的主持者;

设想产生者——专业领域的专家;

分析者——专业领域的高级专家;

演绎者——具有较高逻辑思维能力的专家。

头脑风暴法的所有参加者,都应具备较高的联想思维能力。在进行"头脑风暴"(即思维共振)时,应尽可能提供一个有助于把注意力高度集中于所讨论问题的环境。有时某个人提出的设想,可能正是其他准备发言的人已经思考过的设想。其中一些最有价值的设想,往往是在已提出设想的基础之上,经过"思维共振"的"头脑风暴",迅速发展起来的设想,以及对两个或多个设想的综合设想。因此,头脑风暴法产生的结果,应当认为是专家成员集体创造的成果,是专家组这个宏观智能结构互相影响的总体效应。

头脑风暴主持者的发言应能激起参加者的思维"灵感",促使参加者感到急需回答会议提出的问题。通常在"头脑风暴"开始时,主持者需要采取询问的做法,因为主持者很少有可能在会议开始5~10分钟创造一个自由交换意见的气氛,并激起参加者踊跃发言。主持者的主动活动也只局限于会议开始之时,一旦参加者被鼓励起来以后,新的设想就会源源不断地涌现出来。这时,主持者只需要根据"头脑风暴"的原则进行适当引导即可。应当指出,发言量越大,意见越多种多样,所论问题越广越深,出现有价值设想的概率就越大。

会议提出的设想应由专人简要记载下来或录在磁带上,以便由分析组对会议产生的设想进行系统化处理,供下一阶段(质疑)使用。系统化处理程序如下:

(1) 对所有提出的设想编制名称(一览表)。

(2) 用通用术语说明每一设想的要点。

(3) 找出重复的和互为补充的设想,并在此基础上形成综合设想。

(4) 提出对设想进行评价的准则。

(5) 分组编制设想一览表。

在决策过程中,对上述直接头脑风暴法提出的系统化的方案和设想,还经常采用质疑的方法进行完善。这是头脑风暴法中对设想或方案的现实可行性进行评估的一个专门程序。在这一程序中,第一阶段就是要求参加者对每一个提出的设想都要质疑,并进行全面评论。评论的重点,是研究有碍设想实现的所有限制性因素。在质疑过程中,可能产生一些可行的新设想。这些新设想,包括对已提出的设想无法实现的原因的论证,存在的限制因素,以及排除限制因素的建议。其结构通常是:"××设想是不可行的,因为……如要使其可行,必须……"

质疑头脑风暴法第二阶段,是对每一组或每一个设想,编制一个评论意见一览表,以及可行设想一览表。

质疑头脑风暴法应遵守的原则与直接头脑风暴法一样,只是禁止对已有的设想提出肯定意见,而是鼓励提出批评和新的可行设想。

在进行质疑头脑风暴法时,主持者应首先简明介绍所讨论问题的内容,扼要介绍各种系统化的设想和方案,以便把参加者的注意力集中于对所讨论问题进行全面评价上。质疑过程一直进行到没有问题可以质疑为止。质疑中抽出的所有评价意见和可行设想,应专门记录。

质疑头脑风暴法的第三个阶段,是对质疑过程中提炼出的评价意见展开估价,进而形成一份针对所讨论问题、切实可行的最终设想一览表。对评价意见展开估价,与对所讨论设想提出疑问一样重要。因为在质疑阶段,工作重点是研究有碍设想实施的所有限制因素。实际上,这些限制因素即使在设想产生阶段也已放在重要地位予以考量。

由分析组负责处理和分析质疑结果。分析组要吸收一些有能力对设想的实施做出较准确判断的专家参加。如果需要在很短时间就重大问题做出决策,吸收这些专家的意见参加尤为重要。

实践经验表明,头脑风暴法可以排除折衷方案,对所讨论问题通过客观、连续的分析,找到一组切实可行的方案,因而头脑风暴法在军事决策和民用决策中得到了较为广泛的应用。例如在美国国防部制定长远的科技规划,曾邀请50名专家采取头脑风暴法开了两周会议。参加者的任务是对事先提出的长远规划提出异议。通过讨论,得到一个使原规划文件变得更为协调一致的报告,在原规划文件中,只有25%～30%的意见得到保留。由此可以看到头脑风暴法的价值。

当然,头脑风暴法实施的成本(时间、费用等)是很高的,另外,头脑风暴法要求参与者有较好的素质。这些因素是否满足会影响头脑风暴法实施的效果好坏。

（二）定量决策法

定量决策法是建立在数学、统计学等基础上的决策方法。它的核心是把决策的相关变量之间以及变量与决策目标之间的关系用数学式表达出来,建立模型,然后通过对模型的计算求得答案,这种方法适用于决策过程的任何步骤,特别是方案的比较和评价。根据数学模型涉及的决策问题的性质(或者说根据所选方案结果的可靠性)的不同,定量决策方法一般分为确定型决策、风险型决策和不确定型决策三类,下面分别予以介绍。

1. 确定型决策及盈亏平衡分析法

确定型决策的特点是方案的条件是已知的,并且能够准确地预见到方案实施后产生的结果。属于确定型决策的方法很多,这里重点介绍盈亏平衡分析法。

（1）盈亏平衡分析法的基本原理。

盈亏平衡分析,也叫保本分析或量本利分析,是通过分析产品成本、销售量和销售利润这三个变量之间的关系,掌握盈亏变化的临界点即保本点,掌握盈亏变化的规律,指导企业选择能够以最小的生产成本生产最多产品并可使企业获得最大利润的经营方案。

首先,根据成本习性(成本与产销量之间的依存关系)把成本分为固定成本和可变成本,总可变成本是单位变动成本和企业产量的乘积。用公式表示如下：

$$C = F + V = F + v \times Q_c$$

式中,C 为总成本；F 为固定成本；V 为总变动成本；v 为单位变动成本；Q_c 为产量。

企业的总收益即产品销售收入,是产品单价和销售量的乘积,公式表示为：

$$Y = p \times Q_s$$

式中,Y 为总收益；P 为产品单价；Q_s 为产品销售量。

企业的营业利润(用 S 表示)是总成本和总收益的差额。

即:$S=Y-C=(p\times Q_s)-(F+V)=(p\times Q_s)-(F+v\times Q_c)$

假设企业的产量等于销量,即:$Q_c=Q_s=Q$

则有:$S=(p\times Q)-(F+v\times Q)=(p-v)\times Q-F$

令:$S=0$

则有:$(p-v)\times Q-F=0$

推导出:$Q=F\div(p-v)$

也就是说,当企业的产销量 $Q=F\div(p-v)$ 时,企业的利润为零,保持盈亏平衡,此时的产销量被称为保本产量,用 Q_0 表示,即:

$$Q_0=F\div(p-v) \qquad ①$$

公式①中有四个变量,给定其中的任意三个便可以求出另外一个的值。例如:某公司生产某产品的固定成本是 50 万元,单位变动成本是 10 元,产品单位售价是 15 元,其盈亏平衡点的产量为:

$$Q_0=F\div(p-v)=500\,000\div(15-10)=10(万件)$$

又如,某公司生产某产品的固定成本是 50 万元,产品单位售价是 80 元,本年度产品订单为 1 万件,问单位可变成本降至什么水平才不至于亏损?

根据题意有:$10\,000=500\,000\div(80-v)$

解得:$v=30$(元/件)

以上推导过程还可以用图表示,如图 4-3 所示。

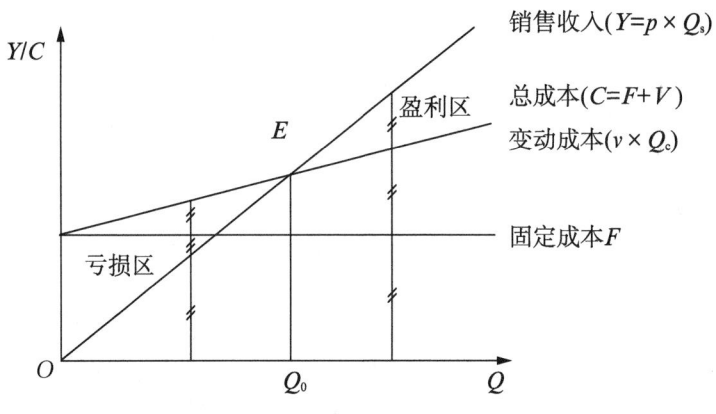

图 4-3 盈亏平衡分析示意图

图 4-3 中,纵坐标表示总收益(Y)、总成本(C)、固定成本(F)以及可变总成本($v\times Q_c$)。横坐标表示产销量(Q)。总收益 Y 是单位销售价格 p 和产销量 Q 的乘积;总成本 C 等于固定成本 F 加上可变成本 V。总收益线 Y 与总成本线 C 的交点 E 对应的产量 Q_0 就是总收益等于总成本(即盈亏平衡)时的产量,E 点就是盈亏平衡点。在 E 点的左边,即 $Q<Q_0$,总成本线位于总收益线之上,即亏损区域,其中 C 与 Y 之间的纵坐标距离就是相应产量下的亏损额。在 E 点的右边,即 $Q>Q_0$,总收益线位于总成本线之上,即盈利区域,Y 与 C 的垂直距离就是相应产量下的盈利额。

用盈亏平衡法进行产量决策时应以 Q_0 为最低点,因为低于该产量就会产生亏损。

(2) 盈亏平衡法的拓展应用。

拓展应用一:盈亏平衡分析模型除了用于保本量、成本决策外,再增加一个利润变量,便可拓展为任意产量决策模型。设利润为 S,根据定义有:

$$S=(p\times Q)-(F+v\times Q)$$

即:
$$Q=(F+S)\div(p-v) \qquad ②$$

公式②中共有五个变量,给出其中的任意四个,便可以求出另外一个变量的值。例如:某企业生产某产品的固定成本为 50 万元,单位售价 80 元,单位可变成本 40 元,若企业的利润目标是 30 万元,问企业应该完成多少销售量?

解:由公式②可得:

$$\begin{aligned}Q &=(F+S)\div(p-v) \\ &=(500\,000+300\,000)\div(80-40)=20\,000(件)\end{aligned}$$

拓展应用二:盈亏平衡分析除了用公式①、②进行所含变量的决策外,还可以用于判断企业经营安全状况。经营安全率是反映企业经营安全状况的一个指标,用公式表示为:

$$\Phi=(Q-Q_0)\div Q$$

式中,Φ 表示经营安全率,Φ 值越大说明企业对市场的适应能力越强,企业经营状况越好。Q 为实际产量,Q_0 为盈亏平衡点产量。企业经营安全状况可对照表 4-5 所提供的经验数据来判断。

表 4-5 经营安全率和经营安全状况表

经营安全率 Φ	>30%	25%~30%	15%~25%	10%~15%	<10%
经营安全状况	安全	较安全	不太好	要警惕	危险

经营安全率作为反映企业经营安全状况的综合性指标,由定义可知,增加现实产量 Q 或者降低盈亏平衡点的产量 Q_0 都可以提高经营安全状况。

2. 风险型决策及决策树

当一个决策方案对应两个或在两个以上互相排斥的可能状态,每种状态都以一定的可能性出现,并对应特定的结果时,这种已知方案各种可能状态及其发生可能性大小的决策就是风险型决策。数学上用概率来量化某一随机事件发生的可能性,即决策方案对应的某种状态的可能性大小可用概率来描述。

风险型决策的标准是期望值。所谓期望值实际上是各种状态下加权性质的平均值。当决策指标为收益时,应取期望值最大的方案;当决策指标为成本时,应取期望值最小的方案。一个方案的期望值是该方案各种可能状态下的损益值与其对应概率的乘积之和。用期望值决策可用表格表示,也可用树状图表示,后者称为决策树。下面主要介绍决策树在风险型决策中的应用。

决策树由决策结点、方案分枝、状态结点和概率分枝四个要素组成。它以决策结点为起点,引出若干方案分枝;每个方案分枝的末端是一个状态结点,状态结点后引出若干概率分枝,每一概率分枝代表一种状态。这样,从左向右展开形成树状的决策树,如图 4-4 所示。

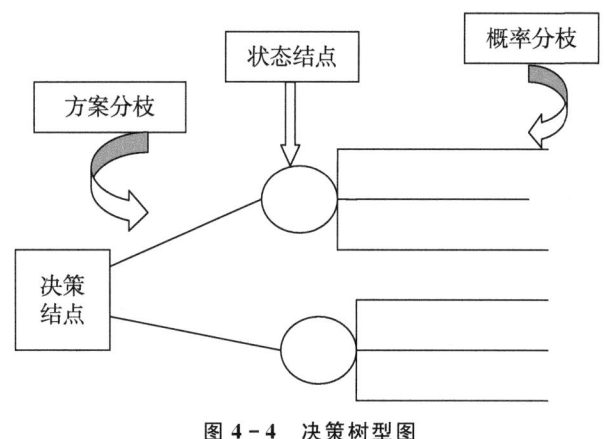

图 4-4 决策树型图

决策树法的决策程序如下。
(1) 绘制树形图。图形自左而右层层展开,根据已知条件排列出各方案和每一方案的各种自然状态。
(2) 标注各自然状态的概率和损益值。
(3) 计算各方案的期望值,并将其标于各方案对应的状态结点上。
(4) 进行剪枝。比较各方案的损益值,将期望值小的(劣等方案)剪掉,用"//"标于方案分枝上。
(5) 剪枝后所剩的方案即为最佳方案。

例:某企业在下年度有甲、乙两种产品方案可供选择,其初始投资额分别为 10 万元和 20 万元。每种方案都面临滞销、一般和畅销三种市场状况,各种自然状态的概率和损益值,如表 4-6 所示。

表 4-6 各方案损益值表　　　　　　　　金额单位:万元

方案	滞销 ($p=0.2$)	一般 ($p=0.5$)	畅销 ($p=0.3$)
甲	10	20	80
乙	0	40	100

根据所给条件绘制决策树,并将表 4-6 中的数据填入决策树中,如图 4-5 所示。

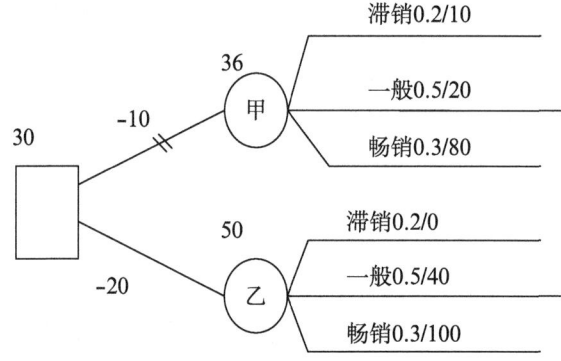

图 4-5 产品方案的决策树形图

甲方案的期望利润为:(10×0.2+20×0.5+80×0.3)-10=26(万元)
乙方案的期望利润为:(0×0.2+40×0.5+100×0.3)-20=30(万元)
所以,应该剪掉甲方案,选择预期利润更高的乙方案。

3. 不确定型决策

在风险型决策中,决策者因为知道事物发生的客观概率,因而可以通过计算期望值而对方案进行取舍。但现实经济生活中往往很难知道某种状态发生的客观概率,当然也就无法根据期望值标准进行选择了。这种既不属于确定性情况也无法估计概率的情况,称为不确定性状态,此时的决策主要受决策者主观心理的影响。根据决策者主观心理倾向的不同,有乐观法、悲观法、折衷系数法、最小后悔值法以及莱普勒斯法,下面结合案例逐一进行介绍。

假设,市场上有两家互相竞争的企业,分别是中友公司和友邦公司。现中友公司为推广一种新的产品制定了四种可行的方案,而它的竞争对手友邦为了推销相类似的产品也制定了三种策略。在这种情况下,我们再假设中友公司没有经验能够帮助确定每个方案成功的概率,于是,中友公司列出了一个友邦公司各种可能应对下的收益矩阵表,如表4-7所示。

表4-7 中友公司的收益矩阵表　　　　　　　　　　　单位:百万元

中友公司的战略方案	友邦的应对策略		
	E_1	E_2	E_3
S_1	18	14	28
S_2	24	21	15
S_3	9	15	18
S_4	13	14	11

矩阵表中每个数据代表在相应策略组合下中友公司的收益。如表4-7中的第1个数字"18"表明,当中友公司采用战略方案S_1,而友邦恰好采用E_1作为应对措施,此时中友公司可以获得1 800万元的收益。

(1)乐观法,又称为大中取大法。如果决策者基于良好的预期,认为每一个方案都会出现最好的、最有利的自然状态,那么决策就是选择各方案的最大收益值中的最大者所对应的方案,即大中取大。

上例中,如果中友公司的决策者是一位乐观主义者,他将选择S_1。因为四个方案所对应的最大收益值分别是:28,24,18和14。其中最大者是28,它所对应的方案是S_1。

(2)悲观法,又称为小中取大法。这是基于决策者不良的、悲观的预期,认为每一个方案都会面临最坏的结果,决策要做的就是在这些糟糕的结果中选择一个较好的方案。

上例中,如果中友公司的决策者是一位悲观主义者,他认为每一个方案都会面临最坏的结果,收益值分别为:14,15,9和11。在最坏的结果中选择收益值最大的一个15,它所对应的方案是S_2。

(3)折衷系数法。乐观法和悲观法是以各方案不同自然状态下的最大或最小极端值为标准的,但大多数决策者既不是完全乐观也不是完全悲观,而是介于二者之间进行选择,这就是折衷系数法。具体步骤如下:

① 找出各方案所有状态中的最大值和最小值。

② 根据自己的风险偏好,给定乐观系数 λ,则相应的悲观系数为 $1-\lambda$。λ 的大小表明决策者对最大值出现可能性大小的主观判断,λ 值越大表明决策者认为最大值出现的可能性越大,反之则认为最大值出现的可能性越小。λ 值可以取 0 和 1 之间的任一数字。

③ 用给定的折衷系数和对应的各方案的最大最小值计算各方案的加权平均值。

④ 取加权平均最大的损益值对应的方案为所选方案。

上例中,设中友公司决策者给出的乐观系数 $\lambda=0.6$,则悲观系数为 $1-0.6=0.4$,各方案加权平均收益值的计算,如表 4-8 所示。

表 4-8 加权平均收益值比较表　　　　　　　　　　　　　单位:百万元

方案	最大收益值	最小收益值	加权平均值
①	②	③	④=②×λ+③×$(1-\lambda)$
S_1	28	14	22.4
S_2	24	15	20.4
S_3	18	9	14.4
S_4	14	11	12.8

根据上表,加权平均收益值最大的是 22.4,其对应的方案是 S_1,所以中友公司采用折衷系数法决策时,应该选择 S_1 方案。

(4) 最小后悔值法。决策者选择某一方案后,该方案不一定能够产生最大的收益,也就是说相对于可能获得的最大收益而言,存在着机会损失,即决策者会后悔。可以用竞争对手每一种行动下四种战略的最大可能收益,减去相应的可能收益所得的值来衡量后悔程度。上例中,对中友公司的决策者而言,与友邦公司的 E_1、E_2、E_3 策略相对应的最大收益分别为 2 400 万元、2 100 万元和 2 800 万元(即表 4-7 中每一列的最大值),用这几个值减去表 4-7 中相应列的各个收益值,就得到中友公司的后悔值矩阵,如表 4-9 所示。

表 4-9 中友公司的后悔值矩阵　　　　　　　　　　　　　单位:百万元

中友公司的战略方案	友邦的应对策略		
	E_1	E_2	E_3
S_1	6	7	0
S_2	0	0	13
S_3	15	6	10
S_4	11	7	17

由上表可知,中友公司选择各方案的最大后悔值分别是:$S_1=7$,$S_2=13$,$S_3=15$,$S_4=17$。由于最小后悔值法是在极小极大选择,也就是最小化最大遗憾(后悔值),所以中友公司应该选择方案 S_1。作此选择中友公司无需担心机会损失会大于 700 万元。相比之下,如果中友公司选择了 S_3,而友邦采取的是 E_1 行动,那么中友公司将少获得 1 500 万元的收益。

完美的选择

在西方哲学史上,有一个非常著名的故事——"布利丹的驴子"。故事说有一位名叫布利丹的哲学家养了一头驴,这头驴和别的驴不同,它喜欢思考,凡事都喜欢问个为什么。有一次主人在它面前放了两堆体积、口味都一样的干草,给它做午餐。这下可把它给难住了,因为这两堆干草没有任何差别,它没法选择先吃哪一堆,后吃哪一堆,最后,这头驴面对两堆草料,饿死了。它因此而名垂哲学史。

在中国古代,也有一个"杨朱泣路"的故事:杨朱某次外出,遇上一条岔路,或许是一时不能决定走哪条路,或许是联想起人生歧路,竟哭了起来。

抉择不等人,不要为了试图得到最理智最正确的答案而犹豫不决,因为这个世间没有最完美的答案!

盲目追求最优决策会增加决策成本,许多人在选择时难以避免的会有"最优情节",要克服决策中的慕强心理,平衡利弊,遵循满意原则。

第二节 计划职能

一、计划的含义

计划是全部管理职能中最基本的一个职能,它与组织、领导、控制等职能有密切的联系。因为计划既包括选定组织和部门的目标,又包括实现这些目标的途径。主管人员围绕着计划规定的目标,从事组织工作、人员配备、指导与领导以及控制工作等活动,以达到预定的目标。为使组织中各种活动能够有节奏的进行,必须有严密统一的计划。

计划有广义和狭义之分。广义的计划是指制定计划、执行计划和检查计划执行情况三个紧密衔接的工作过程。狭义的计划则是指制定计划,也就是说,根据实际情况,通过科学的预测、权衡客观的需要和主观的可能,提出在未来一定时期内要达到的目标,以及实现目标的途径。它是组织中各种活动有条不紊进行的保证。计划还是一种需要运用和发挥创造力的过程,它要求高瞻远瞩地制定目标和战略,严密地规划和部署,把决策建立在反复权衡的基础之上。本章所指的计划概念涵盖了广义及狭义两种。

为了把计划做好,使编制的计划能够顺利实现,计划职能和其他职能一样,必须按照基本原理、方法和技术去执行。实践表明,计划工作的许多失误,就是因为对这些基本的东西缺乏了解所导致。

二、计划的内容

计划的主要内容可以通俗地概括为6个方面。做什么、为什么做、何时做、何地做、谁去做、怎样去做(5W1H)。这6方面的含义分别叙述如下。

(1) 做什么(what)。要明确计划的目标任务和要求,明确每一个时期的中心任务和工作要点。例如,企业生产计划的任务主要是确定生产哪些产品,生产多少,合理安排产品投入和产出的数量和进度,在保证按期按量完成订货合同的前提下,使得生产能力得到尽可能充分的利用。

(2) 为什么做(why)。要明确设立目标任务的必要性,并论证实现目标任务的可行性。实践已反复证明,计划工作人员对组织设立目标任务的必要性和可行性了解得越清楚,认识得越深刻,就越有助于他们在计划工作中发挥主动性和创造性。正如通常所说的"要我做"与"我要做"的结果是完全不一样的,其道理就在于此。

(3) 何时做(when)。选定计划实施的时机,以及规定计划中各项工作的开始和完成的进度,以便进行有效地控制和对能力资源进行平衡。

(4) 何地做(where)。规定计划实施地点或场所,了解计划实施的环境条件和限制,以便合理安排计划实施的空间组织和布局。

(5) 谁去做(who)。计划不仅要明确规定目标任务、地点和进度,还应规定由哪个主管部门负责。例如,开发一种新产品,要经过产品设计、样品试制、小批试制和正式投产等几个阶段。在计划中要明确规定每个阶段由哪个部门负主要责任,哪些部门协助,各阶段交接时,由哪些部门和哪些人员参加鉴定和审核等。

(6) 怎样去做(how)。制定实施计划的措施,以及相应的政策和规则,对资源进行合理分配和集中使用,对人力、生产能力进行平衡,对各种派生计划进行综合平衡等。

实际上,一个完整的计划还应包括控制标准和考核指标的制定,也就是告诉实施计划的部门或人员,做成什么样,达到什么标准才算是完成了计划。

三、计划的分类

计划是对未来行动的事先安排。计划的种类很多,可以按不同的标准进行分类,主要有:按形式进行分类、按职能进行分类和按计划期进行分类。不同的分类方法有助于我们全面地了解计划的各种类型。

(一) 按计划的表现形式分类

按照不同的表现形式,可以将计划分为宗旨、目标、战略、政策、规则、程序、规划和预算等几种类型。这几类计划的关系可描述为一个等级层次,如图4-6所示。

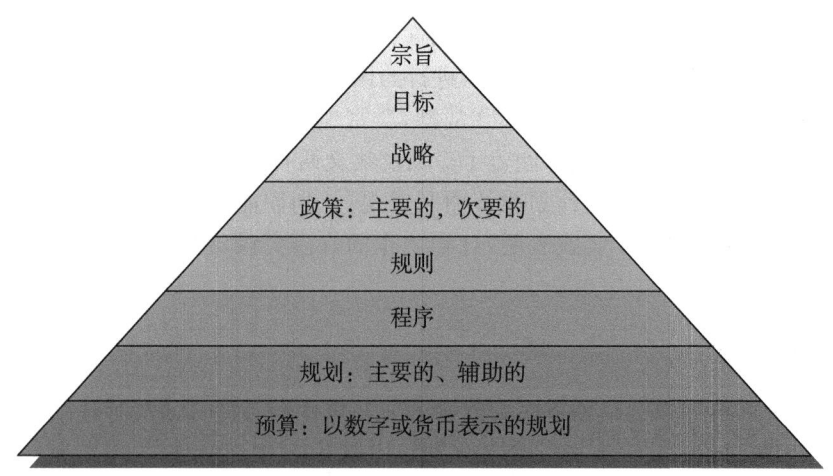

图4-6 计划等级关系图

1. 宗旨

各种有组织的集体经营活动,如果是有意义的话,都至少应当有一个目的或使命。这种目的或使命,是社会对该组织的基本要求,称为宗旨。换句话说,宗旨是指表明组织是干什么的和应该干什么。例如,一个工商企业的基本宗旨是向社会提供有经济价值的商品或服务;法院的宗旨是解释和执行法律;大学的宗旨是培养高级人才等。

2. 目标

一定时期的目标或各项具体目标是在宗旨指导下提出的,它具体规定了组织及其各个部门的经营管理活动在一定时期达到的具体成果。目标不仅是计划工作的终点,而且也是组织工作、人员配备、指导与领导工作和控制活动所要达到的结果。

3. 战略

战略是指为实现组织或企业长远目标,所选择的发展方向、确定的行动方针,以及资源分配方针和资源分配方案的一个纲要。战略是指导全局和长远发展的方针,它不具体说明企业如何实现目标——因为这是众多主要计划和辅助计划的任务。战略的核心是指明方向、重点及资源分配的优先次序。

4. 政策

政策是指组织在决策时或处理问题时用来指导沟通思想与行动方针的明文规定。作为明文规定的政策,通常会列入计划之中,而重大的政策往往单独发布。政策有助于将一些问题事先确定下来避免重复分析,为其他派生计划提供全局性的框架,使主管人员能够掌控全局。制定政策也有助于主管人员向下级授权。

5. 规则

规则也是一种计划。规则是在具体场合和具体情况下,允许或不允许采取某种特定行动的规定。它常常与政策和程序相混淆,所以要特别注意区分。规则与政策的区别在于规则在应用中不具有自由处置权;规则与程序的区别在于规则不规定时间序,可以把程序看成一系列规则的总和。

6. 程序

程序也是一种计划,程序规定了如何处理那些重复发生的例行问题的标准方法。程序是指导如何采取行动,而不是指导如何去思考问题。程序的实质是对所要进行的活动规定时间顺序,因此,程序也是一种计划。制定程序的目的是减轻主管人员决策的负担,明确各工作岗位的职责,提高管理活动的效率和质量。此外,程序通常还是一种优化的计划,它是对大量日常工作过程及工作方法的提炼和规范化。

7. 规划

规划是指为了实施既定方针所必需的目标、决策、程序、规则、任务分配、执行步骤、使用的资源等而制定的综合性计划。规划有大有小。大的有如国家的科学技术发展规划;小的像企业中质量管理小组的活动规划等。规划有长远的和近期的。如我国国民经济发展的五年规划,以及企业的职工培训规划等。规划一般是粗线条的,纲要性的。

8. 预算

预算作为一种计划,是以数字表示预期结果的一种报告书。它也可称为"数字化"的计划。例如企业中的财务收支预算也可称为"利润计划"或"财务收支计划"。预算可以帮助组织或企业管理人员,从资金和现金收支的角度,全面、细致地了解企业经营管理活动的规模、重点和预期成果。例如,某企业的财务预算包括:利税计划、流动资金计划、财务收支计划、财务收支明细计划表等。其中财务收支明细计划表详细地列出企业各管理部门的主要收支项目的金额数量。

(二) 按职能分类

计划还可以按企业的职能进行分类。例如可以按职能将某个企业的经营计划分为销售计划、生产计划、供应计划、新产品开发计划、财务计划、人事计划、后勤保障计划等。这些职能计划通常是企业相应的职能部门编制和执行的计划。职能分类的计划体系,一般是与组织中按职能划分管理部门的组织结构并行的。

将计划按职能进行分类,有助于人们更加精确地确定主要作业领域之间的相互依赖和相互影响关系,有助于估计某个职能计划执行过程可能出现的变化,以及对全部计划的影响,并有助于将有限的资源更合理地在各职能计划间进行分配。

(三) 按计划的期限分类

按计划的期限或时间,可以将计划分为短期计划、长期计划以及中期计划。通常将一年以内的计划称为短期计划,是对当年的各项活动做出的具体安排;长期计划往往是战略性计划,主要规定企业在较长时间内要达到的目标以及相应的措施;中期计划介于前两种计划之间,这三种计划互相衔接,反映了事物发展在时间上的连续性。

大量统计研究表明,长期计划工作越来越受到企业的重视,那些有长期计划的公司,其成绩普遍胜过没有长期计划或只有一些非正式长期计划的公司。"人无远虑,必有近忧",一个企业如果在新产品开发、技术开发、市场开发、人才开发方面没有长期规划的话,迟早会陷入困境。

四、计划的方法

(一) 甘特图法

甘特图是在20世纪早期由亨利·甘特开发的,它内在的思想很简单。它基本上是一种线条图,横轴表示时间,纵轴表示要安排的活动;线条表示在整个期间上计划的和实际的活动完成情况。甘特图能直观地表明任务计划在什么时候进行,以及实际进展与计划要求的对比。它虽然简单却是一种重要的管理工具,它使管理者很容易搞清一项任务或项目还剩下哪些工作要做,并且能够评估工作是提前了还是拖后了,或是按计划进行着。

例如,图书出版的甘特图(图4-7),时间以月为单位表示在图的下方,主要活动从上到下列在图的左边。计划需要确定书的出版包括哪些活动,这些活动的顺序,以及每项活动应当持续的时间。时间框里的线条表示计划的活动顺序,虚线表示计划目标,实线表示活动的实际进度。甘特图可以作为一种控制工具,帮助管理者发现实际进度偏离计划的情况。在本例中,除下印校样以外,其他各项活动都是按计划完成。给出这些信息,项目的管理者就可以采取纠正行动。

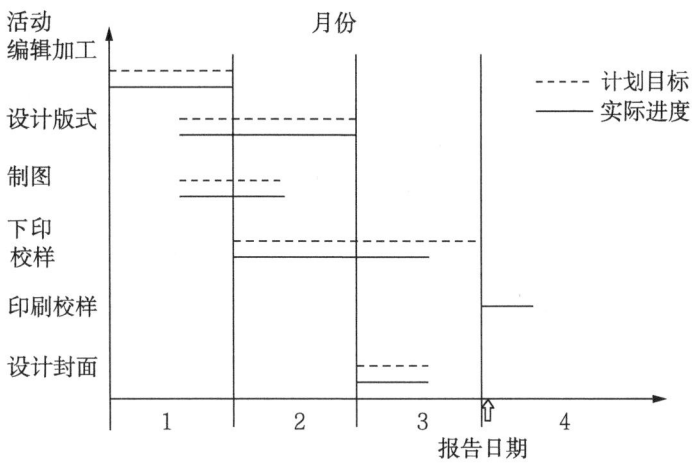

图4-7 图书出版甘特图

 **知识拓展**

甘 特 图

早期,甘特用水平线条图说明工人完成任务的进展情况,每天把每个工人是否达到标准和获得奖金的情况用水平线条记录下来,达到标准的用黑色加以标明,未达到标准的用灰色加以标明。这种图表对管理部门和工人本人都有帮助,因为图表上记载了工作的进展情况以及工人未能得到奖金的原因。管理部门能够根据图表指出缺点所在,并把进展情况告诉工人;而工人则能直观地看到自己的工作成效。由于这种绘图办法提高了工作效率,甘特又进一步扩大了这种图表的范围,在图表上增加了许多内容,包括每天生产量的对比,成本控制,每台机器的工作量,每个工人实际完成的工作量及其与原先对工人工作量估计的对比情况,闲置机器的费用,以及其他项目,使这种图表发展为一种实用价值较高的管理工具。

管理学界有人认为,甘特用图表帮助管理进行计划与控制的做法是当时管理技术上的一次革命。有了它,管理部门就可以从一张事先准备好的图表上,看到计划执行的进展情况,并可以采取一切必要行动使计划能按时完成,或使计划在预期的许可延误范围内得以完成。后代所有的控制生产的图表和表格几乎都从甘特最初的工作中得到了启发,现代网络技术中的关键线路法和计划评审技术,仍然以计划和控制时间与成本的原则为基础,其基本思想就是源于甘特图表。

(二)滚动计划法

计划在执行过程中,常常有许多事先难以预测的事情发生,这样,必然会使计划实施前提条件产生变化,使计划脱离实际,失去指导作用,特别是中长期计划更是如此,因此,就要对计划进行适当的、及时的调整。滚动计划为组织管理活动提供了明确而又适用的方法。

1. 滚动计划法的含义

滚动计划法是指按照"近细远粗"的原则,把整个计划期分成若干执行期,然后根据计划执行的实际情况和环境的变化,调整和修正未来的计划,并逐期向前推进,把近期计划和长期计划结合起来的一种现代计划方法。

滚动计划从时期上看,主要适用于长期计划的制定和调整,因为时间越长,各种影响组织发展的因素都难以预测出来,只能采取"近细远粗"的原则,把近期的计划定得细致具体些,而远期的计划则只做概略的制定,然后逐期进行调整。此外,滚动计划从内容上看,主要适用于内容比较稳定的计划,因为这些计划都具有一定的连续性,可以按期进行不断的滚动。

2. 滚动计划的编制程序

滚动计划的编制程序一般是：

(1) 通过调查和预测,综合各种有关情况,然后按照近细远粗的原则,制定计划。

(2) 在一个计划期结束时,搞清计划执行的实际结果,衡量差距,找出问题存在的原因。

(3) 分析组织内外条件的变化,对以后各期计划内容进行修改、调整。

(4) 根据修改和调整的结果,按照近细远粗的原则,将计划期向前滚动一个计划期,制定出第二个时期的计划。

编制 5 年滚动计划步骤,如图 4-8 所示。

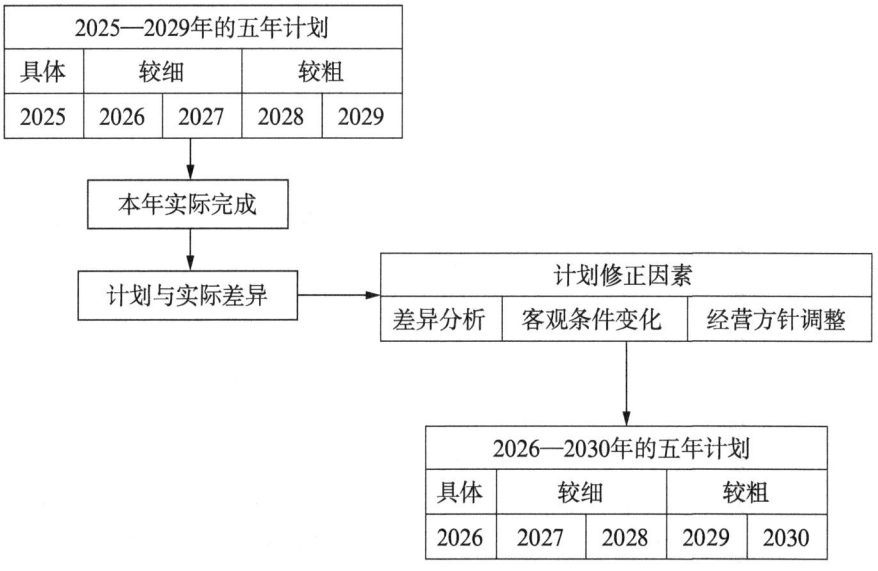

图 4-8 滚动计划示意图

3. 滚动计划的特点

滚动计划法能够较好地适应环境因素的变化,提高组织的应变能力,提高计划的准确性和计划的质量,有效地保证计划对实际工作的指导作用。滚动计划法主要有以下特点：

(1) 由于按近细远粗的原则编制计划,并逐期波动,把近期计划与远期计划结合起来,因而既能使计划具有严肃性和灵活性,又能保证计划的相互衔接。

(2) 由于每次制定计划都要对组织内外条件的变化和计划执行的结果进行对比分析,使计划能更切合实际,避免盲目性。

(3) 能充分发挥长期计划对短期计划的指导作用,把计划展开和准备有机地结合起来。

(4) 能促进组织搞好调查和预测工作,使长期计划在不断调整和修改的过程中逐步完善。

(三) 网络计划技术

1. 网络计划技术的含义

网络计划方法是国外 20 世纪 50 年代出现的一种较新的计划方法,它包括各种以网络为基础制定计划的方法,如关键线路法(critical path method,CPM)、计划评审技术(program evaluation and review technique,PERT)、组合网络法(combination network technique,CNT)等。1956 年,美国的一些工程师和数学家组成专门小组,首先开展这方面的研究。1958 年,美国海军特别项目局在负责大型军事开发计划的性能动向时,采用了计划评审技术。在北极星武器系统项目中,首次采用了已被创建,并经汉密尔顿管理咨询公司协助改进的计划评审技术,使北极星导弹工程的工期由原计划的 10 年缩短至 8 年。1961 年,美国国防部和国家航空航天局规定,凡承制军用品必须用计划评审技术制定计划并汇报。此外,杜邦公司为解决新产品从研究到投入生产时日益增长的时间和成本问题,也研究出一套类似的技术,即关键线路法(CPM)。从那时起,网络计划技术就开始被广泛地应用。

网络计划技术的基本原理是:利用网络图表达计划任务的进度及其组成的各项工作之间的相互关系。在此基础上进行网络分析,计算网络时间,找出关键工序和关键线路,利用时差,不断改善网络计划,求得工期、资源与成本的优化方案,并在计划付诸实施过程中进行有效的控制和监督,以保证合理地使用人力、物力和财力,实现预定的计划目标。

下面主要介绍计划评审技术。计划评审技术的主要内容是,在某项业务开始之前制定周密的计划,并依据计划制定一套完整的执行方案,然后,用箭线、节点、数字等符号把执行方案绘制成网络图,之后依据网络图进行控制。网络图又叫箭线图或统筹图,它是项目及其组成部分内在逻辑关系的综合反映,是进行计划和计算的基础。

2. 网络图构成

网络图是运用网络计划技术的基础。一个简单的网络图,如图 4-9 所示。它由带编号的圆圈和若干条箭线按照一定的次序连接而成。箭线上面注明了活动的内容,下面为该活动所需要的时间,箭线的方向表明了各活动的先后连接顺序。网络图能表示一项计划任务中各项活动的名称、工作时间,反映出各项活动之间的相互关系。网络图实际上是计划的图解模型。

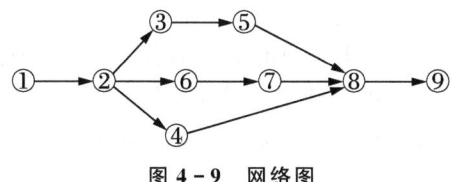

图 4-9 网络图

网络图一般由活动、事项和线路三部分构成。

(1) 活动(或称工作、工序)。活动是指管理活动中的某一项具体工作或工序,通常用箭线"→"来表示。从箭尾到箭头表示一项活动的过程,箭尾表示工作的开始,箭头表示工作的结束。一项活动消耗的资源和时间,标在箭线的上方或下方。网络图还有一种虚活动,用虚箭线"--▶"来表示,它既不占用时间,也不消耗资源,仅仅是为了表明各项活动之间的逻辑关系。

（2）事项。事项又称结点或节点。事项是指两项活动之间的衔接点，在网络图中，通常用"○"来表示，是两条或两条以上箭线的交接点。事项既不占用时间，也不消耗资源，只是表示某项活动的开始或结束的瞬间状态。一个网络图中，只有一个始点事项、一个终点事项。

（3）线路。线路是指由始点事项出发，沿箭线方向前进，连续不断地到达终点事项为止的一条通道。一般网络图都有若干条线路，如图 4-10 所示。

①：①→②→⑥→⑦→⑧→⑨
②：①→②→③→⑤→⑧→⑨
③：①→②→④→⑧→⑨

图 4-10 线路图

在网络图中，比较各线路的路长，可以找出一条或几条最长的线路，这种线路被称为关键线路。关键线路的路长决定了整个网络计划所需要的时间。任何一项关键活动时间的变化，都会直接影响整个活动能否如期完成。因此，确定关键线路，据此合理地安排各种资源，对各项活动进行进度控制，是利用网络计划技术的主要目的。

3. 网络图的绘制步骤

利用网络计划技术制定计划，一般要经过以下几个步骤：

（1）任务的分解。把整个任务根据组织管理上的需要，分解成若干可以独立完成的活动，并明确它们之间的先后顺序和相互关系。

（2）确定各项活动的时间。活动的时间是指完成某项活动所需的时间。活动的时间是网络计算的基础，如果对时间的估计不准确，以后的计算就失去了基础，必然影响到计划的准确制定和执行。

（3）绘制网络图。绘制网络图可采用顺推法和逆推法绘制。顺推法：从网络图的始点事项开始画，在每个活动后画出其紧后活动，从左到右依次进行，直到终点事项为止；逆推法：从终点事项开始，在每一个活动的前面画出其紧前活动，从右到左依次进行，直到始点事项为止。

（4）找出关键线路。根据各活动所需时间，计算网络图中各线路的路长，找出关键线路。

4. 网络图的时间计算

网络图时间计算包括：确定各项活动的活动时间，计算各项活动的最早开始与结束时间，最迟开始与结束时间，计算时差和确定关键线路等。

（1）活动时间的计算。活动时间是指完成一项工作或一道工序所需要的时间。活动时间的估算有两种方法：

① 单一时间估计法：是指以完成该项活动可能性最大的活动时间为准，不受活动的重要性和合同规定期限的影响。

② 三种时间估计法——最乐观时间（a）、最可能时间（m）、最保守时间（悲观时间 b）。公式如下：

$$T_e = (a + 4m + b) \div 6$$

活动时间的估算在实际工作中非常重要,但在平常应用中一般是事先给定。

(2) 结点时间参数的计算——结点的最早开工时间和最迟完成时间。

① 结点的最早开始时间(用□表示)表示一个结点最早可以开始的工作时间,此前是不具备开工条件的。计算方法是从起始结点开始,从左到右逐个结点进行计算,直到终止结点为止。起始结点的最早开工时间为零。而一个箭头结点的最早开工时间=箭尾结点的最早开工时间+该箭线的活动时间。如果同时有几条箭线与箭头结点相接,则选其中箭尾结点的最早开工时间+箭线的活动时间的最大者。其计算公式如下:

$$t_{ES}(j) = \max\{t_{ES}(i) + t(i,j)\}, i = 2, 3, \cdots, n$$

式中,$t(i,j)$ 为结点 i 与 j 之间的活动时间;

$t_{ES}(j)$ 为箭头结点 j 的最早开工时间;

$t_{ES}(i)$ 为箭尾结点 i 的最早开工时间。

② 结点的最迟完工时间(用△表示)表示该结点终点的所有活动最晚必须完工的时间。如果不能完成,就要影响后续活动的按时开工。计算方法是从最后一个结点开始,从右向左逐个结点进行,直到起始结点为止。终止结点的最迟完工时间由于无后续活动,就是它的最早开工时间。对于其他结点而言,箭尾结点的最迟完工时间=箭头结点的最迟完工时间-箭线的活动时间。如果箭尾结点同时发出几条箭线,则选其中箭头结点最迟完工时间-箭线活动时间的最小者。公式如下:

$$t_{LF}(i) = \min\{t_{LF}(j) - t(i,j)\}$$
$$(j = n-1, n-2, \cdots, 1)$$

式中,$t(i,j)$——结点 i 与 j 之间的活动时间;

$t_{LF}(i)$——箭头结点 i 的最早开工时间;

$t_{LF}(j)$——箭尾结点 j 的最早开工时间。

(3) 活动时间参数的计算——活动的最早开始时间和最早结束时间、活动的最迟结束时间和最迟开始时间。

① 活动的最早开始时间就是箭尾结点的最早开工时间。用 $t_{ES}(i,j)$ 表示:

$$t_{ES}(i,j) = t_{ES}(i)$$

② 活动的最早结束时间就是该项活动的最早开始时间+活动时间。用 $t_{EF}(i,j)$ 表示:

$$t_{EF}(i,j) = t_{ES}(i,j) + t(i,j) = t_{ES}(i) + t(i,j)$$

③ 活动的最迟结束时间就是箭头结点的最迟完工时间。用 $t_{LF}(i,j)$ 表示:

$$t_{LF}(i,j) = t_{LF}(j)$$

④ 活动的最迟开始时间就是该项活动的最迟结束时间-活动时间。用 $t_{LS}(i,j)$ 表示:

$$t_{LS}(i,j) = t_{LF}(i,j) - t(i,j) = t_{LF}(j) - t(i,j)$$

(4) 时差计算及关键线路的确定。时差是指在不影响总工期的前提下可以使用的机动时间。时差越大,机动时间越多,潜力就越大。活动时差=该活动最迟开始时间-最早开始时间,用 $S(i,j)$ 表示。

在网络图中,时差为零的活动称为关键活动。把关键活动连接起来的线路称为关键线路。要缩短工期,需要抽调专门的人力、物力补充到关键线路的活动上去,以缩短关键线路的时间。

例题 4-1 经某项工程调研分析,列出有关资料清单如表 4-10 所示。根据表中资料正确画出网络图,并在图中计算网络图的时间参数,利用时差确定该工程的关键线路和总工期。

表 4-10 某项工程所需资料清单

工序代号	A	B	C	D	E	F	G	H
紧前工序	/	/	/	A	C	B	D、B	E、F
活动时间(天)	3	2	4.5	5	8	7	8	6.5

解:(1)根据表中资料绘制网络图,如图 4-11 所示。

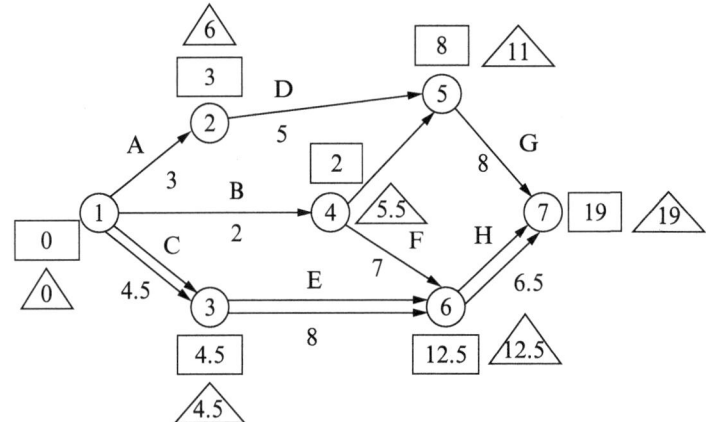

图 4-11 网络图

(2)根据结点最早开始时间和最迟开始时间的含义及计算公式,分别计算结点最早开始时间和结点最迟结束时间如下:

① 计算结点最早开始时间:

$$T_{ES}(1)=0;$$
$$T_{ES}(2)=0+3=3;$$
$$T_{ES}(3)=0+2=2;$$
$$T_{ES}(4)=0+4.5=4.5;$$
$$T_{ES}(5)=\max(3+5, 2+0)=8;$$
$$T_{ES}(6)=\max(4.5+8, 2+7)=12.5;$$
$$T_{ES}(7)=\max\begin{Bmatrix}T_{ES}(5)+T(5,7)\\T_{ES}(6)+T(6,7)\end{Bmatrix}$$
$$=\max\begin{Bmatrix}8+8=16\\12.5+6.5=19\end{Bmatrix}=19$$

② 计算结点最迟结束时间:

$T_{LF}(7)=19;$

$T_{LF}(6)=T_{LF}(7)-T(6,7)=19-6.5=12.5;$

$T_{LF}(5)=19-8=11;$

$T_{LF}(4)=12.5-8=4.5;$

$T_{LF}(3)=\min(11-0, 12.5-7)=5.5;$

$T_{LF}(2)=11-5=6;$

$$T_{LF}(1)=\min\begin{Bmatrix}T_{LF}(2)-T(1,2)\\T_{LF}(4)-T(1,4)\\T_{LF}(3)-T(1,3)\end{Bmatrix}$$

$$=\min\begin{Bmatrix}6-3=3\\5.5-2=3.5\\4.5-4.5=0\end{Bmatrix}=0$$

(3) 计算时差：

$S(1)=0-0=0;$

$S(2)=T_{LF}(2)-T_{ES}(2)=6-3=3;$

$S(3)=5.5-2=3.5;$

$S(4)=4.5-4.5=0;$

$S(5)=11-8=3;$

$S(6)=12.5-12.5=0;$

$S(7)=T_{LF}(7)-T_{ES}(7)=19-19=0$

因此关键线路为：

①—C—③—E—⑧—H—⑦
　　4.5　　 8　　 6.5

总工期为：4.5+8+6.5=19（天）。

动动脑

埃德塞尔计划为什么没有成功？

福特公司计划将埃德塞尔汽车作为1958年的新型汽车打入中等价格市场，这款汽车的准备、计划和研究工作长达10年之久，公司原计划到第三年收回2.5亿美元的开发费用，且预估该汽车在1958年即可实现业务盈利。制造埃德塞尔汽车的理论根据似乎是无懈可击的。因为数年以来，汽车市场上日益增长着一股偏好中档汽车的倾向。

为了激起公众对新汽车的爱好，在"埃德塞尔"实际问世前一年就大肆进行了广告宣传。但在两年后，实际只生产了11万辆"埃德塞尔"。福特公司最终不得不承认，这是一个代价高昂的错误，在花了几乎2.5亿美元进入市场之后，"埃德塞尔"在问世两年内估计还亏损了2亿多美元。

有很多理由可以说明为什么"埃德塞尔"未能实现计划目标。其一，"埃德塞尔"是在经济衰退时期较高价格汽车市场收缩的情况下进入市场的；其二，当时国外经济型小汽车正开始赢得顾客的赞许。最后是"埃德塞尔"的车型和性能没有达到其他同样价格汽车的标准。福特公司竭尽全力想出各种办法来防止全面的失败,但还是没能力挽狂澜。

(资料来源:中国知网)

思考:埃德塞尔计划的失败启示我们在做计划时应注意什么?

【案例讨论】

"巨人"的决策失误

巨人集团曾经作为我国民营企业的佼佼者,一度在市场上叱咤风云,以闪电般的速度崛起后,又像流星一般在市场中陨落了。在审视巨人集团的兴衰历程时,不难发现其对中国商业史的深远影响,既要看到其成功背后的创业精神和商业智慧,也要深刻反思其衰败过程中的决策失误。其决策失误主要体现在以下几个方面。

一、盲目追求发展速度

巨人集团曾设定了雄心勃勃的产值目标:1995年达到10亿元,1996年达到50亿元,1997年达到100亿元。然而,这些目标在没有经过科学论证和必要组织保证的情况下被提出,导致巨人集团在发展过程中过于冒进,忽视了潜在的风险。这种盲目追求发展速度的行为,最终给巨人集团带来了巨大的经济压力和市场风险。

二、盲目追求多元化经营

巨人集团在发展过程中,涉足了电脑业、房地产业、保健品业等多个领域。然而,这些领域跨度太大,巨人集团在新进入的领域并非优势所在,却急于铺摊子,导致有限的资金被牢牢套住。特别是巨人大厦的建设,几乎拖垮了整个公司。巨人集团忽视了主业的技术创新,将大量精力和资金投入自己不熟悉的领域,没有形成成熟的多元化管理的能力,最终导致了严重的财务危机。

三、决策机制高度集中,缺乏集体决策

巨人集团虽然设立了董事会,但实际上决策权高度集中在史玉柱个人手中。史玉柱的个人股份占90%以上,其他几位老总都没有股份,因此在决策时很少坚持自己的意见,也无法有效干预史玉柱的决策。这种高度集中的决策机制在创业初期可能体现了高效率,但当企业规模越来越大时,缺乏集体决策的机制就导致了决策风险的增加。特别是当史玉柱的个人决策出现失误时,由于缺乏有效的制约和纠正机制,企业的运行就相当危险。

四、忽视主业的技术创新

巨人集团在电脑业曾取得过辉煌成就,但随着市场的变化,巨人集团忽视了主业的技术创新。从1989年的M-6401桌面排版印刷系统到1993年的巨人中文手写电脑,巨人集团曾一度引领行业潮流。然而,在电脑业走入低谷后,巨人集团没有继续加大技术创新的力度,反而将大量资金投入其他领域。这导致巨人集团在主业上的竞争力逐渐下降,新产品推出缓慢,无法满足市场需求。

五、对市场预期判断失误

以巨人大厦项目为例,巨人集团在项目规划阶段对市场需求和财务状况的评估过于乐观。项目预算制定时未能准确预测成本,导致实际花费超出预算。同时,巨人集团对巨人大厦的销售预期也过于乐观,没有充分考虑市场风险和竞争压力。最终,巨人大厦的建设导致了巨人集团严重的财务危机。

巨人集团的最大失误应该是:盲目地进入了房地产行业,而且巨人大厦的投资远远超出自己的财力,而后又不得不抽生物工程的血(生物工程与房地产业同属于发展性业务),企业出问题不是"资"就是"智"或二者兼有。而在当时,电脑还是朝阳产业,巨人集团在此行业的发展还远未成熟,还可以将其作为核心业务来发展,而其他发展性业务投入则不能过快,其实馅饼与陷阱就一步之遥而已,而巨人集团恰恰选择了后者。

(资料来源:新浪网)

【实训项目】

头脑风暴法实训

项目背景

每年冬天,某国北方格外严寒,大雪纷飞,电线上积满冰雪,大跨度的电线常被积雪压断,严重影响通信。过去,许多人试图解决这一问题,但都未能如愿以偿。请大家利用头脑风暴法,尝试解决这一难题。

实训目的

(1) 掌握定性决策的一般规律。
(2) 熟悉头脑风暴法的操作原则。
(3) 能根据他人的方案及时调整自己的方案,并能在众多方案中选择最佳方案。

实训步骤

(1) 由教师宣布学生在进行实训时必须遵守的原则:

第一,自由思考。即要求与会者尽可能解放思想,无拘无束地思考问题并畅所欲言,不必顾虑自己的想法或说法是否"离经叛道"或"荒唐可笑"。

第二,延迟评判。即要求与会者在会上不要对他人的设想评头论足,不要发表"这主意好极了!""这种想法太离谱了!"之类的"捧杀句"或"扼杀句"。至于对设想的评判,留在会后组织专人考虑。

第三,以量求质。即鼓励与会者尽可能多而广地提出设想,以大量的设想来保证质量较高的设想的存在。

第四,结合改善。即鼓励与会者积极进行智力互补,在提出设想的同时,注意思考如何把两个或更多的设想结合成另一个更完善的设想。

(2) 自由组合成小组,每组3~5人。
(3) 每组选出一名组长主持本组讨论,要求必须始终坚持以上原则,创造一个自由交换意见的气氛,并激起参加者踊跃发言,但不能用自己的想法引导别人。
(4) 每组选择一位同学记录会议进程,把大家提出的所有方案记录下来。
(5) 会后整理其中一些有闪光点的方案,进行选优,确定最佳方案作为最终方案。

【同步测试】

一、单项选择题

1. 德尔菲法属于( )。
   A. 定性决策法　　　　　　　　B. 确定型决策法
   C. 定量决策法　　　　　　　　D. 风险型决策法

第四章 决策与计划

2. 决策的基本程序不包括(　　)。
   A. 情报活动　　　B. 设计活动　　　C. 抉择活动　　　D. 评估活动

3. (　　)是为实现组织或企业长远目标,所选择的发展方向、确定的行动方针,以及资源分配方针和资源分配方案的一个纲要。
   A. 宗旨　　　　　B. 目标　　　　　C. 战略　　　　　D. 政策

4. "管理就是决策"是(　　)提出的。
   A. 泰勒　　　　　B. 法约尔　　　　C. 西蒙　　　　　D. 梅奥

5. 贯穿于管理过程始终的职能是(　　)。
   A. 计划　　　　　B. 组织　　　　　C. 指挥　　　　　D. 决策

6. (　　)不属于集体决策的缺点。
   A. 消耗时间　　　　　　　　　　　B. 方案太多无法选择
   C. 屈从压力　　　　　　　　　　　D. 少数人有话语权

7. 那些偶然发生的、新颖的、性质不完全清楚的、结构上不甚分明的问题属于(　　)。
   A. 风险问题　　　B. 模糊问题　　　C. 例行问题　　　D. 例外问题

8. 下面选项中说法正确的是(　　)。
   A. 滚动计划法主要是用近细远粗的方法制定计划
   B. 网络图中的虚工序只耗费时间不耗费资源
   C. 甘特图是一种线条图,横轴表示要安排的活动,纵轴表示时间
   D. 短期计划越来越受到企业领导者的重视

9. 关键线路是指网络图中(　　)。
   A. 各条线路中用时最短的线路
   B. 各条线路中用时最长的线路
   C. 各条线路中耗费资源最多的线路
   D. 各条线路中耗费资源最少的线路

10. 不属于计划范畴的是(　　)。
    A. 预算　　　　　B. 程序　　　　　C. 制度　　　　　D. 战略

二、判断题

1. 决策中的非程序化决策与例行决策较为相似。　　　　　　　　　　　　　(　　)
2. 确定性决策需要收集不同状态下的概率。　　　　　　　　　　　　　　　(　　)
3. 悲观法是小中取小法。　　　　　　　　　　　　　　　　　　　　　　　(　　)
4. 屈从压力是个人决策的缺点。　　　　　　　　　　　　　　　　　　　　(　　)
5. 决策过程的第一步首先是搜集情报阶段。　　　　　　　　　　　　　　　(　　)
6. 折衷系数法中乐观系数λ始终都要大于0.5。　　　　　　　　　　　　　 (　　)
7. 决策树中每个方案的概率加总都为1。　　　　　　　　　　　　　　　　(　　)
8. 计划有广义、狭义之分,广义的计划是指制定计划。　　　　　　　　　　(　　)
9. 按照不同的职能,可以将计划分为宗旨、目标、战略、政策、规则程序、规划和预算等几种类型。　　　　　　　　　　　　　　　　　　　　　　　　　　　　　　　　(　　)
10. 计划的内容包括5W1H。　　　　　　　　　　　　　　　　　　　　　　(　　)

三、简答题

1. 简述决策的分类。

2. 确定型决策、风险型决策、不确定型决策之间的区别有哪些？
3. 简述德尔菲法的优缺点。

四、计算题

1. 某企业每月固定成本1 000元，生产一种产品，单价10元，单位变动成本6元，本月计划销售500件，问预期利润是多少？

    (1) 如果企业拟定实现目标利润1 100元，问应该销售多少产品？

    (2) 计划销售600件，欲实现利润1 640元，问单价应定为多少？

    (3) 假设企业每月固定成本1 000元，单价10元，计划销售600件，欲实现利润800元，问单位变动成本应控制在什么水平？

    (4) 假设企业单位变动成本6元，单价10元，计划销售600件，欲实现利润740元，固定成本应控制在什么水平？

2. 某企业决定扩大生产能力以满足市场需求的增加，现有甲、乙两种方案选择。甲方案是投资1 000万元新建一家工厂，乙方案是投资200万元对现有的生产线进行改造，两个方案的使用寿命均为10年。每一种方案都面临三种自然状态，即销路好、一般和销路差，预计甲方案在三种不同的自然状态下可获得的收益分别为120万元/年，80万元/年和亏损20万元/年；乙方案的收益则分别为80万元/年、40万元/年和10万元/年。可以推测每种自然状态出现的概率分别为0.3、0.5和0.2，请用决策树方法帮助企业在两个方案中作出选择。

第五章 组织与沟通

【学习目标】

知识目标

1. 了解组织结构的含义、类型和组织工作。
2. 掌握组织结构设计及其优缺点。
3. 掌握沟通的含义和不同的沟通方式。
4. 掌握排除沟通障碍的方法。

能力目标

1. 提升组织结构分析与设计、活动策划及岗位设计的基础能力。
2. 强化沟通、倾听及人际交往能力,能结合实例科学设计组织结构。

素养目标

1. 形成对组织工作的正确认知,树立组织思维、管理素养及团队意识。
2. 养成主动思考与探索的习惯,培养交流、沟通与倾听意识。

【关键概念】

组织,组织结构,组织设计,管理幅度,管理沟通。

【体系结构】

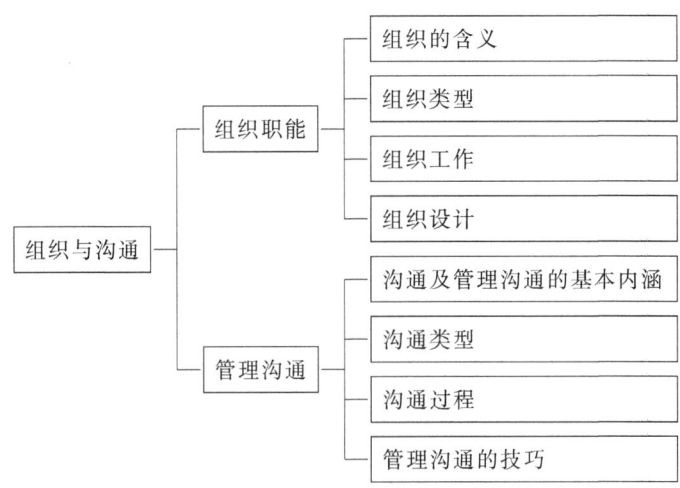

【案例导入】

首登公司的组织变革

世界上唯一不变的,就是变化本身。最近,中外医疗领域公司都在一定程度上出现了增长减缓的情况。通过回溯医疗巨头之一的首登在15年间的组织架构变动,结合公司底层业务发展的调整以及上层公司战略与企业文化的沿革,在当下的时间节点,重新理解公司、行业与社会经济之间的协调与偏离。

2006年,首登还只是一家"小作坊"。首登成立之初,进口医疗器械业务进入中国市场不久。彼时,首登采用职能式组织架构,设置了渠道、业务、研发、基础架构等核心部门,同时配备行政、人力资源、内部审计、信息技术等支持职能部门。这种架构契合当时首登的规模,运转简便:首席运营官(COO)负责渠道与业务板块,首席技术官(CTO)统筹研发与基础架构,由首席执行官(CEO)进行整体协调。那时,首登规模有限,仅聚焦一款核心产品,团队凝聚力强,管理难度低,职能式架构得以充分发挥优势。

2015年,医疗设备业务持续顺利推进,为首登带来丰厚利润,首登第一次调整并确立组织架构为两个部分。基于原医疗公司构架进行划分,组成"首登战略决策委员会"与"首登经营管理委员会",形成决策经营层和职业经理人为首的管理层。到2016年12月,首登的多元化布局已经完成,旗下有医疗、科技、教育和文化等多种差异非常大的业务,但此时CEO已经很难再进行良好协调。按照当时首登CTO所述,首登是产品导向,以用户使用为中心。但当时所有的职能部门、研发部门不买产品部门的账,产品部门根本影响不了研发部门,产品做得好,研发部门也不受激励。由于职能式架构造成的管理混乱,首登开始进行大规模组织变革——业务系统单元化。

首登的总体构架分为企业发展系统、B线业务系统、运营平台系统、R线平台研发系统以及职能系统。B线和R线下设不同的业务单元,业务发展较为独立。在这样的架构下,首登形成了双重分工系统:横向是业务分工,纵向则是决策分工。从横向看,业务系统可以看作生产线,主要承担一线营收,其他系统为其提供支持和指引。从纵向看,组织层级又分为系统-部-组的三层体系,组织扁平化,提高了决策效率,每个业务单元可以快速响应环境变化。

这次调整后,架构支撑了首登多个项目的诞生。首登云、首登速客、城市绿野、医佰佳大药房、一卡通、百岁健康、福见医护,成了福州医疗领域的时代印记,"首登"这个名字,进入了成千上万的福建医疗系统用户的视野。

2023年,首登线上医疗业务第一次超过了线下医疗业务,传统线下医疗部门开始着急,公司内部各部门开始各种各样的PK,需要共同推进的事项配合也不顺利。不同部门的KPI不一致,两个医疗业务部的体系都不一样,无论是需求推进还是实际开发,都遇到了非常大的阻力。

为了便于公司相关业务协调,减少部门间相互扯皮和恶性竞争的情况,首登再次做出了新的组织架构调整,将所有同类医疗业务门合并,成立单独的事业群。首登将医疗板块业务升级为事业群制,重新划分出医疗发展事业群、医疗器械事业群、医疗耗材事业群、数字医疗事业群,再加上"九制药业"独立运营医药与大健康业务,共五个部门。

总体看来,这次组织架构调整将同一业务的线上和线下整合,把原来的线上业务,从"首登互联网"分离出来,和"首登医疗器械"上的对等业务合并在一个部门,背负同样业务指标,便于同一体系内产品协调资源,快速推动产品销售。

另外,将业务系统单元全面升级为事业群也是分权的过程,事业群的负责人将拥有更多的话语权,减少产品问题汇报给总负责人才能继续推动的问题。事业群也会有更多的自主空间,可以灵活响应,适应外部快速变化的环境。

这次调整之后,首登所有医疗板块的业务融为一体,线上线下医疗部门顺利结合过渡为最风靡的互联网医院,"福见医护"项目也跑出来帮首登彻底赢得了移动互联网医疗的船票。

站在当前的时间节点,首登经历了医疗行业在国内的萌芽、兴起、巅峰、移动互联网转型、大集团大平台化。时代变迁,影响着每个阶段的行业变化。行业大背景的流转之下,首登从小到大,从大公司到行业巨头。

思考:

(1) 什么是组织结构? 列举你所知道的组织结构的形式。
(2) 组织设计的依据是什么?
(3) 哪些因素影响着组织结构的设计?

【知识积累】

第一节 组 织 职 能

组织是实现战略的基础,组织设计则是实现组织战略目标的手段。根据管理职能的要求,如何进行适当的职务设计和部门划分,建立不同的适合组织战略要求的组织结构,是组织工作的主要内容。

一、组织的含义

组织是管理的基本职能之一。在计划职能确定了组织的目标并对实现目标的途径作了安排之后,为了使人们能够为实现目标而有效地工作,还必须对包括人、财、物和信息在内的各种资源在一定的空间和时间范围内进行有效的配置,明确组织中的每一个职位所起的作用以及职位间的相互关系,建立起一种既有分工、又有协作的集体活动的结构。此外,还需要根据组织内外诸要素的变化,不断地对组织结构做出调整和变革,以确保组织对环境的适应性。设计和维持这种结构的工作就是管理的组织职能所要承担的任务。

(一) 组织的含义

组织有两种含义:一种含义是一般意义上的组织含义,它泛指各种各样的社团、机关、学校、企事业单位等,它是人们进行交流合作的必要条件。另一种是指管理学上的组织含义,所谓组织是按照一定的目的和程序组成的一种权责结构。

(二) 组织的特点

管理学上所说的组织一般包含以下几个特点:

(1) 任何一个组织必须有一个共同的目标。组织之所以存在是因为在实际中许多的工作和任务靠一个人是根本没有办法和能力去完成的,尤其是一些较为复杂的系统工程,需要很多人的团结和协作,共同去完成。比如我国航空航天事业的发展就说明了这一点。所以说,组织是为了一个目标而存在和发展的,没有一个共同的目标,就不会有相应的组织存在。

(2) 组织是实现组织目标的工具。组织既有一个共同的目标,同时,它又是实现自己目标的工具。一个组织目标能否顺利地实现,取决于组织内部要素之间的协调、配合程度,组织的资源配置是否有效合理以及组织本身的结构是否合理,是否和组织的任务相匹配。

(3) 组织包括不同层次的分工协作。组织要顺利地实现自身的目标,就必须分工协作,充分调动组织上下的积极性,使组织形成一个分工明确,责权明确的一个有机整体。这是衡量一个组织整体效率高低的重要标志。

二、组织类型

(一) 正式组织和非正式组织

根据组织是否为人为设计而成,可以把组织分为正式组织和非正式组织。正式组织是指在组织设计中,为了实现组织的总目标而成立的功能结构,这种功能结构或部门是组织的组成部分并有明确的职能。非正式组织是指由于地理位置关系、兴趣爱好关系、工作关系、亲朋好友关系而自然形成的群体,这种群体不是经过程序化而成立的。例如,业余足球队、业余合唱团、同乡会、同学联谊会等都是非正式组织。

非正式组织是由正式组织中的一些人,由于相同的爱好,习惯或相近的观点和思维走到了一起,形成的一个小团体。非正式组织也有其共同的目标,其组织中的成员一般都具有共同的目标,并具有共同的行为规范。当非正式组织的目标与正式组织的目标一致时,则对正式组织目标的实现起到很好的促进作用,否则,会对正式组织的目标实现起到阻碍作用。所以,在组织工作中,要尽量维持组织目标与非正式组织目标的平衡、避免对立,并在管理时对非正式组织加以利用,使其为正式组织的工作服务。

(二) 实体组织和虚拟组织

根据是否运用了计算机网络技术,可以把组织分为实体组织和虚拟组织。实体组织就是一般意义上的组织。虚拟组织是社会及组织发展到一定阶段出现的产物,它在计算机信息网络出现之前就已经产生了,然而,信息网络的出现,使虚拟组织得到了全方位的发展并获得了广泛的认同。虚拟组织不同于实体组织,主要表现在如下几个方面。

1. 组织结构

从组织的法人地位来看,实体组织一般都具有法人资格,而虚拟组织则一般不具有法人资格。

2. 构成人员

实体组织的构成人员大多属于该组织,而虚拟组织的构成人员则一般不属于该组织。例如,某科研所的科研人员,主要隶属于该科研所,但也有人可能以个人的身份在大学兼职。与此不同,实施虚拟经营的某管理顾问公司的咨询人员,大多不属于该公司,而是属于其他诸如大学、科研部门、企事业单位等实体组织。

3. 办公场所

实体组织一般都有固定且比较集中的办公场所,员工在统一的办公场所上下班。虚拟组织则相反,它基本没有集中的办公场所。

4. 核心能力

组织的核心能力是获得竞争力优势的决定因素。实体组织核心能力的培植及强化基本上依靠内部的发展。相反,虚拟组织核心能力的形成除了依靠内部发展外,更多地通过电子信息网络和外部其他组织的联系来扩大,以形成网络核心能力。这种能力具有很大的弹性,易于重组、速度快、成本低。

(三) 机械式组织与有机式组织

按照不同的设计原则,可以将组织分成机械式组织与有机式组织。机械式组织是传统设计原则的产物,它具有严格的结构层次和固定的职责,强调高度的正规化,有正式的沟通渠道,决策常采用集权形式。有机式组织是现代设计原则的产物,它强调纵向和横向的合作,职责常常根据需要进行不断的调整,更多地依靠非正式渠道进行沟通,决策常采用分权形式。如学校、医院、企业和地方上成立的一些团队和协调公关式组织。

三、组织工作

"宇宙"冰箱厂的机构设置

(一) 组织工作原则

设计、建立合理的组织结构,根据组织外部要素的变化适时地调整组织结构,是为了更有效地实现组织目标。进行有效的组织工作应当遵循以下基本原则。

1. 目标统一原则

目标统一原则,是指组织结构的设计和组织形式的选择必须有利于组织目标的实现。组织中的每一个部门或每一个人的目标都要与组织的目标一致。这样的组织结构才是合理有效的。组织结构的作用是通过将组织目标层层分解,最后落实到具体的部门和个人,来统一组织各部门和人员的业务活动。

这一原理还要求在组织设计以事为中心,因事设机构、设职位等,做到人与事、人与岗位高度配合,避免出现因人设事、因人设职的现象。

2. 分工协作原则

分工就是按照提高管理专业化程度和工作效率的要求,把组织的目标分成各级、各部门以至各人的目标和任务,使组织的每个层次、每个部门,每个人都了解自己在实现组织目标中应承担的工作职责和职权。有分工就必须有协作,协作包括部门之间的协调和部门内部的协调。综上,分工协作就是指组织中的每个部门以及每个人有明确的任务分工,并且要相互配合,以共同实现组织的目标。

分工协作原则规定了组织结构中管理层次的分工,部门的分工,职权的分工。管理层次的分工,即分级管理。组织层次一般分上、中、下三层,每一个管理层次都有对应的责权,每一个管理层次均有相应才能的人与之适应。部门的分工,即部门划分,部门的划分应有利于目标的完成,有利于部门间的协调。职权的分工,传统意义上的组织结构中的职权有三大类:直线职权、职能职权、参谋职权。

3. 管理幅度原则

由于各级管理人员的精力、知识、经验、能力等都有一定的局限,一个管理者能够有效领导的直属下属人数在客观上有一定限度。因此,在进行职权划分时,必须根据不同岗位工作的性质、干部素质、管理层次等合理确定管理幅度,以保证管理工作的有效性。

4. 权责统一原则

权责统一原则,是指在组织结构设计中,职位的职权和职责必须对等一致。在进行组织结构的设计时,既要明确规定每个管理层次和每个部门的职责范围,又要赋予完成其职责所需要的管理权限,这就是权责一致原理的要求。只有职责,没有职权或权限太小,则其职责承担者的积极性、主动性必然会受到束缚,实际上也不可能承担起应有的责任;相反,只有职权而无任何责任,或责任程度小于职权,将会导致滥用权力和"瞎指挥",产生官僚主义,等等。这些情况都不利于组织目标的实现。

5. 集权与分权相结合的原则

集权往往能保证组织内部的统一性和协调性,但集权又有致命的缺点:弹性差,适应性弱。过度的集权往往使一个组织缺乏互动,因此,必须实行局部管理权力的下放和分散。为了保证有效的管理,必须实行集权与分权相结合的领导体制。该集中的权力集中起来,该下放的权力就分给下属,这样才能够加强组织的灵活性和适应性。如果事无巨细,把所有的权力都集中在最高管理层,不仅会使最高层主管淹没于繁琐的事务当中,顾此失彼,还会助长官僚主义作风,忽视了组织有关战略性、方向性的大问题。因此,高层主管必须将与职责相对应的职权授予下属,使下属有职、有责、有权。这样可以使下属充分发挥聪明才干,调动他们的积极性,以保证管理效率的提高,也可以减轻高层主管的负担,能够集中精力抓大事。

6. 稳定性与适应性相结合的原则

稳定性与适应性相结合的原则,是指一方面要保证组织结构的稳定,以顺利实现组织目标;另一方面又必须根据环境的变化对组织结构适时进行调整,以保证组织结构的适应性。

环境条件的变化必定会影响组织的目标,以及人员的态度和士气,因此,必须针对这种变化作适应性调整。但同时组织结构过度频繁的调整变化,也会对组织产生不利影响。主管人员必须在稳定与变化之间寻求一种平衡,既保证组织结构的适应,又有利于组织目标的实现。

(二) 组织工作层级

组织在纵向结构设计中需要确定层级数目和有效的管理幅度,需要根据组织集权化的程度,规定纵向各层级之间的权责关系,最终形成一个能够对内外环境要求做出动态反应的有效组织结构形式。

1. 管理层次和管理幅度的含义

管理层次是指由于受管辖人数的限制,从最高的直接主管到最低的基层工作人员之间形成了一定层次即为管理层次。管理层次实质上是组织内部纵向分工的表现形式,各个层次分别担负不同的管理职能。管理层次的产生主要是因为组织事务中有抽象与具体、根本性与非根本性之分,同时,也因为组织管理者的时间、能力和精力与组织和管理的事务量的矛盾,由此决定了组织的管理和决策必须按照层次设置。

管理幅度是指一个主管能够直接有效地指挥下属成员的数目,换句话说,管理幅度是指有多少人共同向同一上司汇报工作。由于各级管理人员的精力、知识、经验、能力等都有一定的局限,一个管理者能够有效实行领导的直属下属人数在客观上有一定限度。由于管理幅度的限制,一个人数众多的企业不可能由一个厂长或经理包揽全部的管理事务,而必须逐级授权,分级管理。因此,在进行职权划分时,必须根据不同岗位工作的性质、干部素质、管理层次等合理确定管理幅度,以保证管理工作的有效性。

由于管理幅度的限制,当组织的人员规模达到一定程度时,即当组织的人员规模突破管理幅度的限度时,就需要而且必须划分出不同的管理层次。因此,在一个部门的人员数量一定的情况下,管理层次和管理幅度成反比。管理幅度越大,管理层次越少;管理幅度越小,管理层次越多。当层次较多之后,人们便形象地称其为"金字塔"式的组织结构。

在组织管理过程中要正确地处理好管理幅度与组织层次之间的关系问题。有的企业用扩大管理幅度和减少组织层次的方法,构成扁平式组织结构;有的企业则采用缩小管理幅度和增加组织层次的方法,形成垂直式组织结构(锥形结构或高耸型结构)。近几年的趋势是朝着加宽管理幅度的方向演进。加宽管理幅度,这与管理者力图降低成本、加快决策、增强组织灵活性、更接近顾客以及向员工授权等的努力是一致的。但为了确保绩效不因管理幅度加大而受到影响,这些组织都正在员工培训方面投入巨资。管理者认识到,要是员工能掌握好自己的工作,知道与其他工作的关联,或在遇到难题时能求助于同事,那么,宽管理幅度就不会有问题。

2. 影响管理幅度的因素

管理幅度的确定,不仅受管理者的性格、才能、个人精力和可用于管理的时间、授权程度、管理作风、管理者的素质等的影响,还与有无完善的工作制度、工作重要程度、工作内容等客观因素有关。这些因素,决定了管理幅度的弹性大小。在实践中,管理幅度的大小主要取决于以下因素。

(1) 主管人员及其下属的素质和能力。如果组织的管理人员的自身素质较强,管理经验丰富,善于处理各类问题,在不降低效率的前提下,可适当增加其工作量,加大管理幅度;同样,下属人员训练有素,工作自觉性高,也可采用较大的管理幅度,让他们在更大程度上实行自主管理,发挥创造性。

管理学家已经证明,每增加一个管理幅度,则领导与下属之间的工作接触会成倍增加。法国管理学家格拉丘纳斯早在1933年就认定:如果下属人数以算术级数增加,其领导者同下属人员之间的人际关系数,将以几何级数增加,其公式为:

$$C = N\left(\frac{2^N}{2} + N - 1\right)$$

式中,C 为可能存在的人际关系数;N 为管理幅度。

(2) 工作的内容和性质。如果工作性质复杂且工作量大,需要管理者与下属经常保持直接的联系,管理幅度就应当小一些;完成简单的工作,允许有较宽的管理幅度。一般来说,越是上层管理,处理的问题越复杂,工作量也越大;越接近基层,处理的问题越简单,工作量也较小。因此,管理层次越高,管理幅度越窄;越接近基层,管理幅度越宽。

(3) 计划的完善程度。事先有良好、完整的计划,工作人员都明确各自的目标和任务,清楚自己应从事的业务活动,则主管人员就不必花费过多的精力和时间从事指导和纠正偏差,那么协调和控制的工作量就可能减少,主管人员的管辖幅度就可以大一些,管理幅度大,管理层次就相对少一些;反之,计划不明确不具体,就会限制一个管理人员的管辖范围,管理幅度就相对较小。

(4) 授权。适当和充分的授权可以减少主管人员与下属之间接触的次数和密度,节约主管的时间和精力,幅度可以大些。领导者对下属进行管理,很重要的一条是授权要明确:①布置任务要明确、具体,使下属知道干什么,怎么干。②在下达任务的同时要明确地授予相应的权力。③授予下属的权力应与其能力相符合。如果这三点都做得好,则管理幅度可以加大。不授权、授权不足、授权不当或授权不明确,就需要主管进行大量指导和监督,因而幅度不会大。

(5) 工作环境的稳定性。稳定的环境一般来讲其政策都保持较强的稳定性,本身很少变革,这样的组织管理幅度可以很大;环境变化快,组织遇到的问题就多,变革的速度也快,主管对下属的指导时间和精力耗费也就越多,幅度不会大。

3.组织结构形态

管理幅度与管理层次的不同界定与组合形成了两种基本的组织结构形态。

(1)扁平式组织结构形态。

优点:信息沟通和传递速度比较快,信息失真度低,能增强组织的适应性;上级主管控制比较宽松,有利于发挥下属的积极性和创造性。

缺点:增加主管的监管和协调难度;下属缺少更多的升迁机会。

(2)锥形组织结构形态。

优点:主管能有效地指导和控制每一个下属;层级关系紧密,有利于任务的衔接,有利于下属能力的提升。

缺点:信息传递比较慢、失真度高;增加了管理成本和管理难度。

 动动脑

刘局长错在哪里?

刘局长在某局工作了近20年,3年前他当了该局的第一把手之后,适逢上级要求对该局进行机构改革。刘局长认为,过去的工作全靠局里同事们的支持,应该给他们增设职位、提拔升职,才能调动他们的积极性,同时也有利于化解局里的矛盾。于是,他多方努力,通过增设各种内设机构和助理职位,以求尽可能多的安排人员,缓解职位竞争方面的压力。谁知事与愿违,由于机构臃肿,人浮于事,造成互相扯皮,效率低下,局里的工作也受到影响。上级领导批评刘局长搞"上有政策,下有对策"。刘局长辩解说,他是依据管理的例外原则,根据本单位的实际情况进行机构改革。

思考:刘局长错在哪里?

四、组织设计

随着组织规模的扩大和组织活动的复杂化、高级化,组织中所包含的不同性质的活动种类也越来越多,所涉及的领域越来越广。为了提高工作效率,就必须对整个组织的全部工作进行深入细致的分析,并进行明确的分类,然后把性质相同的工作归并到一起集中进行处理,这个过程就是组织设计。组织设计着眼于建立一种有效的组织结构框架,对组织成员在实现组织目标中的工作分工协作关系做出正式、规范的安排。为了完成组织的各项任务,实现组织的目标,必须对组织内部的结构进行合理安排。

(一)组织设计

组织设计是管理者为实现组织的目标而对组织活动和组织结构进行设计和再设计的过程。它是以组织中结构安排为核心的组织系统的整体设计工作,是一项操作性很强的工作。因此,组织设计是在特定的环境中,把组织的人物与组织的职能、部门、职权和规范进行有效地结构性配合的过程。组织设计的核心问题是如何划分职权结构、部门结构和制定各项规章制度。从动态的角度看,组织设计还要解决组织运行中的协调、控制、激励、绩效评估、人员配置与训练以及信息沟通等问题,也就是组织职能的全部内容与要求。

1. 组织设计的目的

组织设计的目的是要通过创构柔性灵活的组织,动态地反映外在环境变化的要求,并且能够在组织演化成长的过程中,有效积聚新的组织资源要素,同时协调好组织中部门与部门之间、人员与任务之间的关系,使员工明确自己在组织中应有的权力和应担负的责任,有效地保证组织活动的开展,最终保证组织目标的实现。

美国管理学家福克斯认为,组织设计的主要目的是建立有益于管理的组织。部门的划分、职位与职务的确定、相应的组织结构类型及组织变革都是为适应管理的要求及实现组织目标而进行的。因此,要做好正式组织的设计,必须符合下列六个要求:①符合组织目的的要求。②能使组织成员的能力在组织中发挥最大效用。③有利于使组织成员对组织做出贡献的欲望不断提高。④有利于形成和增长组织成员对组织的归属感。⑤应使组织不断持续的发展。⑥组织应当富有效率。

2. 组织设计的影响因素

一个组织选择什么组织结构,受多种因素的影响,既有外部环境因素,也有自身战略、规模等因素的影响。

(1) 规模因素。组织规模是影响组织结构设计的重要因素,当组织业务呈现扩张趋势,组织员工增加,管理层次增多,组织专业化程度不断提高时,组织的复杂化程度也不断提高。组织的规模对其结构有明显的影响,但是这种影响不是线性的。一般说来随着组织规模的扩大,规模对结构的影响强度逐渐下降。一般来说,规模越大,越专门化,标准化,规章制度越多,分权程度越高,越正规。

早在20世纪60年代初,英国管理学家琼·伍德沃德等人通过对英国100多个公司的调查研究,认为一个组织结构设计与其本身的规模的关系大体为:①组织规模越大,工作越专业化。②组织规模越大,标准操作化程序和制度越健全。③组织规模越大,分权的程度越高。

(2) 战略因素。一个组织的战略就是它的总目标,它涉及一定时期内组织的全局设计、主要政策与任务的谋划,它决定着该组织在一定时期内的活动方向和水平,它是组织制定策略的依据。战略的重大调整即意味着组织结构的调整。即公司的战略变化先于组织结构的变化。

美国管理学家雷蒙德·迈尔斯和查尔斯·斯诺在其著作《组织的战略、结构和方法》中提出了关于战略影响组织结构的观点,如表5-1所示。

表5-1 战略对组织结构的影响

战略	目标	环境	组织结构特征
防守型战略	追求稳定和效益	相对稳定的	严格控制,专业化分工程度高;规范化程度高,规章制度多;集权程度高
进攻型战略	追求快速,灵活反应	动荡而复杂的	松散型结构,劳动分工程度低;规范化程度低,规章制度少;分权化
分析型战略	追求稳定,效益和灵活相结合	变化的	部分集权控制,对现有的活动实行严格控制,但对一部分让其分权或相对自主独立的方式;组织结构采用一部分有机式,一部分机械式

(3) 环境因素。环境包括一般环境和特定环境两个部分。一般环境包括对组织管理目标产生间接影响的诸如经济、政治、社会文化以及技术等环境条件,这些条件最终会影响到组织现行的管理实践。特定环境包括对组织管理目标产生直接影响的如政府、顾客、竞争对手、供应商等具体环境条件,这些条件对每个组织而言都是不同的,并且会随一般环境条件的变化而变化,两者具有互动性。环境的复杂性和变动性决定了环境的不确定性,当环境由简单的稳定态向复杂的变动态转移时,关于环境的信息不完整性也逐渐增强,管理决策过程中的不确定因素也大为增强,只有那种与外部环境相适应的组织结构才有可能成为有效的组织结构。

总体来看,环境的状态可以分为稳定和不稳定两种情况,因而组织结构也相应有两种不同形式——机械式组织和有机式组织。从本质上说,机械式组织在稳定的环境中最有效;有机式组织则与动态的、不确定性强的环境最匹配。

(4) 技术因素。技术是指把原材料等资源转化为最终产品或服务的机械力和智力转换过程,是组织把相关资源转化为最终产品或服务的能力和方式的综合。也包括组织管理的能力和方式。技术对于组织设计具有重要影响,不同的技术水平和相应的技术设备,对于组织的活动内容的划分、部门的设立、职能的设计、职务的设置和权力的配置、组织制度规范的内容和实施方式以及组织的各部门关系,会有不同的要求。组织的活动需要利用一定的技术和反映一定技术水平的物质手段来进行,因此组织的设计需要因技术的变化而变化。特别是技术规范和模式的重大转变,往往要求组织结构做出相应的改变和调整。

对技术作为组织结构设计影响因素的关注,要从英国管理学家琼·伍德沃德为探究组织结构设计因素与组织成功之间的相关关系开始。她对英国南部的一些小型制造业企业进行了调研。伍德沃德一直没能发现某种一致的变化规律,直到她按照生产批量的规模将这些企业区分为三种类型,如表5-2所示。

表5-2 技术类型与组织结构特征间的相互关系

组织结构特征	技术类型		
	单件小批生产	大批大量生产	连续生产
管理层次数目	3	4	6
高层领导的管理幅度	4	7	10
基层领导的管理幅度	23	48	15
基本工人与辅助工人的比例	9:1	4:1	1:1
大学毕业的管理人员所占比重	低	中等	高
经理人员与全体职员的比例	低	中等	高
技术工人的数量	高	低	高
规范化的程序	少	多	少
集权程度	低	高	低
口头沟通的数量	高	低	高
书面沟通的数量	低	高	低
整体结构类型	柔性的	刚性的	柔性的

伍德沃德得出这样的结论：随着技术复杂程度的提高，企业组织结构复杂程度也相应提高，管理层级数、管理人员同一般人员的比例以及高层管理者的控制幅度亦随之增加。单件生产或连续生产的企业，采用有机式结构最为有效；而大量生产的企业若与机械式结构相配，则为最佳状态。

(5) 权力控制因素。美国管理学家斯蒂芬·罗宾斯认为："将规模、战略、环境和技术等因素组织起来看，它们对组织结构会产生较大的影响。但即便这些因素组合起来，也只能对组织结构产生50%的影响，而对组织结构产生决定性影响作用的是权力控制。"这是因为：①组织的权力控制者对组织结构模型的选择有最后的决策权。②任何组织都是由各种利益的代表团所组成，一个组织的结构反映的是最强利益集团的利益，或多个较强集团之间利益的妥协。③利益控制者总是不愿轻易放弃自己的权力，即使是分权，也以不失去控制为最后底线。④权力控制者会采用合理的方式，即在组织利益的范围内，寻找组织利益与个人或自己代表的利益集团的利益的结合点，既公私兼顾，又合理合法。

 **知识拓展**

彼 得 原 理

每个组织都是由各种不同的职位、等级或阶层的排列所组成，每个人都隶属于其中的某个等级。彼得原理是美国学者劳伦斯·彼得在对组织中人员晋升的相关现象进行深入研究后得出的结论：在各种组织中，雇员往往会晋升至自身无法胜任的地位。

这种现象在现实生活中无处不在：一名称职的教授被提升为大学校长后，却无法胜任；一个优秀的运动员被提升为主管体育的官员，而无所作为。

对一个组织而言，一旦相当部分人员被推到其不称职的级别，就会造成组织的人浮于事，效率低下，导致平庸者出人头地，组织发展停滞。

组织在选人用人时，要改变单纯的"根据贡献决定晋升"的企业员工晋升机制，应全面考量其管理才能和素质，不能因某人在某个岗位上干得很出色，就推断此人一定能够胜任更高一级的职务。将一名职工晋升到一个无法很好发挥才能的岗位，不仅不是对本人的奖励，反而使其无法很好发挥才能，也给企业带来损失。

(二) 组织结构

组织结构是组织设计的结果，之所以有不同的组织结构，是因为组织的战略、组织的规模、技术和环境的变化对组织结构的选择有重大的影响。组织结构是随着生产力和社会的发展而不断发展的。企业组织机构的形式应与行业的特点、企业规模的大小、生产技术特点、市场需求变化、企业管理的水平相适应。

常见的组织结构的类型有：直线制、职能型、直线职能制、事业部制、矩阵制、多维立体组织结构等。在当今经济全球化和知识经济趋势不断发展的今天，组织结构还在不断地创新和发展，出现了团队、网络型组织结构等新的组织结构形式。

1. 直线制组织结构

直线制组织结构是最早使用也是最为简单的一种结构，是一种集权式的组织结构形式，又称军队式结构，其主要特点是组织内上级管理层与下级管理层按垂直系统进行管理。信息沟通和传递渠道只有一条直线通道。一个下级只接受一个上级管理者的命令,而不设立专门的职能机构。以企业为例,其组织结构,如图 5-1 所示。

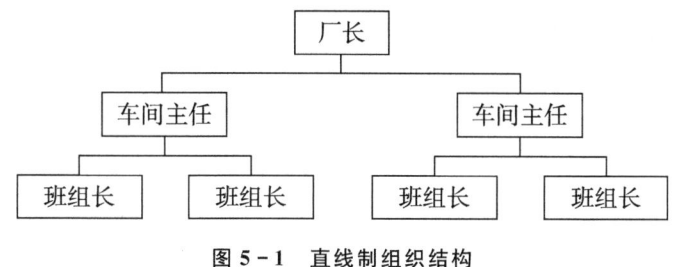

图 5-1 直线制组织结构

优点:结构简单、权责分明、指挥与命令统一、联系简捷、决策迅速、用人较少、费用较低、工作效率较高。

缺点:组织内信息沟通不顺畅,不符合"例外管理"原则要求。没有职能机构当领导的助手,所有的管理职能都集中由直线主管承担,容易产生忙乱现象;当组织规模扩大,管理工作复杂后,往往由于个人的知识和能力限制而感到难于应付。

适用:只适合于那些产品单一、供销渠道稳定、工艺过程简单、规模较小的企业。

2. 职能型组织结构

职能型组织结构(U 型结构)是基于职能分工原则建立的组织形式,它将相同或相似的职能活动整合到同一部门,形成专业化的管理体系。这种结构的雏形可追溯至泰勒提出的"职能工长制",并在米德维尔钢铁公司进行试验。单纯的职能制组织结构反映下级接受上级的指令可以来自不同的上级,这些上级管理层又是按专业分工来划分的职能部门,即下级接受来自组织内部各个职能部门的指令。其特点是组织内部除直线主管外还相应地设立一些职能机构,分担某些管理业务。这些职能结构有权在自己的业务范围内,向下级单位下达命令和指示。因此,下级直线主管除了接受上级的直线主管的领导外,还必须接上级各职能机构的领导和指示。职能制组织的基本结构形式,如图 5-2 所示。

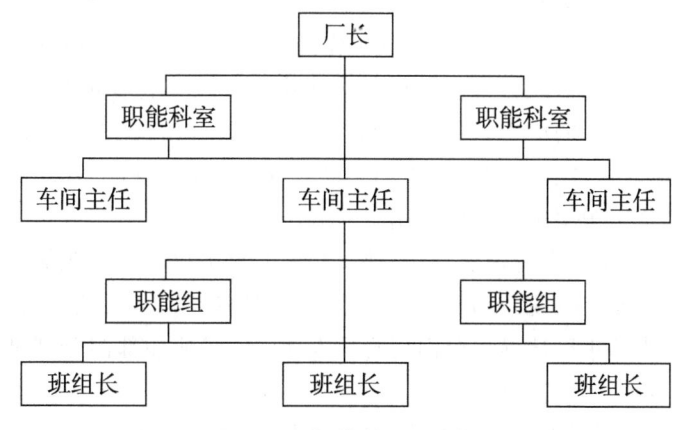

图 5-2 职能型组织结构

优点:将企业管理工作按职能分工,适应了现代企业生产技术比较复杂、管理工作分工较细的特点。便于组织内部的信息沟通顺畅。同时,提高了管理的专业化程度,减轻了各级领导人的工作负担。

缺点:容易形成多头领导,妨碍生产行政的统一指挥,不利于建立健全责任制,影响提高工作效率,造成管理混乱,故一般采用较少。

3. 直线职能制组织结构

20世纪法约尔在一家法国煤矿担任总经理时首创直线职能制。直线职能制是直线制和职能型组织结构的混合体,它以直线制为基础,在各级生产行政领导者之下设置相应的职能部门,分别从事专业管理。直线职能制吸取了直线制和职能型两者的优点,并克服其缺点,将按命令统一原则组织的指挥系统与按专业化分工原则组织的管理职能系统相结合,从而在保留直线制统一指挥优点的基础上,将职能制中的管理工作专业化引入该模式,发挥了各职能管理部门的参谋指导作用。

这种组织结构的特点是,作为该级领导者的参谋,实行主管统一指挥与职能部门参谋、指导相结合的组织结构形式。职能部门拟定的计划、方案,以及有关指令,统一由直线领导批准下达,职能部门无权下达命令或进行指挥,只起业务指导作用,各级行政领导人实行逐级负责,实行高度集权,如图5-3所示。

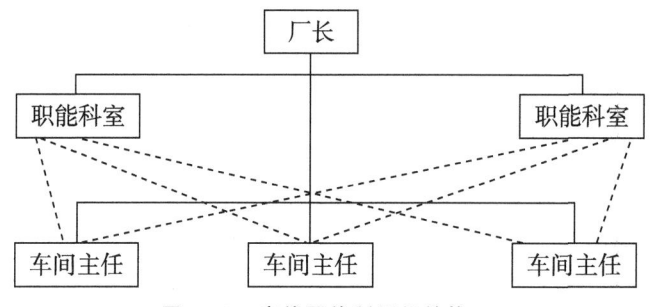

图5-3 直线职能制组织结构

优点:直线职能制既综合了直线制和职能型的优点,又在很大程度上克服了其缺点,因而是最为常见的组织结构形式。在保持直线制统一指挥优点的基础上,吸收了职能型发挥专业管理部门作用的长处,从而提高了管理工作的效率,为发挥生产行政指挥系统的作用提供了组织保证。这种组织形式作为一种以权力集中于高层为特征的组织结构模式,有利于职能内部规模经济和效率的取得,以及实现技能专业化和培养职能专家;同时,按职能划分部门,使组织内部职责清楚、秩序井然,组织系统稳定性较高,而管理权力的高度集中,又便于最高领导层对整个组织实施严格的控制。

缺点:①权力集中于最高管理层,下层缺乏必要的自主权。②各职能部门之间的横向联系较差,缺乏协调,容易产生脱节和矛盾。③信息传递路线较长,反馈较慢,适应环境变化的能力较差。④组织内部难以培养出全面型管理人才。⑤各职能部门分别隶属于不同的行政领导时,仍然存在多头领导的问题。

适用:这一结构适用于那些环境稳定,产品或服务较单一集中的中、小型企业。我国目前的许多组织,包括机关、学校、医院,尤其是许多中小型企业都采用这种组织结构。

第一节 组织职能

 动动脑

GE公司如何摆脱困境

在20世纪20年代,当时的通用汽车公司(GE)由于组织规模的扩大,导致了组织层次的不断增加。由于当时采取的还是职能制的组织结构方式,随着层次的不断增多,组织的效率变得越来越低,组织中的各种问题变得越来越多,从而导致通用汽车公司几乎濒临破产的地步。在当时,人们就考虑怎么来解决这个问题。传统的职能制无法维系这样一个巨大的机构,只好把下属的各个单位分成相对独立的一些子部门。在战略上,在对外关系上、在财务上等,由公司来统一管理,但是在具体的运营上则赋予下级单位以相当大的自主权,从而从组织战略上挽救了企业。

思考:你知道这种新的组织结构是什么吗?

4. 事业部制结构

事业部制结构也称"M型组织",20世纪20年代,美国通用汽车公司首创这一组织形式,当时通用公司的总裁斯隆率先采用,因而又称为"斯隆模式"。它是企业规模大型化、企业经营多样化、市场竞争激烈化的背景下,出现的一种分权式的组织形式。

事业部制的主要特点是"集中决策,分散经营",即在集权领导下实行分权管理。具体地说,把企业的生产经营活动,按照产品种类或地区划分,建立事业部。各事业部实行相对独立的经营,有独立的产品或市场,实行独立核算,每个事业部都是一个利润中心。公司最高管理机构负责重大方针政策的制定,掌握影响公司成败的重大问题的决策权,如财务控制、重要管理人员的任免、基建投资等。事业部的经理根据总公司的指示,统一领导其主管的事业部的工作。如宝洁公司按产品类别进行划分,麦当劳公司按地理区域进行划分,而许多大型商业银行则通常以顾客类型进行划分。按这些方式进行设计的结果,就形成了自我包容的半独立性分部,如图5-4所示。

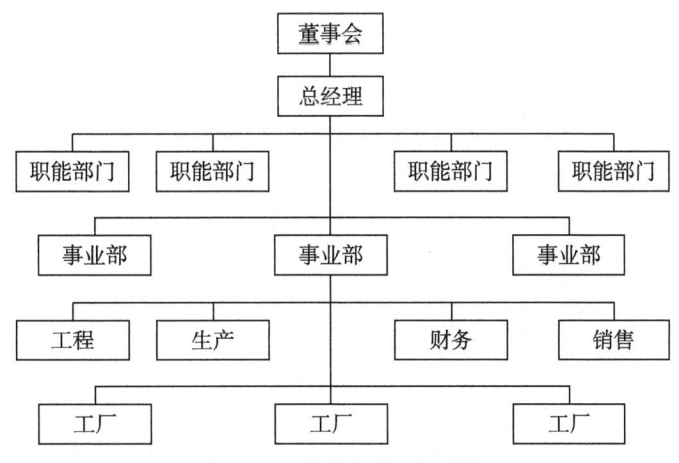

图5-4 事业部制组织结构

优点:事业部制结构符合企业内部分工和经营范围进一步扩大的要求,使集权和分权在新的条件下取得了较好的平衡。权力的下放,有利于高层领导将精力集中于重大决策;提高各事业部管理者的责任感、主动性和创造性,根据市场变化灵活地组织生产经营活动;增强组织的反应能力和适应性;有利于全面管理人才的培养,利于专业化生产,形成规模经济,提高生产效率,保证产品质量,降低产品成本。

缺点:①增加了管理层次,造成机构重叠,增加了管理人员和管理费用。②由于各事业部独立经营,各事业部之间人员互换困难,相互支援较差。③实行独立核算,容易使各事业部产生本位主义,从而很容易引发对总部共同资源的不良竞争,削弱组织整体实力。④各事业部经常从本部门出发,容易滋长不顾公司整体利益的本位主义和分散主义倾向。

适用:目前,事业部制已成为世界各大公司广泛采用的一种组织形式。它适合于企业规模较大,产品种类较多,各产品之间的工艺差别较大,而市场条件变化较快的大型企业。

5. 矩阵制组织结构

矩阵制组织结构是由纵横两套管理系统组成的矩形组织结构。一套是按指挥职能划分的垂直领导系统;另一套是按项目(产品或工程)划分的横向领导系统,两者组成一个矩形结构。具体地说,就是把按照职能划分的部门和按照产品或项目划分的专题小组结合起来,一般是为完成某项特别任务,或为开发新产品,或为完成某项工程,形成一个矩阵。项目小组是为完成一定的管理目标或某种临时性的任务而设置的,由具有不同专长技能,选自不同部门的人员组成。项目小组成员均由各职能部门派人参加,任务一旦完成,便回原单位执行别的任务,也就是说,项目小组都是暂时性组织。但在项目进行过程中,项目小组成员必须接受双重领导,既要受项目小组的领导,又要受职能部门的领导。因而形成纵横交错的矩阵结构。

矩阵制组织结构能够较好地理顺企业的信息流和物流,是组织中横向界面模糊化控制的开始。它能够同时满足企业产品创新和工艺创新两方面的要求,从而增强了组织对环境和市场的灵活性与适应性。与只有单一纵向等级链的传统组织形式不同,矩阵制组织结构由纵横两个管理系列交错而成,突破了"一人一个老板"的统一指挥原则,使组织中出现了双头乃至多头领导的职权关系。也正由于此,在矩阵制组织结构中容易产生矛盾和互相扯皮现象,从而降低了工作的效率。虽然矩阵制组织结构是一种较为新型、现代的组织模式,但其仍属于"金字塔"式的科层制组织范畴,如图5-5所示。

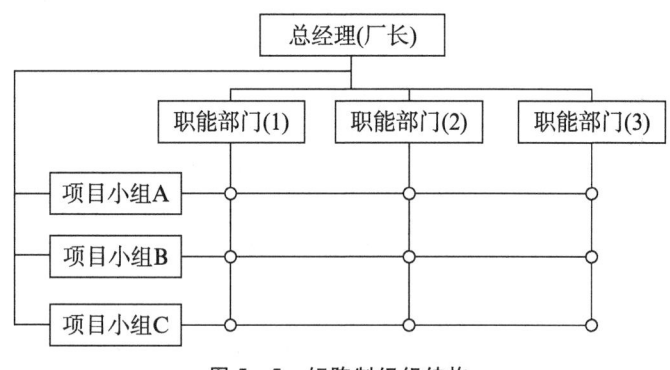

图5-5 矩阵制组织结构

优点:①将组织的纵向联系与横向联系很好地结合起来,有利于加强各职能部门之间的协作与配合,及时沟通情况,解决问题。②它具有较强的机动性,能根据特定需要和环境活动的变化,保持高度的适应性。③把不同部门具有不同专长的专业人员组织在一起,有利于互相启发,集思广益,攻克各种复杂的技术难题,更加圆满地完成工作任务。它在发挥人的才能方面具有很大的灵活性。

缺点:①在资源管理方面存在复杂性。②稳定性差。由于小组成员是由各职能部门临时抽调的,任务完成以后,还要回到原职能部门工作,容易使小组成员产生临时观点,不安心工作,从而对工作产生一定影响。③权责不清。由于每个小组成员都要接受两个或两个以上的上级领导,潜伏着职权关系的混乱与冲突,造成管理混乱,从而使组织工作过程容易丧失效率性。

适用:矩阵制组织适合在需要对环境变化做出迅速而一致反应的企业中采用。如咨询公司和广告代理商就经常采用矩阵组织设计,以确保每个项目按计划要求准时完成。

上述介绍了一些常用的组织结构形式,除此之外还有直线参谋制、直线职能参谋制、超事业部制、学习型组织结构、团队型组织结构、网络型组织结构等组织结构形式。应当指出,组织结构和组织设计是为实现组织战略和目标服务的,因此组织战略的不同,环境的变化,必将使组织结构发生相应的调整。选择合理的组织结构形式必须从企业的实际出发,考虑企业的生产性质、规模大小、产品种类、生产流程以及市场环境等诸多因素。不同的企业需要不同的组织形式,即使同一企业,在其发展的不同时期,也要依据内、外条件的变化,采用不同的组织形式,切不可生搬硬套。

第二节 管 理 沟 通

一、沟通及管理沟通的基本内涵

(一) 沟通的概念

"沟通",源于拉丁文"communis",意义为"共同化",英文表示为"communication"。《美国传统双解词典》对"communication"的解释为"交流、交换思想、消息或信息,如经由说话、信号、书写或行为";《新编汉语词典》对"沟通"的解释为"使两方能连通"。

沟通作为管理者的基本技能,一直是诸多管理学者研究的重要课题之一。美国管理学家斯蒂芬·罗宾斯认为,沟通是"意义的传递与理解"。他指出,完美的沟通,如果其存在的话,应是经过传递之后被接收者感知到的信息与发送者发出的信息完全一致。纽曼和萨默把沟通解释为在两个或更多的人之间进行的事实、思想、意见和情感等方面的交流。美国主管人员训练协会将沟通界定为:它是人们进行的思想交流,以此取得彼此的了解、信任及良好的人际关系。著名管理心理学家赫伯特·西蒙给信息沟通下的定义是:一位组织成员向另一成员传递决策前提信息的过程,沟通对管理人员来说非常重要。著名成功学家戴尔·卡耐基认为,沟通是人类行为的基础,涉及各式各样的活动:劝说、演讲、教授以及谈判等。

尽管上述几种解释不尽相同,但把它们结合起来理解的话,则可以从中归纳出沟通的五个基本特征:①沟通必然涉及至少两个以上的主体。孤单单的一个人是不需要也不可能形成沟通的,也就是说,只有涉及与他人接触时,才可能有沟通存在的可能性。②在沟通的主体之间,一般应该存在沟通主体与沟通客体(也可称为沟通对象)之分。也就是说,要完成这个沟通,应该明白哪一方是主动的,哪一方是被动的。③沟通过程中一定存在沟通标的,如信息等,这个标的是一个沟通过程所必须要完成的主要任务的载体。④沟通是为了改善现有的绩效水平,取得更高水平的目标。如果一个沟通过程完成后,对现状的改进没有任何贡献,则这个沟通就没有存在的必要。这个特征其实表明了沟通的基本动机。⑤沟通需要正确的方式和途径选择。不管是交流也好,分享也罢,对不同的沟通对象而言,其相应的方式应该是有所差别的。

综上所述,本文将沟通定义如下:

沟通是指信息、思想与情感凭借一定符号载体,在个人或群体间从发送者到接收者进行传递,并获取理解达成协议的过程。

沟通是一种通过传递观点、事实、思想、感受和价值观而与他人相接触的途径。沟通是一种社会交互过程,信息在人与人之间的传递是沟通。这一活动在管理的全过程中,是不可或缺的。沟通是管理的基础,任何组织的任何管理工作都离不开沟通。计划、组织、领导、决策、监督、协调等管理职能,都需要以有效的沟通作为前提。全球化进程的深入,社会从产品经济时代进入服务经济时代,互联网等新技术的发展,现代组织中的信息沟通比以往任何一个时期都更加重要,而且沟通在方式、渠道、内容、频率等各个方面都发生了重要变化。现代信息社会,组织管理的本质和核心是沟通。许多企业由于沟通的不足和失误,有限的人力资源和其他资源无法实现最佳配置,严重影响企业正常运行和发展前景。为了有效避免沟通误区,应从以下五个方面理解沟通。

1. 沟通首先是意义上的传递

沟通是人们通过语言和非语言方式传递并理解信息、知识的过程,是人们了解他人思想、情感、见解和价值观的一种双向互动过程。如果信息和想法没有被传递到,则意味着沟通没有发生。

2. 意义不仅需要被传递,还需要被理解

主体发出的沟通要素信息、思想与情感不仅要被传递到客体,还要被充分理解并达成协议,这个也是与日常所讲沟通的最大区别。沟通是意义上的传递和理解。有效的沟通,应该是信息经过传递后,接收者感知到的信息应与发送者发出的信息完全一致。如果沟通的过程达不到理解并接受的程度,那么只能称为日常的通知而已。

3. 在沟通过程中,传递于沟通者之间的,只是一些符号,而不是信息本身

信息并不能像有形物品一样由发送者传送给接收者,信息的传递需要借助其他载体符号。语言、文字、身体动作、表情等都是一种符号。发送者把传递的信息"翻译"成符号,而接收者则进行相反的"翻译过程"。由于每个人"信息—符号储存系统"各不相同,对同一符号常存在着不同的理解。

4. 良好的沟通常被错误地理解为沟通双方达成的协议,而不是准确理解信息的意义

沟通双方能否达成一致协议,别人是否接受自己的观点,往往并不是沟通良好与否这一个因素决定的,它还涉及双方根本利益是否一致,价值观念是否类同等其他关键因素。例如,在会议过程中如果双方存在着根本利益的冲突,即使沟通过程中不存在任何噪声干扰,双方沟通技巧十分娴熟,往往也不能达成一致协议,但沟通双方都已充分理解了对方的观点和意见。

5. 沟通的信息包罗万象

信息沟通可以以语言、文字或其他形式为媒介,沟通的内容除了信息传递外,也包括情感、思想和观点的交流。如果信息接收者对信息类型理解与发送者不一致,有可能导致沟通障碍和信息失真。在许多引起误解的问题中,其核心都在于接收人对信息到底是意见观点的叙述还是事实的叙述混淆不清。

理解沟通内涵时,需要强调,真正的沟通首先是一种态度,其次才是方法和技能。态度占沟通成败60%,技术和口才只占40%。同一件事,与不同的人沟通最终会得到不一样的结果,同样的沟通,语言方式不同结果也不同。为什么?因为态度不同。沟通态度包括眼神、表情、口气、手势、坐姿、站姿、呼吸方法等,都会在沟通中不自主地向对方传达你的认同或反对的信息。"不食嗟来之食",一个人明明是在乞食,但碰到口气不好的施舍者,他宁愿顾全自尊也不接受他的食物。沟通也是一样,你若用高姿态或强势的口气,对方一样不能接受,态度不当是沟通的最大杀手,态度很重要,即使能力很好,口才很棒,不好的态度沟通一样会失败。真正有效的沟通必定是建立在双方友好态度之上,沟通的态度决定了沟通的结果。

动动脑

沟通是什么?

在很多老式电影中都有这样一个情节:一个男人和一个女人爱得发狂,却因某些极大的误解而一直未能走在一起,直到影片的最后才团圆。是什么因素导致了他们的分离?——沟通的缺乏。可怜的恋人完全理解错了对方的良好动机,才导致了曲折的爱情故事的发生。

在爱情中,一对恋人需要不断地沟通。而在生活中,沟通和交流同样是人们不可或缺的一部分。而对企业来说,沟通就意味着利润和财富,因为人们需要通过沟通来获得和传递各种信息。有效的沟通可以使组织运转得更有效率,从而带来竞争优势。从企业内部而言,团队合作是企业运作的主要模式,保证内部沟通交流顺畅是关键;从企业外部而言,为了实现企业之间的强强联合与优势互补,需要掌握谈判与合作等沟通技巧;从企业自身而言,为了更好地在现有政策下,实现企业的发展并服务于社会,需要处理好企业与政府、企业与公众、企业与媒体等各方面的关系。这些都离不开熟练掌握和应用沟通的原理和技巧。

思考:谈谈你对良好沟通的理解,并举例说明。

(二)管理沟通的概念及作用

沟通是一门艺术,更是一门学问。高明的沟通,是智慧的迸发,是情商的展现,更是心灵的贴近。有效的沟通方式,不是能言善辩,而是换位思考。站在对方的角度上看待问题,往往更容易获得别人的真心,让事情得到更好的解决。好的沟通也不是只有单向倾诉、侃侃而谈,当你给别人更多的机会去表达时,才能真正快速拉近两个人的距离。把握好说话的方式,换位思考、懂得倾听、学会沟通,才能达到事半功倍的效果。

1. 管理沟通的概念

管理沟通是指为实现组织目标而进行的组织内部和组织外部的知识、信息传递和交流活动。对于管理者而言,要时刻面对各种各样的沟通,沟通的对象包括了企业的众多利益相关者(或者称为干系人),外部包括了政府、企业所有者(股东)、融资银行、上游供应商、下游中介渠道商、广告商、媒体、社区团体、竞争对手与产品顾客;内部包括了上级管理者、同级管理者和下级的雇员等。对管理者来说,与员工进行内部沟通是至关重要的。因为管理者要做出决策就必须从下属那里得到相关的信息,而信息只能通过与下属之间的沟通才能获得;

同时，决策要得到实施，也要与员工进行沟通。再好的想法，再有创见的建议，再完善的计划，离开了与员工的沟通都是无法实现的空中楼阁。总之，从沟通角度来看，企业管理者就是一个不断调整自我角色的面对各种利益相关者的沟通者。所谓的利益相关者是指在企业发展过程中，对企业生产经营活动能够产生重大影响的团体或个人。

2. 管理沟通的作用

对管理学发展做出了巨大贡献的哈罗德·孔茨教授就指出了信息沟通在管理职能中的重要地位和作用，并指出了信息沟通的作用和职能。而著名管理学家明茨伯格在提出管理者的十大角色理论之后，也进一步指出，有效的沟通，无论是为处理危机，还是为服务于长期计划，都必须以听众的激励作为成功的开端。明茨伯格的管理者角色划分显示出了沟通在组织管理中的重要作用。

(1) 成为管理者个人能力的一种信号。沟通在管理中的作用首先表现在管理者的核心任务上，并且是衡量管理者个人能力的一项重要指标。弗雷德·卢森斯和他的副手对管理者展开研究。结果表明，无论是成功的管理者，还是有效的管理者，都要花费大约三分之一的时间开展沟通活动。尤其是对有效管理者而言，他们用于沟通的时间高达44%的比例。从个人角度来看，正如布朗奈尔所指出的那样，有效沟通的能力往往是决定个人能否得到提升的一个最关键的性格特征。沟通能力是一个内涵非常丰富的概念，它包括一系列广泛的活动技能。尽管每项活动的能力都很重要，但对大多数管理者来说，面对面、一对一的沟通对成功管理起着决定性的作用。有研究总结了一系列调查结果后认为，管理者的第一大问题可以归纳为一个词——沟通。管理者清醒的时候，至少80%的时间在进行语言沟通。但是，许多管理中的问题，往往产生于管理者与下属之间的沟通不畅。

(2) 沟通可以协调组织成员的行为。不同员工在个性、价值观和生活经历等方面存在差异，这些个体间的差异不可避免地会引发矛盾与冲突。借助管理沟通，员工能够学会尊重自己与他人，不仅清楚自身的需求和愿望，还能通过换位思考增进彼此理解，进而建立信任，营造融洽的工作关系。基于社会分工理论，组织成员需在各自岗位上，严格按照分工要求开展工作，以此保障团队协作的高效进行。这就如同机器要良好运转，所有零部件不仅要完好无损，还需相互配合默契。行为协调的前提是组织成员清晰知晓自己和他人的工作进展，明确应当如何合作，而这依赖于有效的人际沟通。通过沟通，组织成员能了解自身与他人工作的职能分配及其重要性，认识到工作与目标、标准之间的差距，从而调整自身行为，更好地实现协同合作。

(3) 有效的沟通能够提高组织绩效。管理者能通过采用新技术改进工艺流程，以及通过训练员工掌握新技术和技巧来提高工作效率。而良好的沟通对管理者学习新技术，在组织中实施新技术和训练员工运用新技术是必要的。有效的沟通也是提高质量的关键。管理者需要让组织的所有成员明白提高质量的意义和重要性，以及达到高质量的途径。为提高质量，下属需要与他们的主管就存在的问题与建议进行沟通，自我管理工作团队的成员们为提高质量需要互相交流思想和共享知识。卡梅隆在对一个正进行大规模调整的大型制造企业进行调研时，提出了两个问题：在组织调整实施过程中遇到的最大问题是什么？以往组织调整取得成功的最关键的因素是什么？他得到的答案皆是：沟通。所有受访人员都赞同多沟通优于少沟通，并认为与员工过多的沟通也还是利大于弊。可见，沟通对组织绩效有着至关重要的影响。

(4) 沟通使得组织内的管理更有效率。管理是通过别人完成任务的活动，它可以最大限度地消除信息的不对称，提高组织内部资源配置的效率。但在现实的组织中，僵化的结构和传统的行政机制,使组织处于低效率的运转。而要提高组织的管理效率,取决于两个基本条件:①与组织规模相关的组织层次的多少。②组织内部信息传递系统的运作效率。掌握低成本的沟通技巧,了解如何有效地传递信息能提高团队的办事效率,而积极地获得信息则能提高组织的竞争优势。好的沟通者可以一直保持注意力,随时抓住内容重点,找出所需要的重要信息。他们能更透彻地了解信息的内容,拥有最佳的工作效率,并节省时间与精力,获得更高的生产力。

正如哈罗德·孔茨教授指出的那样,组织需要一个有效的信息沟通体系来达到如下目标:①设置并宣传一个企业的目标。②制定实现目标的计划。③以最有效果和效率的方式来组织人力资源以及其他资源。④选择、培养、评估组织中心成员。⑤领导、指导和激励人们,并营造出一个人人想要做出贡献的环境。⑥控制目标的实现。他的思想可以用图5-6来做出形象的描述。

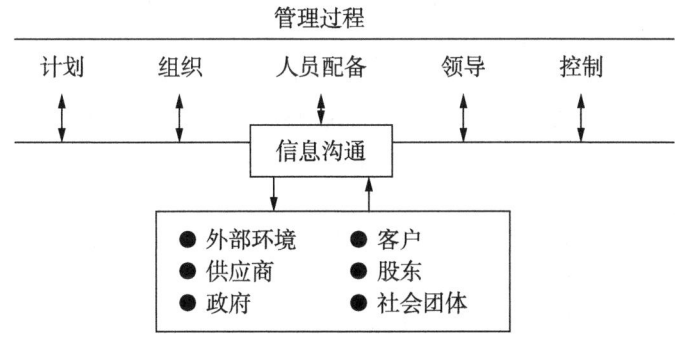

图5-6 信息沟通的目的和职能

(5) 有利于创造和维护组织文化。沟通是维系组织存在,保持和加强组织纽带,创造和维护组织文化,提高组织效率、效益,支持、促进组织不断进步发展的主要途径。管理沟通即组织沟通,是一种动态的、多渠道过程,它包括特定组织内部和外部的沟通。管理沟通是组织为了顺利地经营并取得经营成功,为求得长期的生存发展,营造良好的经营环境,通过各种商务活动,凭借一定的渠道,将有关组织经营的各种信息发送给组织内外既定对象(接收者),并寻求反馈以求得组织内外的相互理解、支持与合作的过程。管理沟通是不同个体或组织、在经营活动中围绕各种信息所进行的传播、交换、理解和说服工作。

(6) 有利于内外部联系的顺畅。如果我们把组织比喻成一个完整的有机体,管理沟通就是保持其良性循环的生命血液。构成该有机体的要素包括个体、角色、工作群体、组织和外部环境。换言之,处于组织这个系统中的个体,会扮演一个个特定的角色,然后,由这些扮演相同或不同角色的个体按工作需要组成一个个工作群体,多个工作群体就形成了组织。为实现组织目标,组织不仅需要集聚内部力量,还需要获得外部力量,因此组织必须与外部环境建立起一种互动、协调的关系。

二、沟通类型

(一) 正式沟通和非正式沟通

1. 正式沟通

正式沟通是指通过组织管理渠道进行的信息交流,传递和分享组织中的"官方"工作信息。它和组织的结构密切相关,具有内容集中、信息量大、概括性强、约束力强,易于保密等特点。主要包括按正式组织系统发布的命令、指示、文件,组织召开的正式会议,组织正式颁布的法令、规章、手册、简报、公告,组织内部上下级之间、同事之间因工作需要而进行的正式接触。正式沟通在很大程度上受到组织结构的影响,管理沟通的流程与正式沟通有密切的关系。沟通越正式,对内容的精准性和对听众定位的准确性要求就越高。但是正式沟通往往比较刻板缺乏灵活性,沟通速度较慢,层层传递之后存在着信息失真或扭曲的可能。

2. 非正式沟通

非正式沟通是以社会关系为基础,与组织内部的规章制度无关,它是在正式渠道之外进行的信息交流,传递和分享组织正式活动之外的"非官方"信息。非正式沟通具有迅速、交互性强、反馈直接、流动性强、方式灵活等特点,可以提供正式沟通难以获得的"内幕消息"。非正式沟通网络构成了组织中重要的消息通道。非正式组织由组织成员基于感情和动机的需求形成,其沟通渠道借助组织内的各种社会关系,这种社会关系超越部门、单位及层级限制。由于非正式沟通在管理活动中十分普遍,且人们真实的思想和动机往往在非正式沟通中更多地表露出来,大多数人相信通过非正式沟通获得的信息更可靠。不过,非正式沟通的缺点是沟通难以控制,传递信息不准确,容易失真,还有可能导致小集团、小圈子的滋生,影响组织的凝聚力和向心力。当正式沟通渠道受阻或出现问题时,非正式沟通会起到十分关键的作用。管理者应当善于利用非正式沟通,对其进行有效管理,注意防止和克服其负面影响。常见的非正式沟通有小道消息,"铁哥们儿网络"等。

(1) 小道消息。小道消息主要以熟人或朋友为基础,跨组织边界传播,具有时间快,范围广的特点。研究表明,小道消息沟通的主要问题在于信息源本身的准确性较低,而不是沟通方式的问题。戴维斯(Davis,1953)在一家中型皮件厂的经理群体中的研究发现,小道消息沟通存在四种基本模式:聚类式,概率式,流言式和单线式。聚类式沟通是指将小道消息有选择地传递给朋友或有关人员;概率式沟通以随机的方式传递信息;流言式是指有选择地将消息传播给某些人;单线式是指以串联方式将消息传播给最终接收者。戴维斯的研究结果表明,小道消息传播的最普遍形式是聚类式,传播小道消息的管理人员一般占10%。后来进行的验证研究也证实,在非正式沟通网络中,发送者数量并不多。

(2) "铁哥们儿网络"。"铁哥们儿网络"是指哥们儿、朋友形成非正式沟通网络,其信息传播较具感情色彩,"铁哥们儿网络"的关系联络的功能强于信息功能,范围也往往比较小。

 动动脑

工作群的沟通争议

因半夜在团队微信群里公开表态:上司建议不合理可以不改!上海某广告公司创意总监李先生被公司以"和上级公开争吵""未履行管理责任"为由,给予两次严重书面警告处分,最终遭开除……双方闹上法庭。

事件回顾:广告公司创意总监一个月内遭两次严重警告处分被开除。2022年5月,李先生入职某广告公司,担任创意总监,主要负责创意团队的成果产出和日常管理工作。

2022年11月9日凌晨2:57，李先生在团队微信群内@所有人并发送信息："我在这里重申一次我们团队的规矩，每个人都要对自己的作品负责，上司的想法和建议只是建议，觉得不合理的可以不改，别增加大家的无意义工作量！"

　　次日上午9:21，上司王先生在该微信群内对李先生的这番言论作出了回复："希望大家能够理智看待审核产出的问题，老板让我来，就是为了提升团队效率和作品质量，一些别有用心的人就会倚老卖老，大家都是为了工作，没有谁故意为难谁，我也很赞同扁平化管理，所以有任何建议都可以当面跟我沟通。"之后，两人未发生争吵。

　　2022年12月9日，公司认为李先生和上级在工作群内公开争吵，在不恰当的时间发布煽动性内容影响在职同事，给予李先生严重书面警告处分。

　　2022年12月26日，公司认为李先生作为创意总监，在下属犯错、被投诉及工作表现不达标时，没有主动及时履行管理职责，甚至在公司人事提醒后也没有作出任何管理动作，再次给予李先生严重书面警告处分。因累计两次严重书面警告处分，公司作出与李先生解除劳动合同的决定。

　　李先生认为，当时团队成员为改稿连日加班工作至凌晨，其在群内的发言只是正常的工作沟通并鼓舞团队士气，并未与王先生争吵。就下属被投诉事宜，其已私下与该下属沟通过，且客户的投诉不一定能归咎于创意团队，公司人事也从未与李先生及该下属当面讨论过该事件。公司是因丢掉项目，才以各种借口裁撤团队员工。随后，李先生认为公司行为属于违法解除劳动关系，将公司告上法庭。

　　思考：你认为李先生违纪吗？如果你是李先生你会如何沟通此事？

（二）单向沟通和双向沟通

1. 单向沟通

单向沟通是指在沟通过程中，信息发送者负责发送信息，信息接收者负责接收信息，信息在全过程中单向传递。单向沟通没有反馈，如作报告、发指示、下命令等。单向沟通中，一方只发送信息，另一方只接收信息，双方无论在语言上还是情感上都不需要信息反馈。这种沟通方式的优点是信息传递速度快，并易保持传出信息的权威性，但准确性较差，并且较难把握沟通的实际效果，有时还容易使接收者产生抗拒心理。当工作任务急需布置，工作性质简单，以及从事例行的工作时，多采用此种沟通方式。

2. 双向沟通

双向沟通是指信息发出者和接收者之间进行的双向信息传递与交流。在沟通中双方位置不断变换，沟通双方往往既是发送者又是接收者。双向沟通中的发送者以协商和讨论的姿态面对接收者，信息发出以后还需及时听取反馈意见，必要时双方可进行多次重复商谈，直到双方共同明确和满意为止。双向沟通的优点是，信息的传递有反馈，准确性较高。由于接收者有反馈意见的机会，使他有参与感，易保持良好的气氛和人际关系，有助于意见沟通和建立双方的感情。但是，由于信息的发送者有时需要接受信息接收者的质询、批评或挑剔，因而对其心理压力较大，要求也较高；同时，这种沟通方式比较费时，信息传递速度也较慢。

简言之，发送者和接收者之间的地位不变的为单向沟通，两者之间地位变换的是双向沟通。如图5-7所示。

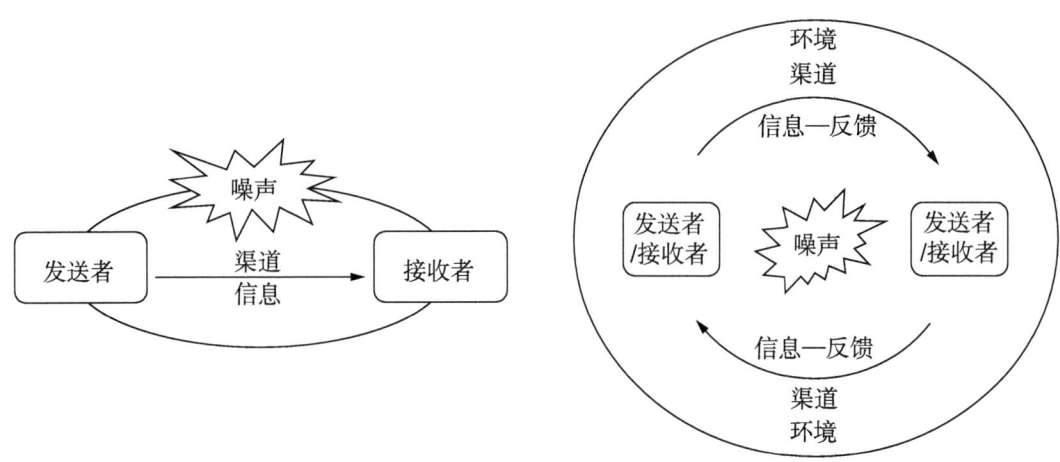

图 5-7 单向沟通(左)、双向沟通(右)

管理者应当学会在不同情景下合适地选择单向沟通与双向沟通。一个组织如果只重视工作沟通的效率与成员的秩序,宜用单向沟通;大家熟悉的例行公事、低层的命令传达,可用单向沟通;如果要求工作的准确性高、重视成员的人际关系,则宜采用双向沟通;处理陌生的新问题、上层组织的决策会议,双向沟通的效果较佳。从领导者角度出发,如果其经验不足,无法当机立断,或者不愿被下属指责,希望维护自身权威,则单向沟通对其更有利。

单向沟通与双向沟通的比较,如表 5-3 所示。

表 5-3 单向沟通与双向沟通的比较

比较对象	比 较 内 容
时间	双向沟通比单向沟通耗费更多的时间
信息准确度	双向沟通中,信息发送与接收的准确性大大提高
沟通者的自信度	双向沟通的接收者产生平等感和参与感,增加自信心和责任心,双方都比较相信自己对信息的理解
满意度	双向沟通的双方对沟通过的满意度一般更高
噪声	双向沟通中与主题无关的信息较易进入沟通过程,双向沟通的噪声比单向沟通要大得多

(三) 语言沟通和非语言沟通

1. 语言沟通

语言本身就蕴含力量,语言技巧是强有力的工具。语言能帮助人们获得他人的理解,使沟通得以实现。恰当的言语可能让我们逃离灾祸,不当的言语可能让我们陷入困境;敢于公开表达想法的人可能成为领导者。语言既能极大地鼓舞他人,也能对他人造成严重伤害。

语言沟通包括口头沟通和书面沟通。

(1) 口头沟通。口头沟通是指通过口头言语信息进行交流,是最常用的信息传递方式。它既可以是两人之间的娓娓而谈,也可以是群体的雄辩舌战;既可以是正式的磋商,也可以是非正式的聊天;既可以是有备而来,也可以是即兴发挥。口头沟通比较灵活,速度快,可以双向交流,及时反馈,信息比较综合,并且容易传递带有情感色彩或态度性的信息。在这种方式下,信息可以在短时间内进行传送,并在短时间内得到对方的回复。如果接收者对信息不确定,迅速的反馈可以使发送者及时检查其中不够明确的地方,从而及早地发现错误,使信息准确传递。因而,口头语言在企业管理中具有很强的有效性。通过面对面的沟通,管理者可以和员工坦诚、开放地交流,增强员工对组织的认同感。面对面的沟通,能减少误解的发生,提高沟通效果。尽管有及时性的优势,但口头沟通失真的潜在可能性较大,易出现"过滤"或"夸大"的问题。当信息经过多人口头传送时,参与的人越多,信息失真的潜在可能性就越大。如果组织中的重要决策通过口头方式在权力金字塔上下传递,则信息失真的可能性就会很大。

(2) 书面沟通。书面沟通是指借助于书面文字材料实现的信息传递和交流,包括信函、各种出版物、传真、平面广告、浏览网页、电子邮件、即时通信、备忘录、报告和报表等任何传递书面文字或符号的手段。书面沟通比较正式,具有永久记录性,可以重复使用和阅读,因为它有形而且可以核实。对于复杂或长期的沟通来说,这一点尤为重要。书面沟通虽然可以修正内容,是一种准确性较高的沟通方式,但是信息一旦传递出去,是很难修改和澄清的,因此要求沟通者在沟通之前必须做好精心的准备,并对可能出现的后果保持高度的敏感性。

相对于口头沟通而言,书面沟通耗费时间较长。同等时间的交流,口头沟通比书面沟通所传达的信息要多得多。事实上,花费 1 个小时写出的东西只需要 15 分钟左右就能说完。书面沟通的另一个主要缺点是不能及时提供信息反馈。口头沟通能使接收者对其所听到的东西及时提出自己的看法,而书面沟通缺乏这种内在的反馈机制。其结果是无法确保所发出的信息都能被接收到,即使接收到,也无法确保接收者对信息的解释正好是发送者的本意。发送者往往要花费较长的时间来了解信息是否已被接收并被准确地理解。

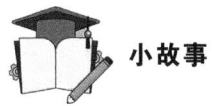
小故事

林克莱特与小朋友的对话

美国知名主持人林克莱特在一次访问中,遇到了一位小朋友。他好奇地问小朋友:"你长大后想要当什么呀?"小朋友天真地回答:"嗯……我要当飞机的驾驶员!"林克莱特接着问:"如果有一天,你的飞机飞到太平洋上空,所有引擎都熄火了,你会怎么办?"小朋友想了想,说:"我会先告诉坐在飞机上的人绑好安全带,然后我挂上我的降落伞跳出去。"

现场的观众听到这里,纷纷笑出了声。然而,林克莱特并没有立即发表自己的看法,而是继续注视着小朋友,想看他接下来会怎么说。小朋友的两行热泪突然夺眶而出,林克莱特这才意识到,事情可能并不像他想象的那样简单。他温柔地问小朋友:"为什么要这么做呢?"

小朋友擦了擦眼泪,认真地回答:"我要去拿燃料,我还要回来!"

(资料来源:[美]莎丽·哈莉.高效沟通的艺术[M].北京:中国科学技术出版社,2023.)

2. 非语言沟通

非语言沟通是指运用语言以外的非语言符号系统进行信息沟通,包含:视-动符号系统,通过手势、表情动作、体态变化等非语言交往手段传达信息;目光接触系统,借助眼神、眼色传达信息;辅助语言系统,涉及说话的语气、音调、音质、音量、快慢、节奏等;空间运用系统,利用身体距离传递信息。

根据美国加州大学洛杉矶分校(UCLA)研究者发现,在面谈中,信息的55%来自身体语言,38%来自语调,而仅有7%来自真正的语言。在影响他人时,自身也不断地从外界接收信息,接收信息的渠道有:眼神83%、听觉11%、味觉1%、嗅觉3.5%、触觉1.5%,视觉是接收信息最多的渠道。可见表达能力绝不只是你的"口才",非语言表达方式和语言同样重要,有时作用甚至更加明显。

彼得·德鲁克曾提出,人无法仅凭一句话实现有效沟通,而是要调动整个人来进行表达。非语言沟通在人际交往中至关重要,人们往往能通过它,更直观、形象地感知他人,形成关键的"第一印象",进而判断对方的为人、做事能力,洞察其自信与热情程度。常言有道,"耳朵听不见为失聪,眼睛看不见为失明",所谓"聪明",即耳聪目明。聪明人不仅能捕捉到他人忽视的细节,还能听出话语背后的深意。在沟通场景中,人们相对容易控制言辞,却很难自如掌控身体语言。不经意间,身体语言会将内心想法毫无保留地暴露出来,这也进一步凸显了非语言沟通的重要性。

在现实生活中存在大量的非语言沟通,例如一个眼神、一个细小的动作、一个简单的身体姿态、一件衣服、一个特别的位置、一个物体等,都代表了特定的沟通含义。非语言沟通中最为常用的是身体语言和语调,包括人的仪表、举止、语气、声调和表情等。大学老师授课时,无需言语,通过观察便能洞悉学生状态。当看到学生眼神无精打采,或是有人翻阅校报,老师就能意识到学生已心生厌倦。同样,当课堂上纸张沙沙作响,笔记本纷纷合上,这清晰地表明学生认为下课时间到了。此外,一个人办公室和办公桌的大小,以及其穿着打扮,都会向他人传递特定信息。

语言沟通与非语言沟通的比较,如表5-4所示。

表5-4 语言沟通与非语言沟通的比较

沟通方式		举例	优点	缺点
语言沟通	口头沟通	交谈、讲座、讨论会、电话	快速传递、快速反馈、信息量很大	传递中经过层次越多,信息失真越严重
	书面沟通	报告、备忘录、信件、内部期刊、布告	持久、有形、可以核实	效率低、缺乏反馈
非语言沟通		仪容、体态、语调、表情	信息意义明确,内涵丰富,含义隐含灵活	传递距离有限,界限模糊,只可意会不可言传

(四)上行沟通、下行沟通和平行沟通

按照沟通信息的传递方向分为上行沟通、下行沟通和平行沟通,上行沟通多用于向上传递信息,下行沟通多用于下达指示、指令或绩效反馈,而平行沟通则多用于协调工作与活动。

1. 上行沟通

上行沟通是指在组织中,信息从较低的层次流向较高的层次的一种沟通。也就是居下者向居上者陈述实情、表达意见,即人们通常所说的下情上达。在上行沟通中,"下"应是主体。积极的上行沟通可以提供员工参与管理的机会,减少员工因不能理解下达的信息而造成的失误,营造开放式氛围,提高企业的创新能力,缓解工作压力。许多机构还采取某些措施以鼓励上行沟通,例如,态度调查、征求意见座谈会、意见箱等。如果没有上行沟通,管理者就不可能了解职工的需求,也可能不知道自己下达的指示或命令正确与否,因此上行沟通十分重要。

2. 下行沟通

下行沟通与向上沟通正好相反,指在组织中,信息从较高的层次流向较低层次的一种沟通,也就是说居上者向居下者传达意见、发号施令等。这种自上而下的沟通能够协调组织内各层级之间的关系,增强各层级之间的联系,对下属具有督导、指挥、协调和帮助等作用,是传统组织中最主要的沟通流向。一般以命令方式传达上级组织或上级所决定的政策、计划、规划之类的信息。例如生产副总经理可能指示车间经理加紧制造一种新产品,车间经理向主管人做出详细指示,主管人以此为依据指示生产工人。下行沟通时,"上"应是主体。要想沟通顺畅,上司要适当降低自己的姿态,避免使下属产生畏惧、反感或不愿意沟通的心理。

3. 平行沟通

平行沟通,是指同层次、不同业务部门之间,以及同级人员之间开展的横向信息交流。这类沟通通常带有业务协调属性。平行沟通能够有效协调组织横向联系,打破部门间各自为政导致的低效率局面,是沟通体系不可或缺的组成部分。保障平行组织间沟通渠道的畅通,是减少部门冲突的关键举措。通过平行沟通,各部门和人员可以增进相互了解,加强协作团结,减少矛盾分歧,改善人际关系,进而提升组织整体的协同效率。

在多层次的正式沟通中,由于人们的价值取向和认知水平不同,在上行沟通和下行沟通中都会不同程度地出现由于"过滤""夸大""缩小"甚至"曲解"而带来的偏差。从组织基层向较高层次的直接上级交流信息的上行沟通一般少于下行沟通,大体为15%。而且往往会出现严重的失真或偏差。例如,下属常常觉得需要强调自己的成绩,对自身差错"大事化小,小事化了",或者是"报喜不报忧",形成避免传递坏消息的倾向。通常,正式沟通中的平行沟通比较随意和准确,在良好的组织文化条件下,可以作为上行和下行沟通的重要补充。

(五)自我沟通、人际沟通与群体沟通

按照沟通的对象和范围,可以分为自我沟通、人际沟通与群体沟通。这三种沟通根据反馈机会的多少、结构性、噪声的多少不同,其沟通渠道和环境的选择也往往不同。

1. 自我沟通

自我沟通也称内向沟通,是指信息发送者和信息接收者为同一个行为主体,自行发出信息,自行传递,自我接收和理解。自言自语是最明显、自觉的个人内部沟通过程。个人内部神经系统,是由信息传入和传出两个系统组成的,当一个人在做事或和别人交流之前时,就已经经历了复杂的自我沟通过程,自己对自己不断发出命令,自己再接受或拒绝命令。但人们往往难以意识到这种过程的存在,只有在必须对一句话或者一个动作反复斟酌时,人们才能清楚意识到它的存在。自我沟通是其他形式的人与人之间沟通的基础。

2. 人际沟通

从定义范畴来看,广义的人际沟通是指人与人之间发生的各种形式的交流互动;狭义的人际沟通是指两人之间的信息传递过程。人际沟通与人们的日常生活紧密相连,具有心理慰藉、社会交往和辅助决策的功能。

在心理层面,沟通满足了人们的社交需求,有助于维持良好的自我认知;在社会交往中,人们通过沟通建立并维护人际关系;而在决策场景下,沟通促进了信息共享,便于参与者相互影响,做出更优决策。在组织环境中,人际沟通同样发挥着重要作用。它有助于形成组织规范,协调成员间的关系,推动组织目标的实现,助力领导工作的开展,是组织高效运转的关键要素。

3. 群体沟通

群体沟通指的是组织中两个或两个以上相互作用、相互依赖的个体,为了达到基于其各自目的的群体特定目标而组成的集合体,并在此集合体中进行交流的过程。

群体是两个或两个以上的人,为了达到共同的目标,以一定的方式联系在一起进行活动的人群。群体有其自身的特点:成员有共同的目标;成员对群体有认同感和归属感;群体内有结构、有共同的价值观等。群体具有生产性功能和维持性功能。群体的价值和力量在于其成员思想和行为上的一致性,而这种一致性取决于群体规范的特殊性和标准化的程度。群体规范具有维持群体、评价和导向成员思想和行为以及限制成员思想和行为的功能。

群体沟通可以分为以下四种类型。

(1) 小群体沟通。小群体沟通是指具有某种特殊职能,3人以上、13人以下的群体,如班级、家庭、最高决策集团之间的沟通。小群体潜在的沟通网络结构有以下五种,如图5-8所示。

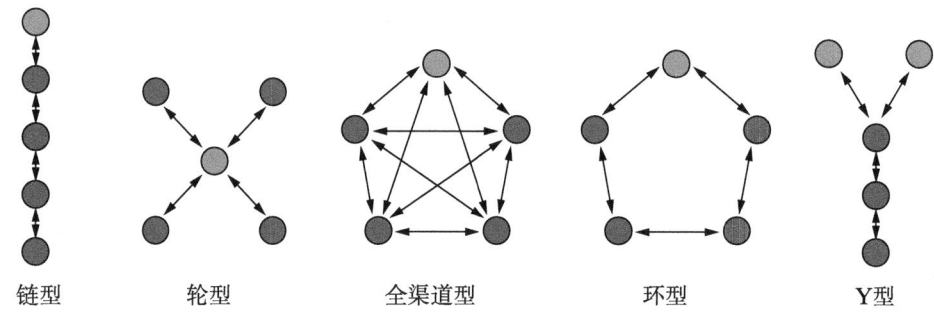

图5-8 小群体潜在的沟通网络结构

链型沟通属于控制型结构,在组织系统中相当于纵向沟通网络。网络中每个人处在不同的层次中,上下信息传递速度慢且容易失真,信息传递者所接收的信息差异大,平均满意程度有较大的差距。但由于结构严谨,链式沟通形式比较规范,在传统组织结构中应用较多。

轮型沟通又称主管中心控制型沟通。该网络图中,只有一名成员是信息的汇集发布中心,相当于一个主管领导直接管理几个部门的权威控制系统。这种沟通形式集中程度高,信息传递快,主管者具有权威性。但由于沟通渠道少,组织成员满意程度低,士气往往受到较大的影响。

全渠道型沟通网络中,每个成员之间都保持着一定的联系,这保证了群体成员之间的人际交往,有利于彼此之间关系的建立和维持,所以组织士气高昂,合作气氛浓厚。但这种网络模式解决问题的速度较慢,也不易于领导。

环型沟通网络允许相邻成员之间的交流,但不允许其他交流。它实际表示三个层次的交流结构,即在上下级之间的垂直交流,而水平交流则只能在最底层进行。在这个网络中,组织的集中程度和领导人的预测程度都较低,畅通渠道不多,但组织中的成员具有比较一致的满意度,组织士气高昂。

Y型沟通与链型沟通相比,高层管理人员增加了与参谋人员的联系,体现的是典型的直线-职能制权力关系。此网络集中程度高,解决问题的速度快,但沟通渠道很少,组织成员满意度低。Y型沟通是对链型沟通的重要发展。

(2) 公众沟通。公众沟通是指一个演讲者与许多听众之间的沟通,如记者招待会、公开演说、培训等。在公众沟通过程中,演讲者较之听众对于沟通具有更大的控制力量,但听众也并非只是简单地、被动地充当信息接收者,而是积极参与沟通过程,进行反馈。

(3) 大众沟通。大众沟通也称大众传播,是指一群人经由一定的大众传播工具(报纸、电台、电视、电影等)向社会大众传送信息的过程。大众沟通的传送者通常是较大的组织体,沟通的工具一般是最先进的科技结晶体,而接收者则是不知名的及不定量的大众群体。大众沟通以信息的传播为主导,对于信息接收者的反馈则通过预测将其考虑到信息传播的过程中。有时根据信息接收者对前一沟通过程的各种途径的信息反馈,修正后一信息的传播过程。社会心理学的研究认为,大众沟通一般有五个要素,即:传播者、传播工具、接收者、内容及效果。对上述各个沟通要素的研究,分别称为控制分析、媒介分析、接收者分析、内容分析及效果分析。

(4) 组织沟通。组织沟通是指社会组织内部发生的沟通,如公司、学校、政府机构等。组织沟通是组织管理中最为基础和核心的环节,它关系到组织目标的实现和组织文化的塑造。重视组织沟通、采取有效措施改善组织沟通是实现组织目标的关键。

三、沟通过程

(一) 沟通过程模型

沟通过程就是发送者将信息通过选定的渠道传递给接收者的过程,它离不开沟通主体(发送者)、沟通客体(接收者)、信息(包含中性信息、理性的思想与感性的情感)、信息沟通渠道、反馈、噪声与背景等基本沟通要素。一个完整的沟通过程是一个畅通的回路。前半部分是传播阶段,主要包括信息的传播、理解和共享等内容。后半部分则是反馈阶段,主要包括沟通各方达成共识并能形成行动。

在传播阶段,沟通的出发点是发送者(sender)。发送者在进行沟通之前,首先要形成一个意图,我们称为信息(message),它充斥着随后的整个沟通过程,也是发送者想与他人或群体共同分享的标的物。在发送前,发送者要把该信息转变为符号或语言,即进行编码(encoding)工作,然后通过沟通渠道(channel),即媒介物(如电话、信笺、面对面的交流等)将之传送给接收者(receiver)。接收者随后对收到的信息进行翻译和理解,这个过程称为解码(decoding),这样信息就由一个人传到了另一个人那里。需要指出的是,解码是个非常关键的过程,可以视为沟通的关键点。在言语沟通过程中,同样的词汇对于不同的人可能具有不同的含义,不同的非语言线索(如姿势、表情等)也会使信息的含义发生变化,而且,不同沟通媒体的信息携带能力和加工速度,都会对沟通质量产生影响。同时,反馈回路则起着矫正偏差,调节速度和提高效率的作用。沟通效果的最关键因素则是发送者和接收者的沟通能力和技巧。因此,只有准确的编码、解码,才能保证有效的沟通。

在反馈阶段中,第一阶段中的发送者和接收者恰好进行了换位,即原来的信息接收者成为发送者,他将需要传递的信息进行编码,然后通过选择好的渠道发送出去,而原发送者变成了接收者,他将对收到的信息进行重新的解码工作。信号必须确认原信息已经收到和理解,也可重述原信息以确保原信息被正确理解,或者请求更多的信息。这样的过程可能会发生多次,直到双方确保达到了共同的理解。具体过程如图5-9所示。

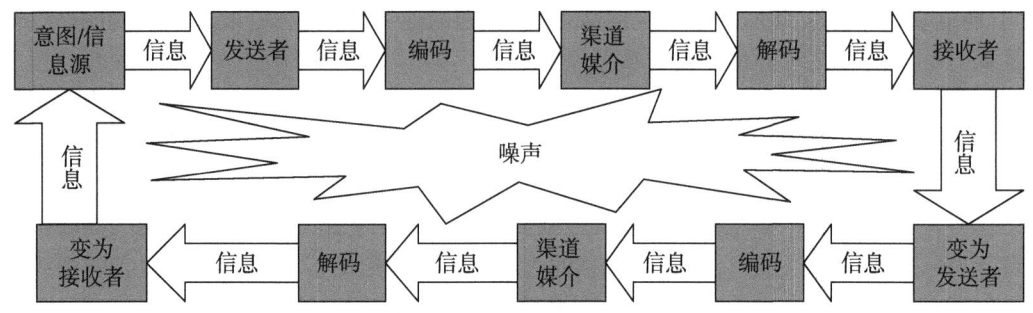

图 5-9 沟通过程模型

需要指出的是,在图 5-9 中,中间爆炸型的干扰项称为噪声(noise),它是指能够影响沟通过程的所有因素,无论它是内部的(如说话人或发送者的声音过低),还是外部的(如同事在临近的桌旁高声喧哗)。比如难以辨认的字迹、使用了模棱两可的符号、接收者的疏忽大意、通话过程中的嘈杂声干扰和生产现场中的设备带来的背景噪声等。综上,发送者把意图编码成信息,通过媒介物——渠道传送至接收者;接收者对接收到的信息加以解码,并对发送者作出相应的反应,成为反馈;在沟通过程中不可避免地会存在各种噪声干扰,导致沟通效果欠佳,同时由于每次沟通都处于一定的环境背景当中,不同的时空背景下,沟通效果也会大相径庭。

 动动脑

沟 通 演 示

沟通演示规则:
(1) 图形贴于写字板后;
(2) 人只能站在写字板后,不可以走出来,有 30 秒思考时间;
(3) 描述第 1 图时,台下同学只允许听,不许提问——单向沟通;
(4) 描述第 2 图时,同学可以发问——双向沟通;
(5) 每次描述完,统计自认为对的人数和实际对的人数。
思考:游戏说明的道理是什么? 对听者有哪些要求? 对说者的要求又有哪些?

(二) 沟通的过程要素

沟通的过程要素模型,如图 5-10 所示。

1. 信息发送者

信息发送者即信息源与沟通发起者,这是沟通的起点,如图 5-10 所示。信息来自发送者,信息是否可靠,沟通是否有效,与发送者的可信度密切相关。发送者是利用生理或机械手段向预定对象发送信息的一方。发送者可以是个人,也可以是组织。发送者的主要任务是信息的收集、加工及传播。由于人与人之间的信息交流是一种双向的互动过程,所以,发送者与接收者只是相对而言,这两种身份可能发生互换。在信息交流过程中,发送者的功能是产生、提供用于交流的信息,是沟通的初始者,处于主动地位。而接收者则被告知事实、观

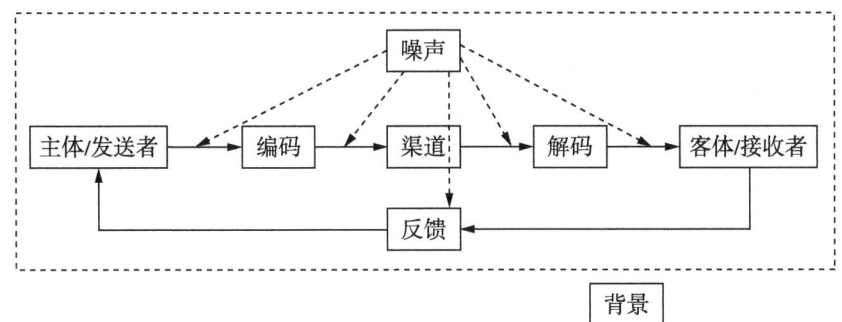

图 5-10 沟通的过程要素模型

点或被迫改变自己的立场、行为等,处于被动地位。发送者和接收者这种地位对比的特点对于信息交流有着重要影响。

2. 编码与解码

编码是发送者将信息的意义符号化,即组织信息,把信息、思想与情感等内容用相应的语言、文字、图形或其他非语言形式的符号表达出来。通常,信息发送者会根据沟通的实际需要选择合适的编码形式向接收者发出信息,以便其接受和理解。评价发送者的编码能力有三个标准:①认知,是指"对不对"的问题。②逻辑,是指"通不通"的问题。③修辞,是指"美不美"的问题。

解码则恰恰与之相反,是接收者在接收信息后,将符号化的信息还原成为思想,并理解其意义。解码就是接收者将获得的信号翻译成某种含义。沟通的目的就是希望接收者对发送者所发出的信息作出真实的反应及采取正确的行动。接收者的文化背景及主观意识对解码过程有显著的影响,这意味着信息发送者所表达的意思并不一定能使接收者完全理解。如果解码错误,信息将会被误解或曲解。完全理解只是一种理想状态,每个人都具有自己独特的个性视角,这些个体的差异必然会反映在编码和解码的过程中。只要沟通双方以诚相待、精诚合作,沟通就会接近理想状态。

完美的沟通,应该是通过编码和解码两个过程后,接收者形成的信息与发送者的意图完全吻合,就是信息发送者的信息1经过编码和解码两个过程后,形成的信息2与信息1完全吻合,即编码和解码完全"对称"。对称的前提条件是双方拥有相同或类似的背景、经验,以及相同或类似的代码系统,如果双方对信息内容缺乏共同背景、经验,或双方编、解码的代码系统不一致,则在解读信息与正确理解其内在意义的两个过程当中必然会出现误差和障碍,容易造成沟通失误或失败。因此,发送者在编码过程中必须充分考虑到接收者的经验背景,注重内容、符号对于接收者来说的可读性;而接收者在解码过程中也必须考虑到发送者的经验背景,这样才能更准确地把握发送者想要表达的真正意图,正确全面地理解收到信息的本来意义。

3. 渠道或媒介

渠道是信息的传递载体,由发送者选择的,借由传递信息的媒介物。口头语言可以通过面谈、演说、会议、电话、录音带、可视对话等多种渠道传递,而书面语言的载体又可以是信件、内部刊物、布告、文件、投影、电子邮件等。非语言符号通过人的眼神、表情、动作和空间距离等来进行人与人之间的信息交流。很显然,合理地选择沟通渠道,会有助于避免信息在沟通过程中的失真现象。在面试一份工作时,要学会利用丰富的非语言渠道传递信息:有力的握手、职业装、敬重的语气等。

不同的信息内容要求使用不同的渠道,信息发送者要根据信息的性质选择合适的传递渠道。如传达政府工作报告、员工绩效评估等正式、严肃和权威的事情,宜用书面形式。邀请朋友吃饭如果采取备忘录的形式就显得不伦不类。有时根据需要也可以使用两种或两种以上的沟通渠道。由于各种沟通渠道都有各自的特点和利弊,因此,选择沟通渠道时要因时因地因人制宜,根据具体情况来正确选择恰当的沟通渠道。在各种方式的沟通中,影响力最大的仍然是面对面的沟通方式,因为它可以最直接地发出及感受到彼此对信息的态度和情感。

4. 接收者

接收者是指信息达到的客体、信息受众。人们通过沟通分享信息、思想和感情,这种分享不是一种单向的过程,这个过程可逆向而行。在大多数情况下,发送者与接收者在同一时间既发送又接收。因此,接收者的主要任务是接收发信者的思想和情感,并及时地把自己的思想和情感反馈给对方。接收者在沟通过程中是比较关键的。信息经过渠道到达接收者后,首先经过解码,即接收者要将该信息"翻译"成自己的语言,并对之进行理解。如同对发送者的理解一样,接收者的解码水平同样要受到其技能、态度、知识和社会——文化系统的影响。另外,由于接收者是相对被动的,他可能还要受其当时的心理状况、细心程度和自然环境等因素的影响。

5. 反馈

反馈是指接收者把收到并理解了的信息再发送给发送者,以便发送者对接收者是否正确理解了信息进行核实。当接收者确认信息已收到,并对信息发送者作出反馈,表达自己对所获信息的理解时,沟通过程便形成了一个完整的闭合回路。反馈可以折射出沟通的效果,可以使信息发送者了解信息是否被接收和正确理解,可以让沟通的参与者知道思想和情感是否按照他们计划的方式分享。反馈使人与人之间的沟通成为双向互动的过程。为了检验信息沟通的效果,反馈是必不可少和至关重要的。完整无缺的沟通过程必定包括了信息的成功传送与反馈两个过程。没有反馈的沟通过程容易出现沟通失误或失败。通过反馈,才能真正使对方对沟通的过程和有效性加以正确的把握。在没有得到反馈以前,信息发送者无法确认信息是否已经得到有效的编码、传递、解码与理解。

反馈从本质上讲可分为两种:正反馈和负反馈。接收者可能在无意中运用反馈作为影响行为的方法。例如,听众对一位演讲者演讲内容的反应能在很大程度上影响演讲者的行为。如果演讲者听到喝彩声或看到点头示意,就会继续使用当时的沟通方式;反之,如果他得到的反应是嘘声、蹙眉、打呵欠或不专心,而他对这些行为又较为敏感的话,就会及时修正其沟通方式以符合听众的期望。这就是"在沟通过程中备受关注的是被接收和理解的信息,而非发出的信息"的原因。

需要注意的是,在沟通过程中,反馈可以是有意的,也可以是无意的,如演讲者在登台演讲时就存在一个与观众之间的沟通过程,此时观众可能以喝倒彩表示他们对演讲者的不满,也可以在听演讲时显得疲惫与精神不集中,这种无意间的神情与表情的流露,同样可以反馈出他们对演讲内容和方式不感兴趣。面对面交谈的参与者可以获得最大的反馈机会,而且交流中包含的人越少,反馈的机会越大。与信息的传递一样,反馈的发生有时是无意的。如不自觉地流露出的表情等方式,会给发送者返回许多启示。作为一个沟通主体,无论是发送者,还是接受者,都应该尽量控制自己的行为,使沟通中的信息传递和反馈行为处于自我意识的控制状态之下,以确保信息传递和反馈无错误或无多余信息。

6. 噪声

噪声是沟通过程中的干扰因素,是指理解信息和准确解释信息的障碍,可以说妨碍信息沟通的任何因素都是噪声。它存在于沟通过程的各个环节,并有可能造成信息损耗或失真。常见的噪声源来自以下八个方面:发送者的目的不明确、表达不清、渠道选择不当,接收者的选择性知觉、心理定势,发送者与接收者的思想差异、文化差异和忽视反馈。

根据噪声的来源,可以将噪声分为:内部噪声、外部噪声、语义噪声。

(1) 内部噪声来自沟通主体身上,比如注意力分散、存在某些信念和偏见等,态度、技能、知识和社会文化系统都会造成内部噪声。

(2) 外部噪声是指来源于环境的各种阻碍接受和理解信息的因素。常见的外部噪声是声音的骚扰,例如,和亲密的朋友推心置腹地交流时,周围突然有人大声喊叫。不过外部噪声不单指声音,还可能是光线、冷热等。教室的光线不好,会使学生不能看清黑板上的授课内容;在上课的时候,教室过分闷热同学们难以集中精力学习。还有一种是信息经过沟通渠道时出现信息的损失和破坏,例如用电话沟通时,电话线路不好;用电子邮件进行沟通时,电子邮件设置出现问题,对方无法按时收到自己的电子邮件。

(3) 语义噪声,是指沟通的信息符号系统差异所引发的沟通噪声。人们个体的差异往往会导致人们内在的信息符号代码系统不能完全一致,因此也就在客观上留有产生系统差异噪声的可能性。

在沟通过程中,噪声是一种干扰源,它可能有意或无意地交织,会影响编码或解码的正确性,并导致信息在传送与接收过程中变得模糊和失真,从而影响正常交流与沟通。噪声是妨碍信息沟通的因素,它贯穿整个沟通过程。因此,为了确保有效沟通,通常要有意识地避开或弱化噪声源,或者重复传递信息以增加信息强度。

7. 背景

背景是指发生沟通的情境,沟通总是在一定的背景中发生的。任何形式的沟通,都会受到各种环境因素的影响。同样的一次沟通在不同的时空背景下导致的沟通效果是不一样的,从某种意义上讲,沟通既是由沟通主体双方把握的,也是由背景环境共同控制的。正是因为沟通双方的背景是动态变化的,从而使得彼此之间的沟通效果也是动态变化的。

背景影响沟通的总体环境,可以是物质的环境,也可以是非物质环境。沟通的背景通常包括以下几个方面。

(1) 心理背景。心理背景是指内心的情绪和态度。它包括两方面的内容:①沟通者的心情和情绪。沟通者处于兴奋、激动状态时与处于悲伤、焦虑状态时的沟通意愿和行为是截然不同的,后者往往思维处于抑制和混乱的状态,沟通意愿不强烈,编码和解码的过程也会受到干扰。②沟通双方的关系。如果沟通双方彼此敌视或关系冷漠,其沟通常常由于存在偏见而出现误差,双方都较难理解对方的意思。

(2) 社会背景。社会背景是指沟通双方的社会角色及其相互关系。不同的社会角色,对应于不同的沟通期望和沟通模式。人们之间为了达成良好的沟通,在沟通时必须选择切合双方的沟通方法与模式。一般来讲,影响发送者可信度的重要因素有身份地位、良好意愿、专业知识、外表形象及共同价值。例如,通过强调自己的头衔、地位或将自己与某个地位更显赫的知名人士联系在一起,可以增强你的可信度;通过向听众表达良好意愿,并指出听众的利益所在,可以使听众对你产生信任与认同感;显示出自己的专业技术背景,或向听众叙述相关的经历,有助于你在听众中树立起专业或权威的形象;注重外表形象设计与展示,或借助认同你的听众的利益,或运用诙谐幽默的语言,吸引听众,有助于拉近沟通者的距离。应该指出,在沟通的初始阶段就应该注重与听众达成共识,将信息与共同的利益和价值观联系起来,这将大大增强听众对你的信任感,提高你的可信度,从而为有效沟通奠定基础。

(3) 文化背景。文化背景是指人们生活在一定的社会文化传统中所形成的价值取向、思维模式、心理结构的总和。文化背景影响着沟通的每一个环节。文化背景可以涵盖国家、地区、行业、企业、部门以及个体。沟通者长期的文化积淀,决定了沟通者较稳定的价值取向、思维模式和心理结构。具有不同文化背景的人在相互沟通时,文化背景的差异会对沟通产生显著的影响。比如,在西方国家,重视和强调个人,其沟通方式也是个体取向的,往往直言不讳,对于组织内部的协商,一般喜欢通过备忘录、布告等正式沟通渠道来表明观点和看法;而在中国等东方国家,人们之间的相互接触相当频繁,而且更多采用的是非正式沟通的方式。当不同文化在沟通中发生激烈碰撞或发生交融时,人们能深刻地感受到文化的威力,也会给他们之间的沟通造成或大或小的干扰和难度。

(4) 空间背景。空间背景是指沟通发生的场所。特定的空间背景往往造成特定的沟通气氛,在嘈杂的市场听到一则小道消息与接到一个特地告知你的电话,给你的感受也是截然不同的,前者显示出的是随意性,后者体现的是神秘性。环境中的声音、光线、布局等物理氛围会影响沟通效果,而且环境的选择与权力有一定关系,沟通双方对环境的熟悉程度也会影响沟通效果。

(5) 时间背景。时间背景是指沟通发生的时点。在不同的时间背景下,同样的沟通会产生截然不同的沟通效果。试想,一种情景是在某位公司职员刚与妻子吵架之后与其沟通工作绩效问题,另一种情景是在员工获得公司嘉奖之后与其沟通工作绩效问题,你觉得在哪种情况下沟通效果会比较好呢?当然是第二种。因此,选择合适的时间进行沟通是非常重要的。

四、管理沟通的技巧

(一) 因人制宜的沟通

从沟通的过程模型中可以看出,所有沟通过程中信息的发出、接收及情景的选择,都是通过沟通的主体来完成的。评价沟通效果的最终标准是接收信息一方的理解和接受程度,要使沟通更为有效,首先应该了解沟通的主体(信息发送方和信息接收方)。

 知识拓展

对 牛 弹 琴

《弘明集·牟子理惑论》记载:"公明仪为牛弹清角之操,伏食如故,非牛不闻,不合其耳矣。"

古代有个著名琴师公明仪,能弹得一手好琴。一天,他见牧童骑牛放牧,吹着竹笛,悠闲自在,便突发奇想:人们都说我弹琴到深处,听者都想翩翩起舞,我何不弹奏一首欢快的曲子,让牛给我跳舞呢?于是公明仪就认真地弹奏起来,弹得满头大汗,但牛只是低头吃草,无动于衷。公明仪很是沮丧,手按在琴上,无意间发出"哞哞"之声,那牛立即竖起耳朵,抬头望来。

此为"对牛弹琴"典故的由来。原成语意在讽刺沟通双方因认知差异导致信息无效传递,既批评说话者未顾及受众理解能力,也暗喻接收者因缺乏共鸣而难以领会深意。

1. 能力与沟通

能力的测试有很多种,著名的有卡特尔16种因素调查表,如表5-5所示。

表5-5 16种因素对应的测试的能力

因　素	能　力
乐群性	人际关系能力、沟通能力、团队合作能力
聪慧性	分析判断能力、应变能力
稳定性	承受压力能力
恃强性	执行力、领导力、决断力
兴奋性	分析判断能力、决断力、自控能力
有恒性	敬业及责任
敢为性	创新能力、计划组织能力、管理控制能力
敏感性	承受压力能力、应变力、自控能力
怀疑性	沟通能力、团队合作能力、人际关系能力
幻想性	创新能力、执行力
世故性	人际关系能力
忧虑性	承受压力能力、自控能力
实验性	创新能力、执行力
独立性	自控能力、决断力、执行力
自律性	自控能力
紧张性	自控能力、人际关系能力、承受压力能力

可见,能力本身就包含沟通能力。沟通能力是指一个人与他人有效地进行沟通信息的能力,包括外在技巧和内在动因。其中,恰如其分和沟通效益是人们判断沟通能力的基本尺度。恰如其分,是指沟通行为符合沟通情境和彼此相互关系的标准或期望;沟通效益是指沟通活动在功能上达到了预期的目标,或者满足了沟通者的需要。

2. 性格与沟通

与外向性格的人沟通时,要多给予对方说话的机会,辅之以适当的迎合,使其更加主动地表露自己,这样就能取得更好的效果。另外,在沟通方式方面要直接、挑重点,不要婆婆妈妈的,也不能太关注细节。相反,与内向的人沟通时,要注意营造亲密的气氛,并通过提问或针对性的反问来估计其看法。如果想真正了解他们的想法,不应过于急切、压迫,否则会给他们带来压力。另外,倾听,并愿意支持他们,和他们站在一起,才是取得他们信任最好的方法。

总之,根据每个人性格的不同,选择不同的沟通风格,把握人们个性的差异,是使沟通顺畅的重要条件。

3. 气质与沟通

气质是一系列典型而稳定的心理活动的动力特性,主要表现为心理过程的强度、速度以及心理活动的指向性。气质具有两方面的特点:①气质在很大程度上受先天和遗传因素的影响,具有相对稳定性。②气质受环境的影响可发生某些改变,气质的可变性可以从教育和社会中找到原因。

(1) 胆汁质的人与别人沟通时往往使对方觉得过于直接,很"冲",甚至会出现让人"下不来台"的情况。基于胆汁质的人易于冲动、认死理、易兴奋、精力充沛的特点,和胆汁质的人沟通时,陈述应尽量明确、简洁、干练,而又不能太过绝对。由于这种人做事比较果断,希望对方也能和他一样迅速,雷厉风行。如果你进行复杂的论证和推理或者说得"太死",即便你的观点非常正确,对方也会变得不耐烦或者跟你"抬起杠"来。

(2) 多血质类型的人说话很讲究"艺术",既不主动出击,也不唯唯诺诺,一般采取先听后讲的方法,对接收到的各种信息非常敏感。基于多血质的人活泼、好动、反应灵敏、心思敏感的这些特点,和这类人沟通的最好方法是"引蛇出洞"。这类人不喜欢太过主动、直接的表达,但如果有人能够提个头的话,他们反而很乐意跟随,既不张扬,也不落后。所以,要创造一个轻松愉快的气氛,采取"引蛇出洞"的方法与之沟通。因此,在与这种类型的人沟通时,最好选择私下场合,以私人的口吻进行交谈,这样才会取得良好的效果。另外,由于他们大多敏感,心地比较软,所以,适当的"动之以情"是达到沟通目的的一种好方法。

(3) 黏液质类型的人喜欢用事实说话,讲究逻辑,做事有分寸,所以,和他们沟通只要能够在一开始做到"以理服人",就能彻底"捕获他们的心"。和这类人沟通不需要很花哨的沟通技巧,但需要很详细、具体的沟通内容,他们不喜欢繁复的程式,但要求符合严密的逻辑,要有耐心,同时沟通中要尽量让对方产生反应,可以用反问或者设问等语句,让他们主动地参与到同你的对话中来。

(4) 抑郁质类型的人特别敏感且易害羞,特别是在面对"挑衅或攻击"时,更会令他们感到非常的不安。因此,和这类人沟通需要格外小心,因为他们敏感的心思往往令人意想不到。在和他们沟通之前,应做好完全的准备,不仅要对沟通内容的精确性进行准备,还要对沟通对象的特征及喜好加以了解,以便做到在沟通的时候有的放矢地说话,而不要得罪了对方后再去补救。另外,抑郁质类型的人一般比较多疑,不太容易相信别人,所以,取得他们的信任是与他们沟通的先决条件。

(二) 因地制宜的沟通

1. 沟通场合

沟通的地点常常被称为场合。场合在沟通中的重要性主要在于场合决定着人们对信息的解读方式。人们通常会根据经验形成一些思维定势或习惯,这些定势和习惯是人们快速解读信息的线索。大多数人都知道,同样的信息或词汇在不同场合的含义是不同的,因此,场合决定着人们如何理解信息的含义。

特定场所往往暗示着一定的身份和地位。例如,同样一场商务洽谈,如果事先安排在一家五星级饭店,则暗示着主办方对此事非常重视;如果是在公司的普通会客室进行,则可能被理解为接待方不够重视。很多擅长沟通的人往往选择某些特定的场合作为见面或谈话的地点,以显示自己的特殊背景或关系。例如,一些商业掮客往往选择政府机构内部附设的营业场所或附近的地点作为与委托人见面的地点,以暗示自己与政府机构的关系密切。

根据沟通的目的、对象的不同,沟通场所一般分三种:①自由场所,是指不论场地,以自由、随性的沟通为目的。②非正式场所,是指没有严格的场地限制,可以是办公场所,也可以是生活场所。③正式场所,一般为室内,没有他人打扰,封闭式进行。

当沟通主体处于激动状态和处于悲伤、焦虑状态或者双方存在敌意时,沟通就要选择相对较为安静的场所,以使双方恢复平静,具体可以是非正式场所;当沟通主体之间关系亲密时,则可以选择自由场所或者非正式的场所。正式场所的沟通一般为目的明确、针对性强的沟通,或者是相对生疏的沟通主体之间的沟通,如对周期性绩效评估或具体工作事件的沟通,更适合在比较正式的场合进行。另外,还要根据沟通主体的文化特征来选择合适的场所。当然,场所的选择也需要沟通主体的因地制宜,例如,对待新人入职第一天,领导可以在下班的路上聊一聊,或在餐厅等自由场所里边吃饭边沟通。当发现下属最近似乎情绪很不好,需要主动与下属进行沟通,领导可以从关心的角度与下属在休息区、下班的路上等非正式场所里去沟通。当领导需要与员工交流相对较为严肃的问题时,比如绩效表现或所犯错误等问题,可以在办公室、会议室等正式场所沟通。总之,我们要根据客观实际,做到具体问题具体分析。

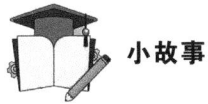
小故事

芈月的沟通智慧

在电视剧《芈月传》中,芈月作为一位杰出的女性政治家,展现了她高超的沟通智慧。在面对权臣樗里子时,芈月并没有选择在公众场合与其争辩,而是选择了一个下雪天的私下场合进行拜访。这个私下的沟通环境为两人建立了一种对等的关系,使得沟通能够顺利进行。

在沟通过程中,芈月指出了樗里子处事的优劣,公正客观地评价了他。这种在合适环境下进行的深入沟通,不仅让樗里子感受到了芈月的诚意和尊重,也让他更容易接受芈月的建议和意见。最终,两人的沟通达到了预期的效果,为秦国的政治稳定和发展奠定了基础。

沟通环境的选择:芈月明智地选择了一个私下的、安静的沟通环境,避免了在公众场合可能产生的尴尬和冲突。这种环境选择有助于建立一种对等和尊重的沟通氛围。

沟通效果:在合适的沟通环境下,芈月能够与樗里子进行深入的交流,表达自己的观点和建议。这种深入的沟通有助于增进彼此的理解和信任,达到更好的沟通效果。

2. 沟通距离

人际距离不仅是人际关系密切程度的一个标志,而且是可用来进行人际沟通的传达信息的载体。所谓人际距离是指人与人之间的空间距离。当人与人交往时处于不同的空间距离中,就会有不同的感觉从而产生出不同的反应,因为人际距离传递出了不同的信息,人们通过对空间、场所以及距离的利用,表达着自己的愿望。一般而言,空间场所首先代表了领地,而自己的领地边界往往代表着安全和隐私,也往往不能受外来人侵犯。其次,空间与距离是亲密程度的标志,可以通过观察人们在沟通交流时所保持的距离,来判断他们之间的亲密关系及沟通的正式与否。彼此关系融洽的朋友总是肩并肩或面对面地交谈。而彼此有敌意的人只能是背对背以示不相往来。恋人之间的亲密无间能表明二人关系发展到了一定的程度。

(1)亲密距离(0~0.5米)是人际互动中最私密的区间,适用于父母、伴侣或亲密友人等关系。在此距离内,人们可自然地频繁肢体接触——例如母亲怀抱、抚摸或亲吻婴儿,或与亲密者依偎交谈。该距离通常仅对能自由触碰彼此、分享私密信息的对象开放。

当非亲密关系者意外进入此范围(如拥挤的公交、地铁或电梯中),人们往往因边界被侵犯而产生不安。此时,多数人会通过避免目光接触、减少身体感知等方式,在无法改变物理距离的情况下,维持心理层面的个人空间边界,以此实现对亲密距离的间接保护。

(2) 个人距离。在人际距离范畴中,0.5~1.2米是日常非正式交谈的典型距离。这一区间适合朋友或熟人轻松交流,既保证亲密感,又维持适当边界。若距离超过1.2米,交谈易因私密性下降而受阻——对话内容更易被旁人捕捉,导致沟通双方产生暴露感,进而影响交流的流畅性与舒适度。

(3) 社交距离(1.2~3.7米),通常出现在彼此尚不熟悉的互动场景中。该距离适用于面试、社交聚会、正式访谈等非私人情境,意在保持恰当的社交边界,避免过度亲密。

在此距离下,互动往往更显正式。例如,重要人物常以较大的办公桌间隔来访者,确保双方维持社交距离;大型办公室中,工位的布局也遵循这一原则,既便于员工专注工作,也能减少电话沟通对他人的干扰。

值得注意的是,社交距离并非固定不变。当沟通需求转变时,人们可能主动调整距离。例如,两位相隔约3米办公桌的同事,若需私下交流,可能会走近至人际距离范围,以降低信息传递的公开性。

(4) 公共距离(3.7米以上)。常用于公众演讲等正式场合。在此距离下,沟通者需提高音量、增强手势幅度以确保信息传递,互动形式更趋正式,而双向交流的机会显著减少。

人际空间距离的选择随场景动态变化:公共距离适用于演讲者与听众间的单向信息传递;社会距离常见于商务谈判等非私人性社交;个人距离适合朋友间日常交流;亲密距离则仅限于家人、伴侣等亲密关系。

违反上述空间规则易引发不适感。依据接近性平衡理论,当物理距离被迫缩短(如电梯、公交等拥挤场景),个体往往通过减少目光接触、调整体态(如倾斜身体)或转移注意力(阅读、听音乐)等方式,在心理层面重建个人空间边界。

随着城市化进程加速与人口密度增加,公众场合下的个人空间持续压缩。研究表明,人们正通过适应性行为(如选择性忽视他人存在)缓解空间逼仄带来的压力,但长期处于过度拥挤环境仍可能对心理及社交行为产生潜在影响。

3. 沟通空间布置

空间设计的颜色影响着沟通者的心理和感情。颜色的设计要避免过度鲜艳的颜色,因为那样会刺激人的神经而使其精神亢奋,这样则不利于沟通。一般来说,清凉的颜色会使人镇静平和,比如淡绿色及淡蓝色会使人们在心平气和的状态下沟通交流。再者,临时堆放的东西,如果与沟通无关,往往都会分散沟通者的注意力,当然一些合适的艺术品则可能缓和沟通的紧张气氛。

总之,在条件允许的情况下,最好能够把沟通场所安排在一个与沟通性质及目的相协调的环境中,要注意舒适、幽静的原则,因为沟通场所合适的温度、充足的光线、整洁的环境能给沟通主体双方清新舒适的感觉,保持良好的会谈气氛,有助于意见交换,从而取得良好的沟通效果。

(三) 因事制宜的沟通

在沟通过程中,主题作为基本的背景和对象,是帮助沟通者理解和记忆沟通内容并作出反馈的主要依据。它是沟通活动紧密围绕的核心问题或话题。

语言作为思维的外壳,它是一定思想和意图的体现,围绕着主题而展开,如果你是一名推销员,那么你的目标就是影响顾客买你的产品,根据你对顾客的了解说服他,从而达到你的目标。

选择话题首先要寻找双方的共同点,这样你才能选择合适的话题,引起对方的兴趣。例如,对方是一个坚持科学真理的人,就不应该跟他聊非科学现象。寻找共同点要注意三个方面:如果是和陌生人谈话,开始时应选择较易获得赞同或是共通性较高的话题。这也是为什么天气常被人拿来当话题的缘故。同时对方的家乡,大家都熟悉的事件、新闻,也是共通性较高的话题。如安利公司的销售代表在与顾客接触时,选择的话题一般是健康、美、财富这种大家都感兴趣的话题。有了共通性,彼此间的冷漠就会渐渐地消退,变得亲密起来。要达到比较好的谈话效果,要尽量从对方的角度考虑,偏重对方所关心的事。如果谈话氛围不甚愉快,应立即转移话题,以求谈话氛围的暂时缓和,假如不予理睬的话只会增加彼此间的不快。寻找共同点是为了改变或促进说话氛围,达到说话的目的。

需要注意避免的话题是:对宗教、政治、政府政策的批评;对病人说"你的脸色真难看"之类的话;对学历感到自卑的人,提及与大学有关的话题;对单身人群问及结婚的事(特别是女性);诽谤他人;发牢骚,对工作待遇不满等。另外,有时由于交流过程中的不确定性和随意性,沟通过程随时可能转入细节或一个不相关的话题,确定明确的主题并保持主题意识,是实现高效沟通的重要途径。

(四)因时制宜的沟通

1. 沟通的时间

时间本身不具有语言的功能,不能传递信息,但是人们对时间的掌握和控制,却能用来表示一定的意思。在职业生活中,人们往往会以时间来传递某种信息和态度。例如,开会时的早到、迟到或中途退场,往往对会议召集者表示出自己对会议的态度。当然迟到本身也包含着不礼貌的信息。时间对沟通效果的影响非常复杂,是多方面的。

(1)作息规律存在差异。不同的人在作息规律上存在很大差异,在同一时间,不同沟通对象在情绪、体力、注意力等方面差异很大,如果时间选择不当就会影响沟通效果。

(2)具有不同的时间观念。不同的人具有不同时间观念。在很多沟通场合,当事各方并不一定能够准时在同一时间到达约定地点,有时还会出现迟到问题。在通常情况下,迟到会给另一方造成对方不尊重、不重视自己和心情烦躁的感觉,影响沟通的顺利进行。

但是,迟到可能有多种原因,如遗忘、临时变故、交通堵塞、时间安排不当等,并不一定都是出于轻视。即使是迟到相同的一段时间,由于不同的人具有不同的时间观念和生活、工作节奏,对此问题的理解和看法也会有不同。

(3)注意沟通效率。时间的长度对沟通效率也有很大的影响。一般来说,交谈、谈判的时间越长,人们的注意力越差,头脑反应越慢。有些时候,也有人利用拖延时间的战术来麻痹对方,在谈判中达到自己的目标。欧美国家的人士就经常抱怨与日本人进行谈判时对方总是不停地重复类似的内容,令人产生厌倦感,不堪重负而做出让步。

(4)注意把握沟通时段。不同的时间段会影响人们对信息的理解。例如,同事之间在工作时间所讲的内容往往被理解为正式的沟通,需要为此承担责任,而在休息时间或下班以后所讲的话常常被理解为非正式的私人沟通,不需要为此承担责任。

2. 沟通的时机

把握话题的时机有一定的规律可循。首先必须找到双方共同关心的问题,制造较好的氛围。然后,提出新见解,如果是人数较多的场合,如研讨会、学术报告会等,那么既可以谈一些共通性的看法,也可以谈点新见解,以吸引别人的注意。最后,掌握切入时机。切入话题不但要注意双方所关心的共同点,说出新见解,还要考虑在什么时候最好。例如,在讨论会上,要是先讲的话,可以在听众心中造成先入为主的印象,但因为时间过早,气氛还较沉闷,人们尚未适应而不愿随便开口,若是后说的话,可进行归纳整理,井井有条,或针对对方的漏洞,发表更为完善的意见,进行最有力的反驳,但因为时间太晚,人们都已感到疲倦,想尽快结束而不愿再拖延时间,也就不想再谈了。据此,人们经过研究指出:最好是在2~3个人说完之后及时切入话题,这样效果更佳。这时候的气氛已经活跃起来,不失时机地提出你的想法、建议,往往容易受到人们的关注,吸引他们参与交谈。

提出话题后还要控制好说话的时机。对说话的次数、频率及时间都要巧妙安排。例如,新领导上任时,存在一个员工怎样和新领导交往的问题。一般来说,新领导在最初一段时间内不应同个别人频频交谈,而应多了解情况,每个人都要接触。否则的话,很可能只与少数人关系较近,而无法与全体人员沟通。此外,要注意信息反馈。要根据收到的信息反馈,及时调整说话内容,采用相应的表达方式。有时候,别出心裁的方式也能起到较好的效果。说话往往是要考虑怎样将一个老生常谈的事情换种说法,令人耳目一新。即使大家都对这个话题很厌烦,只要你能别出心裁地说出来,那么效果自然不同。但是也要看场合,在庄重的场合慎用。

【案例讨论】

你的心思他永远不懂

星期五下午3:30,宏远公司经理办公室。经理助理李明正在起草公司上半年的营销业绩报告,这时公司销售部副主任王德全带着公司销售统计材料走进来。

"经理在不?"王德全问。

"经理开会去了,"李明起身让座,"请坐。"

"老李,最近忙吗?"王德全点燃一支烟,问道。

"忙,忙得团团转!现在正起草这份报告,今晚大概又要加夜班了。"李明指着桌上的文稿回答道。

"老李,我说你呀,应该学学太极拳。"王德全从口中吐出一个烟圈说道:"人过40,应该多多注意身体。"

李明闻到一股烟味,鼻翼微微翕动着,心里想:老王大概要等这支烟完了才会离开,可我还得赶紧写这份报告呢。

"最近我从报纸上看到一篇短文,说无绳跳动能治颈椎病。像我们这些长期坐办公室的人,多数都患有颈椎病。你知道什么是'无绳跳动'吗?"王德全自顾自地往下说,"其实很简单……"

李明心里有些烦,可是碍于情面不便说,他瞥了一眼墙壁上的挂钟,已经4点钟了,李明把座椅往身后挪了一下,站立起来伸了个懒腰说:"累死我了。"又过了一会,李明开始整理桌上的文稿。

"'无绳跳动'与'有绳跳动'十分相似",王德全抽着烟,继续自己的话题。

讨论:

(1) 李明的言谈举止说明了什么?

(2) 王德全在沟通中有哪些问题,原因是什么?

【实训项目】

管理沟通实训

项目背景

李楠是一个典型的北方姑娘,热情、直率,说话坦诚,有什么说什么,大学期间很受老师和同学的喜爱。今年大学毕业的她南下到深圳 A 企业求职并被人事部门录用。

目前 A 企业规模适中,发展速度较快,但李楠发现该公司岗位职责不明晰,员工招聘不规范,员工薪酬制定较随意,员工工作热情不高等问题。李楠的直接上级人力主管王鹏很忙,李楠一直想找他谈谈自己的想法,你认为李楠应如何与王鹏沟通?

方案1:直接到王鹏办公室汇报,将自己的看法说出来。

方案2:把自己的看法和建议写出来,交给王鹏。

方案3:等王鹏找自己谈话时,再说出自己的看法和建议。

方案4:……

实训目的

(1) 增强对沟通的认识。

(2) 培养沟通能力。

实训步骤

(1) 自由组合成小组,每组3～5人。

(2) 明确各自的角色:李楠、王鹏。

(3) 根据指导教师要求,利用头脑风暴法,写出现场沟通脚本,并进行角色扮演练习。

(4) 分组现场演示,同学交流,教师点评。

【同步测试】

一、单项选择题

1. 组织规模一定时,组织层次和管理宽度呈( )关系。
   A. 正比　　　　　B. 指数　　　　　C. 反比　　　　　D. 相关

2. 采用"集中政策,分散经营"的组织结构是( )。
   A. 直线型　　　　B. 职能型　　　　C. 事业部型　　　D. 矩阵型

3. 沟通模式告诉我们,沟通中的噪声( )。
   A. 发生在从渠道到反馈的过程中　　　B. 贯穿沟通的全过程
   C. 只发生在接收者译码时　　　　　　D. 发生在编码过程中

4. 在人际沟通过程中,当对方讲话时,你( )。
   A. 目不转睛地注视对方以示礼貌　　　B. 不能看着对方,那样不礼貌
   C. 应目光接触,但避免凝视　　　　　D. 看着自己的手机

5. 沟通的基本要素不包括( )。
   A. 信息发送者　　B. 编码与解码　　C. 会议与座谈　　D. 信息接收者

6. 空间设计的颜色影响着沟通者的心理和感情。颜色的设计要避免( ),因为那样会刺激人的神经而使其精神亢奋,不利于沟通。
   A. 红色　　　　　B. 绿色　　　　　C. 蓝色　　　　　D. 粉色

7. 人们相距不超过0.5米,可以有意识地、频繁地相互接触。这属于(　　)。
   A. 公共距离　　　　B. 亲密记录　　　　C. 个人距离　　　　D. 社会距离
8. (　　)指的是沟通的信息符号系统差异所引发的沟通噪声。
   A. 语义噪声　　　　B. 语音噪声　　　　C. 内部噪声　　　　D. 外部噪声
9. 如果演讲者听到喝彩声或看到点头示意,就会继续使用当时的沟通方式,这是(　　)。
   A. 正激励　　　　　B. 负激励　　　　　C. 正反馈　　　　　D. 负反馈
10. (　　)是最早使用也是最为简单的一种结构,是一种集权式的组织结构形式,又称军队式结构。
    A. 直线制　　　　　B. 职能制　　　　　C. 事业部制　　　　D. 矩阵制结构

二、判断题

1. 小批量生产的产品具有差异化的特点,常常根据顾客的要求进行设计和生产,对企业人员技术水平要求较高,技术权力要求分散,适于采用分权式组织形式。(　　)
2. 组织结构的具体模式有许多种,但其中最主要的是直线制和事业部制。(　　)
3. 职能制组织结构是"经营管理理论之父"法约尔首先提出来的。(　　)
4. 有效沟通就是让他人来认同我们的想法及目的。(　　)
5. 有效沟通就是彼此理解与认同。(　　)
6. 正式组织是由正式组织中的一些人,由于相同的爱好、习惯或相近的观点和思维走到了一起,形成一个小的团体。(　　)
7. 扁平式组织结构形态,信息沟通和传递速度比较快,信息失真度高。(　　)
8. 沟通的出发点是发送。发送者在进行沟通之前,首先要形成一个意图,我们称为媒介物,它充斥着随后的整个沟通过程,也是发送者想与他人或群体共同分享的标的物。(　　)
9. 直线职能制吸取了直线制和职能制两者的优点,并克服其缺点,将按命令统一原则组织的指挥系统与按专业化分工原则组织的管理职能系统相结合。(　　)
10. 多血质类型的人说话很讲究"艺术",既不主动出击,也不唯唯诺诺,一般采取先听后讲的方法,对接收到的各种信息非常敏感。(　　)

三、简答题

1. 常见组织结构的类型有哪些?
2. 如何破解组织变革中的阻力?
3. 如何在组织中进行有效的沟通?

第六章 领导与激励

【学习目标】

知识目标

1. 了解领导职能的内涵。
2. 掌握权力的形成机制与运用要领。
3. 掌握授权的原则及类型。
4. 熟悉激励的原则、作用及过程。
5. 了解激励的理论及艺术。

能力目标

1. 能够培养领导力与有效运用权力的能力。
2. 能够培养有效指挥的能力。
3. 能够培养激励他人的能力。
4. 能够培养人际交往与沟通的能力。

素养目标

1. 培养在不确定环境中的决策信心和领导力素养。
2. 培养团队合作精神和良好的人际关系。

【关键概念】

领导,领导理论,激励,激励理论。

【体系结构】

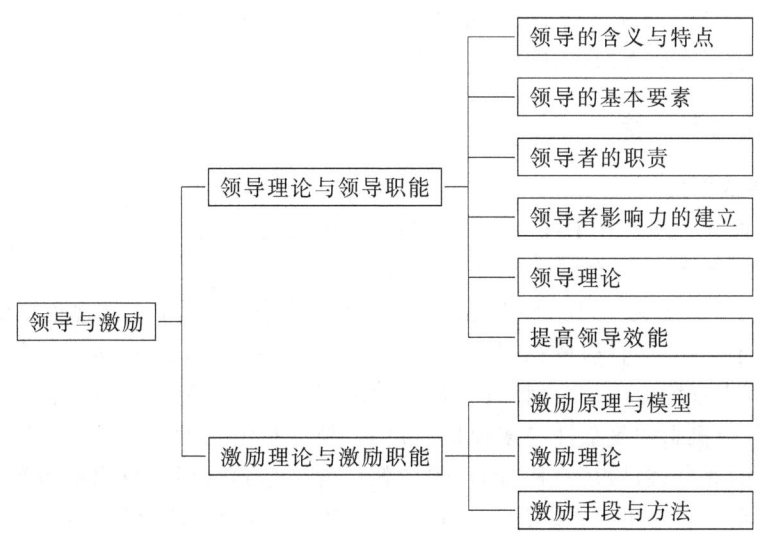

第六章 领导与激励

【案例导入】

姚成的领导方式

总经理提议姚成担任副厂长,主抓公司的节能降耗工作。姚成,男,48岁,中共党员,高级工程师,大学毕业后分配到炼钢厂工作,一直搞设备管理和节能技术工作,曾参与主持了几项较大的节能技术改造,成绩卓著。他工作勤勤恳恳,炼钢转炉的每次大修理都亲临督阵,有时半夜入厂抽查夜班工作的劳动纪律,白天花很多时间到生产现场巡视,看到有工人在工作时间闲聊或乱扔烟头,都是当面提出批评,事后通知违纪人员所在单位按规定扣发奖金。群众普遍反映,姚厂长一贯不苟言笑,没听过姚厂长和他们谈过工作以外的任何事情,更不用说和下属开玩笑了。他到相关科室谈工作,一进办公室大家的神情便都严肃起来,平时也都不愿意跟他接近。姚厂长对他特别在行的业务,有时甚至不事先征求相关主管的意见,直接找下属布置工作,总工程师对此也习以为常了。姚厂长手下几位很能干的"大将"却感觉自己没有发挥多大的作用。据他们私下说,在姚成手下工作,从来没受过什么激励,特别是当他们个人生活有困难需要厂里帮助时,姚成一般都不予过问。用工人的话说就是"缺少人情味"。久而久之,姚成手下的骨干们在工作中都没有什么积极性,只是推一推,动一动,维持现状而已。

思考:
(1)姚成是成功的领导者吗?为什么?
(2)根据所学的领导理论分析姚成的领导方式有什么缺点?

【知识积累】

第一节 领导理论与领导职能

领导是管理工作的一项重要职能。就像一个乐队不能没有指挥一样,任何社会、任何组织中,都离不开领导。大到一个国家,小到一个工商企业的兴衰成败,都跟领导水平的高低密切相关。人类社会的实践活动都离不开领导。

一、领导的含义与特点

(一)领导的含义

领导活动作为普遍存在于社会组织中的社会现象,其产生与人类社会的发展进程相伴相生。无论组织规模大小,领导角色均不可或缺。

领导的含义

关于"领导"的定义,学界尚未形成统一共识。不同学者基于多元视角提出见解。巴斯与斯托克蒂尔于1990年合著的《领导手册》(Handbook of Leadership)是领导力研究领域的经典著作,其中系统梳理了12种具有代表性的定义,涵盖特质论、行为论、情境论等研究维度,反映出领导概念的复杂性与多面性。例如,领导是组织的工作核心;领导是人的个人品质及其产生的效力;领导是一种行为;领导就是为了达到目标所发出的各种指示和命令;领导是一种与众不同的角色;领导是一种使他人服从的艺术;领导是一种许多要素的综合体,这些要素包括服从、自信心、尊敬和忠诚的合作等。

综合专家、学者对领导的理解,领导是指组织中特定的人在一定的环境条件下,为实现既定目标而对所属组织和所属成员进行引导和施加影响的行为过程。其中致力于这个过程的组织中特定的人就是领导人。

(1) 领导与领导人两个概念应清楚区分。领导作为一种管理职能是一种行为过程,而且在这个过程中,有许多相关的因素;领导人是一个起主导作用的因素,所属成员、组织环境等也是影响领导有效性的重要因素。

(2) 领导是一个完整的动态过程,它包括领导人、所属成员和组织环境这三个必不可少的因素。这三个要素之间不断发生着相互作用和相互影响。

(3) 领导的本质反映了一种人与人之间的关系。由于人们在组织中各自处于不同的地位,扮演不同的角色,因而也产生了一定的相互关系。领导人与所属成员是组织中人与人之间相互关系的一种形式。领导就是要通过这种特殊的关系激发每一个成员的积极性,从而努力实现群体或组织的目标。

(二) 领导的特点

1. 领导的系统性

领导者、被领导者和领导环境共同构成领导系统。在这个系统中,领导者就是处于组织、决策、指挥、协调和控制地位的个人或集体,他们处于主导的重要地位,往往决定着组织的命运;被领导者则按照领导的决策与意图,为实现组织目标,从事具体的活动;环境是指独立于领导者之外的客观存在,是对领导活动产生影响的各种因素的总和。领导者与被领导者构成了领导活动的主体,他们是实现组织预定目标的基本力量,二者是权威与服从的关系。同时,领导必须正确认识环境,适应环境,利用和改造环境,才能排除环境的干扰,实现自己预定的目标。

2. 领导活动的动态性

领导是一个动态的行为过程,领导活动过程中领导三要素构成了两对基本矛盾:领导者与被领导者之间的矛盾和领导主体与领导客体之间的矛盾。两对矛盾处于不断作用之中,从而推动领导目标的实现。领导这一社会活动过程,是领导者、被领导者、领导环境之间相互作用、相互影响的过程。因此,领导的效能表现为领导者与被领导者、领导环境之间的函数关系,具有动态性的特征,用公式表示如下:

$$领导效能 = f(领导者,被领导者,领导环境)$$

3. 领导的权威性

从领导过程与领导结果来看,权威性是领导活动的又一重要特性。领导活动的权威性既来自合法性的确认,又来自其人格等的凝聚性要素的内化力。合法性确定了领导在其展开的过程中必须建立在相应的地位等级、权力容量这一基础之上,另一方面,并不是所有依法取得权力的领导者都对被领导者具有足够的权威,领导活动的成功与否最终还要取决于人们对权威的接受。

4. 领导活动的超前性和战略性

从领导活动的有效性来看,领导决策的正确与否常常是关键。为保证领导决策的正确性,在复杂多变的现代社会,领导者的任务是引领,而不仅仅是控制和管理。因此他应当具有远见卓识,能够准确判断未来可能发生的变化、确定组织未来可能的发展方向,并根据这种预测及时做出战略决策与战略规划,预先对内部做出调整,以适应外部环境的变化。如果没有思想的超前性与决策的战略性,必然会导致决策的盲目与混乱,最终使组织陷于困难境地。

5. 领导的综合性

领导的综合性主要表现为两个方面:①领导内容的综合性。领导活动涉及决策、控制、组织、协调、用人、沟通等诸多方面复杂的过程,涉及的领域极为广泛。②领导者素质的综合性。由于领导内容的复杂综合性,决定了领导者必须具有全面综合的素质。我国提出的干部队伍革命化、知识化、年轻化和专业化的要求,体现了对领导者素质的高要求性。

(三) 领导与管理

领导不同于管理,二者既有联系又有区别。

管理是建立在合法的、有报酬的和强制性权力基础上的对下属命令的行为。下属必须遵循管理者的指示。在这个过程中,下属可能尽自己最大的努力去完成任务,也可以只尽一部分努力去完成工作。

领导可能是建立在合法的、有报酬的和强制性的权力基础上,但更多的是建立在个人影响权和专长权以及模范作用的基础上。因此,一个人可能既是管理者,也是领导者,但二者分离也是常见的。即一个人可能是领导者但并不是管理者,如非正式组织中最具影响力的人就是典型的例子。组织没有赋予他们职位和权力,他们也没有义务负责企业的计划和组织工作,但他们却能引导和激励、甚至命令自己的成员。所以,一个人可能是领导者,却不一定是管理者。

 动动脑

领导与管理的区别

领导与管理具有以下不同点。

(1) 职能不同:领导的主要任务是给组织指引前进方向,为组织确定奋斗的目标;管理的任务在于贯彻落实领导提出的路线、方针和政策,促进目标的实现,推动组织向既定的方向迈进。

(2) 着眼点不同:领导着眼于长远,更加注重宏观性问题;管理注重眼前,更加注重微观问题。

(3) 作用力不同:领导强调激励、授权和教练,通过发挥领导者的非权力性影响力去激发和调动下属的积极性与创造性;管理则强调指挥、控制和监督,通过发挥权力性影响力去规范下属的行为。

(4) 对象不同:领导侧重于"人"的工作,通过选人、用人、育人、留人,打造一支具有凝聚力、创造力和战斗力的团队;管理则侧重于"事"的工作,通过将企业各类事务标准化、制度化、规范化和程序化,建立稳定而连续的企业经营秩序。

(5) 结果不同:领导的结果是引起变革,通过剧烈的变革,形成非常积极的变革潜力。而管理的结果是在一定程度上实现预期计划、维持程序,使企业正常运转。

(6) 对组织的影响不同:领导力能催生变革和对变革的成功起着决定性的作用;管理则在组织既定目标的达成上起着重要作用。

思考:通过文献查询领导与管理还有什么区别?

二、领导的基本要素

（一）领导者

1. 领导者的含义

领导者是指在社会共同的生活中,经过选举、任命或从群众中涌现出来的能够指导和协调组织成员向着既定方向努力的、具有影响力的个人或集体。正确理解领导者的含义应把握以下几个方面：

(1) 领导者是一个组织正常运作和发展的发动者和推动者。

(2) 领导者通过计划、组织、指导和监督组织成员的活动,发展和维持组织成员之间的团结以及调动其工作积极性,使之成为一个有机的整体。

(3) 领导者之所以能够指导和协调其组织成员,真正起作用的不是因为领导者个人,而是因为他所具有的影响力。

2. 领导者的类型

按领导者的范围划分,有政治领导者、行政领导者、业务领导者和学术领导者；按领导者所在层次划分,有高层领导者、中层领导者和基层领导者；按领导者产生的方式划分,有正式领导者、非正式领导者；按领导效果划分,有成功的领导者和失败的领导者。

3. 领导者的权力

领导的权力是一种成文的职位权力,权力的行使及影响程度都受到固定规则的限制。但是领导的权力并不是千篇一律的,根据权力履行的功能、作用方式及组织性质,权力可分为以下几种类型：

(1) 强制权。强制权是指建立在规则或规范基础之上,对下属在精神或物质上施加威胁,强迫其服从的权力,它是维持组织运转普遍而有效的手段。

强制权是建立在惧怕惩罚的基础上,实质上是一种惩罚性权力。当下属意识到违背上级的指示会受到某种惩罚,如降薪、扣发奖金、分配不称心的工作,甚至免职等,就会被动地遵从其领导。但是当领导者对下属采用的强制性权力越大,强制性措施越严厉时,下属人员的不满和敌意也越强烈,这样容易造成相互关系的紧张,甚至发生冲突。

(2) 奖励权。奖励权是指领导依据规则,决定给予还是取消奖励、报酬的权力。这种权力是强制权的对应物,目的是鼓励某种行为方式,而不是限制。

奖励的范围包括增加工资和奖金、提升职务、予以表扬、分配理想的工作、改善工作条件等。奖励权建立在利益性遵从的基础上,当下属认识到服从领导者的意愿能带来更多的利益满足时,就会自觉地接受其领导,领导者也因此享有相应的权力。在组织中,领导者对奖酬的控制力越大,其对下属拥有的权力就越大。

(3) 法定权。法定权是指组织内各级领导职位所具有的正式权力。通常由组织按照一定的程序和形式赋予领导者。这种权力具体包括强制权、奖励权等诸多权力。

(4) 专长权。具有专长权的领导拥有某种专长或知识,人们因为信任、能够向他学习或者能够从这种专长中获得利益而遵从。如销售经理会给销售人员一些建议以做成某项交易。于是销售人员会改变他们的销售技巧,因为他相信经理的专长。另一方面,这位经理可能会在其他领域缺乏专长权,如财务,于是他的销售人员不会重视他关于财务问题的建议。

(5) 个人影响力。个人影响力是指个人的品质、魅力、资历、背景等相关的权力。根据其来源不同,又可细分为个人魅力权、背景权和感情权。个人魅力权是建立在对个人素质的认同及人格的赞赏基础上的,即领导者具有良好的品质和作风,受到下属的敬佩,进而使下属愿意接受其影响。领导者的个人魅力可以激起追随者的忠诚和热忱,因此这种权力具有巨大而神奇的影响力。背景权是指那些由于领导者辉煌的经历或特殊的人际关系背景、血缘关系而获得的权力。领导工作中应设法减轻这种权力所产生的负面影响。感情权是指领导者由于和被影响者感情融洽而获得的一种影响力。具有个人影响力的领导者拥有吸引别人的个性特点,人们因为羡慕、赞同、个人喜好或者期望像领导一样的愿望而服从。

4. 领导者产生的途径

领导者是人类社会发展的必然产物和必要组成部分。纵观人类历史,无论是低级的社会形态,还是高级的社会形态;无论是正式的组织,还是非正式的群体,都可以在其中找到领导者。领导者在社会或组织、群体中扮演着一个重要的角色,它协调统一所属成员间的各种关系,以达到某一特定的目的,其产生的途径主要有:

(1) 组织中领导机构的物色、考察和培养,是我国产生领导者的主要途径之一。领导机构的组成人员需要不断地进行更新,在特定时期,机构内部会提出调整、充实领导班子的需求。一旦确定新的领导班子组建方案,便会在组织成员中物色人选,初步选定某些成员或某个成员后,通过多种方式进行考察与筛选,对最终人选进一步培养,再适时推上领导岗位。

(2) 权威人士的发现、推荐。这在基层单位中是较为普遍的产生领导者的途径。这里的权威人士主要是指上层领导者或将要离任的所在组织的领导者,他只代表个人,而不代表组织中的领导机构。权威人士通过在日常工作中对有关成员的了解、熟悉,在领导人更换的时候,提出自己中意的人选,然后使用自己的权限或影响力来促使该人选实际走上领导岗位。

(3) 群众民主选举。这是民主化程度较高的组织、群体中常用的产生领导者的方法。民主选举可分为直接选举和间接选举、开放式选举和封闭式选举、差额选举和等额选举。一般在选举时,采用的方式兼而有之,以弥补单一方式可能带来的不足。

(4) 个人毛遂自荐。这是越来越被那些勇于开拓、冒险的成员所乐于采用的成为领导者的途径。组织或群体中的某些成员,在面临领导者更替的时刻,经过自己同周围其他成员的比较和对所在组织、群体的情况分析,认为自己适合在领导岗位上工作,因而提出的任职要求。

(5) 个人计谋得权。这是指个人为自身的利益,采用不正当的手段,当上了领导者。这种途径在一般情况下为舆论所指责,但它有时也确实带来积极的效果,如个人在目睹所在组织或群体处于瘫痪僵化状态时,顺乎民意,要求革新,从而通过非正常手段获得领导者的位置。

以上几种途径在实践中往往同时发生作用。

(二) 被领导者

被领导者是相对于领导者来说的,是指在社会共同活动中处于被领导地位的人员。被领导者是领导活动中的基本要素。

他们在领导活动中一身兼二职:对领导者来说,他们是客体;对群体目标来说,他们又与领导者共同构成了活动主体。离开了被领导者,领导者就无法实施领导活动。

被领导者并不是单纯意义上的被支配者。①被领导者与领导者的对应性存在,构成领导者具有实际意义与作用的条件。②领导者与被领导者从来不是天生的和一成不变的,二者的位置具有调整的可能性。③在实际的社会活动与组织生活中,我们经常会发现,一些被领导者,因为具有较高的才能与威信,事实上发挥着领导的作用,既接受领导者的领导,又参与领导活动,监督领导工作。

被领导者这种被领导的客体和主体的地位,要求他们必须做到:服从领导、支持领导、监督领导,乃至参与领导。被领导者对其所在组织或团体的关心程度,他们自身的素质和能力等条件,以及对本职工作的主动性和积极性等,对于提高领导活动成效,具有举足轻重的作用。

(三) 领导环境

领导环境是指领导者实施领导所面临的环境,是领导活动的基本要素之一。

领导环境可分为微观环境和宏观环境两种:①微观环境是指领导者所处的具体工作环境,诸如群体组织、人际关系、物质条件、人员素质等。②宏观环境是指领导者所处的自然状况、时代特征和社会环境,诸如地质地理、天文气象、政治、经济、文化、教育、科技、思想、道德、制度、传统、习俗等。任何领导活动总是同客观存在的物质世界乃至人们的精神世界发生各种各样的联系,并受其影响和制约。环境影响领导者和组织成员的情绪;影响领导方式和方法;影响领导职能的发挥;影响领导者的作风和素养。领导活动正常、高效地运行,离不开对环境的认识、适应、利用和改造。

领导环境具有自身的特点。领导环境具有特定场合的规定性、随社会变迁而产生变化的动态性、常量与变量交互作用的复杂性、主观与客观互动的交错性等特点。在对领导环境加以研究与改造的过程中,应当把握这些特点。

三、领导者的职责

(一) 指挥

在人们的集体活动中,需要有头脑、胸怀全局,能高瞻远瞩、运筹帷幄的领导者帮助人们认清所处的环境和形势,活动的目标和达到目标的途径。领导者只有站在群众的前面,用自己的行动带领人们为实现企业目标而努力,才能真正起到指挥的作用。

(二) 协调

在许多人协同工作的集体活动中,即使有了明确的目标,但每个人都承担着不同任务与职责,也因个人的才能、理解能力、工作态度、进取精神、性格、作风、地位等不同,加上外部各种因素的干扰,人们之间在思想上发生各种分歧、行动上出现偏离目标的情况是不可避免的。因此,这就需要领导者来协调人们之间的关系和活动,把大家团结起来,朝着共同的目标前进。

(三) 激励

在组织中,尽管大多数人都有积极工作的愿望和热情,但人们的这种愿望并不能自然地变成现实的行动,这种热情也未必能长久地保持下去。如果一个人学习、工作和生活遇到了困难、挫折,某种物质的或精神的需要得不到满足,就必然会影响其工作热情。在复杂的社会生活中,组织的每一个职工都有各自不同的经历和遭遇,怎样才能使每一个职工都保持旺盛的工作热情、最大限度地调动他们的工作积极性?这就需要有通情达理、关心群众的领导者来为他们排忧解难,激发和鼓舞他们的斗志,发掘和加强他们积极进取的动力。

(四)控制

领导要担负起组织目标实现的任务,要对组织的各项工作进行总体规划,因此,监督、控制就成为领导的重要职能之一。领导要建立合理的组织机构,要进行适当的人事安排,以保证组织中人力资源的有效运用;要制定完善的规章制度以保证组织内各部门的工作有章可循;要经常检查规划目标任务的执行情况,及时发现问题,纠正偏差,确保任务的完成。同时,在授权的情形下,要建立相应的责任制保证下属在合理的范围内使用权力,保证下属既能充分发挥其积极性、主动性,又能保证下属不滥用职权。

领导者的职责举足轻重。以史为鉴,唐太宗李世民凭借卓越的领导才能开创"贞观之治",推动国家繁荣;而晚清统治者的昏聩则致使中国陷入百余年屈辱历史。这种因领导差异导致的结果分化,印证了美国管理学大师约翰·科特教授的论断:"对于企业及各类组织而言,成功要素中 75%~80% 取决领导,20%~25% 依赖管理。"

从历史到现代,无数实践表明:同等条件下,领导者的决策与能力直接决定组织走向——无论是企业、团体还是国家,领导效能均是影响发展的关键变量。

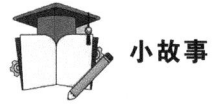 **小故事**

从刘备摔子感悟领导艺术

在《三国演义》中,曹操即将攻城之际,刘备拖家带口,领着数万百姓撤离新野。赵云领命保护刘备家小,张飞负责断后。一路上艰难行进,被曹操的军队追至,一场恶战爆发,混乱中刘备与家小失散。

此时,刘备的五虎上将之一赵云,毅然返身再度杀入曹军之中。他在敌阵中左冲右突,浴血奋战,突破重重围困,历经千难万险,终于救出了阿斗。赵云将阿斗藏于怀中,又连连苦战,才得以成功脱险。

赵云好不容易寻见刘备,当面把阿斗交还给了他。刘备接过阿斗,却突然将其掷于地上,愤愤然说道:"为了你这孺子,几乎折损我一员大将!"

赵云闻听此言,赶忙抱起阿斗,跪地泣拜道:"云虽肝脑涂地,也不能报答主公之恩!"

于是,民间便流传出一句歇后语:"刘备摔孩子——收买人心。"从这句歇后语的含义来看,人们认为刘备的这一举动,有故意做给赵云以及在场其他人看的意味,以彰显他对人才的重视。后人在诗中写道:"无由抚慰忠臣意,故把亲儿掷马前。"

四、领导者影响力的建立

(一)领导者影响力的含义及其产生的心理基础

1. 领导者影响力的含义

影响力是指一个人在人际交往中影响和改变他人心理与行为的能力。领导者的影响力是领导者在领导活动中,有效地影响和改变下属的心理和行为,使之纳入组织活动目标轨道的能力,即领导者的状况和行为在下属身上产生的心理效应。

任何领导活动都是在领导者与下属的相互作用中进行的。在领导者与下属的关系中,领导者起主导作用。领导者如果不能影响或改变下属的心理和行为,就很难实现领导功能,组织目标也很难达到。

2. 领导者影响力的心理基础

(1) 对特定群体的归属心理。归属是人的一种较高级的需要，人在社会生活中，总是渴望自己归属于某一群体，成为某一群体的一员并得到群体成员的关心和爱护。

(2) 对杰出人物的崇拜心理。人类对建立了功勋的领导者会有一种自发的崇拜心理。人们往往以自己的群体有杰出的英雄人物而自豪。

(3) 对行为表率的模仿心理。模仿是人的一种本能倾向，这种倾向在群体中的表现尤其显著。模仿的行为总是自己所倾向的，所希望达到的行为。领导者往往都是群体中的杰出人物，是大家崇拜的对象，其行为也往往成为被领导者模仿的对象。

(4) 对权威的服从心理。服从是人的一种固有心理倾向。社会通过满足个体的特殊心理需要，引导其接受社会需要的行为模式，从而产生社会服从。服从包括对人的服从和对规范的服从。服从是为了维持社会群体所定立的标准，是个人自觉自愿普遍遵循的行为方式。

组织成员或多或少都有以上几种心理，这便是领导影响力发生作用的前提。

(二) 领导者影响力的构成

领导者在领导过程中，主要是依靠自身吸引力来凝聚和激励下属达成目标。这种影响力是指领导者在法定职权的基础上，在下属的思想意识中形成的一种内在的心理影响。领导影响力的构成因素可分为以下两种。

1. 领导权力

领导权力是指权力性影响力，是由社会或组织赋予个人的职位、地位等权力性因素构成的，这种影响力的特点是以外推力的形式发生作用，基础是奖励、惩罚。此时，下属的心理和行为表现为被动服从。权力因素主要包括传统因素、职位因素、资历因素等。

2. 领导权威

领导权威是指非权力影响力，它并不是由社会或组织赋予，而是源于领导者自身的因素。这种影响力对下属心理和行为产生作用，是需要建立在让他人信服的基础上，非权力影响力对人的激励作用远超过权力性影响力，因为前者不是靠外在或心理上的压力，而是通过潜移默化的内在驱动力，使其自愿地行动。也就是说，领导者在引导下属实现既定目标的过程中，主要依靠的是其内在的权威，而不是手中的权力。非权力影响力主要有品格因素、能力因素、知识因素、情感因素等。

(三) 提高领导者影响力的途径

领导者的威信是领导本质的正确反映，是实现有效领导的重要条件，要提高领导者的影响力，要注意以下两个方面。

1. 提高非权力性影响力是关键

领导者与被领导者之间不是"以权压人"的关系，应是平等的、互助合作的关系，因此，领导推崇的应是"以德服人""以情感人"，是靠非权力影响力而不是依赖权力性影响力。

作为领导者要提高非权力影响力，要从以下几方面入手：

(1) 领导者要十分注重自己的品格修养。在现实生活中，领导者要大公无私，廉洁自律，严格要求自己，才能提高领导者的影响力。

(2) 领导者的工作业绩本身就是一种吸引力。领导者的工作业绩离不开领导才能，为此，领导者要注意在实践中不断提高自己各方面的能力水平，包括思维能力、决策能力、创新能力、管理能力、专业技术能力、社交能力、公关能力及社会适应能力等。

(3) 领导者要明于事理，善于对各种复杂问题做出正确判断和选择。这是以广博的知识、超常的智慧、丰富的经验和熟练的技能为基础的。因此，领导者要注意知识的更新和扩大自己的知识面，提高自己的文化知识修养。

(4) 领导者与被领导者之间除了公事公办的工作关系，还要建立和维护好情感关系，关心下属疾苦，真诚地帮助群众解决困难，爱护人，体贴人，这样才能得到被领导者的支持。

同时，领导者要学会尊重下属，尊重下属的人格，尊重下属的意见，尊重下属的劳动，尊重下属的特长。要与下属主动沟通，要尊重下属在工作中的积极性和创造精神，要知人善任，使下属感到领导者真诚可亲，值得信赖，被领导者就会发自内心地服从和追随。这样领导者的影响力自然会提高。

2. 合理地使用权力性影响力

领导者手中掌握权力，客观上增强了影响力，对于权力性影响力要正确合理地使用。

(1) 用权要慎重与理智。一般情况下，尽量少用强制性手段或惩罚性手段，要善于教育启发引导。不以权压人，不以权谋私，不滥用权力。

(2) 要善于授权。要坚持大权集中、小权分散的原则，适当授权。这样有利于上下级沟通，有利于调动下属的积极性，以获得更多的支持。

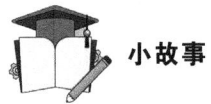 小故事

叶忒罗的领导艺术

希伯莱（今犹太）人的领袖摩西在率领希伯莱人摆脱埃及人的奴役而出走的过程中，他的岳父叶忒罗对他处理政务事必躬亲、东奔西忙的做法提出了批评，说："你这种做事的方式不对头，你会累垮的。你承担的事情太繁重，光靠你个人是完不成的。"并向他建议："你应当从百姓中挑选出能干的人，封他们为千夫长、百夫长、五十夫长和十夫长，让他们审理百姓的各种案件。凡是大事呈报到你这里，所有的小事由他们去解决，这样他们会替你分担许多容易处理的琐事。如果你能这样做事，这是上帝的旨意，那么你就能在位长久，所有的百姓将安居乐业。"

(3) 要善于具体指导。领导者不能一味地发号施令，对部下不仅要求他怎么做，还要进一步使下属明白为什么要这样做，以及这样做的方法，因为威信不是靠命令能得到的。

(4) 要自觉接受下属监督，虚心听取下属的意见。

总之，提高领导者影响力的主要途径是综合运用和发挥非权力性影响力和权力性影响力的作用，使二者相辅相成、相互促进。从一定意义上讲，非权力影响力在整个影响力中占主导地位，起决定作用。一个领导者如果他的非权力性影响力较大，那么他的权力性影响力也随之增强，反之，如果非权力影响力较低，那么他的权力性影响力也会受到影响。

(四) 领导者应具备的素质

1. 道德素质

领导者的道德素质是指领导者在领导活动中应遵循的一些基本行为规范。它包括：

(1) 大公无私的高尚情操。这是领导者道德素质的最高体现,也是衡量一位领导者道德水准的根本尺度。

(2) 实事求是的优秀品质。实事求是是我们党的思想路线,也是领导者必须具备的道德品质。现代的领导者要一切从实际出发,开展调查研究,根据实际情况决定方针政策。要言行一致,表里如一,求真务实,不说假话空话,要敢于坚持真理。

(3) 谦让容人的豁达胸怀。领导活动是由多人合作才能成功的社会活动。领导者要有宽广的胸怀,能够听得进各种不同意见,善于求同存异,要有容人的雅量。

(4) 严于律己的自省精神。领导者是群众带头人,必须时时处处做群众的表率。

2. 知识素质

知识素质是领导者实现领导活动成功的重要基础。它不仅是指领导者从事领导工作必须具备的知识储量,还包括其必须具备的知识结构。它包括:

(1) 深厚的政治理论知识;

(2) 广博的科学文化知识;

(3) 精通的专业知识;

(4) 娴熟的领导和管理知识。

3. 能力素质

能力素质是领导者知识、智慧、才华的外在表现,是领导者胜任本职工作的实际本领,是取得领导效能和提高领导效能的直接因素。它包括:

(1) 远见卓识的预见能力;

(2) 多谋善断的决策能力;

(3) 统筹全局的驾驭能力;

(4) 机动灵活的指挥能力;

(5) 知人善任的组织能力;

(6) 通融豁达的协调能力;

(7) 机智敏捷的应变能力;

(8) 动人心魄的表达能力;

(9) 开拓进取的创新能力。

4. 身心素质

身心素质是指领导者身体素质和心理素质的总称。良好的身体素质和心理素质,是领导者健康成长和做好领导工作的一个基本条件。它包括:

(1) 健康的体魄;

(2) 独特的个性;

(3) 高超的情商。

五、领导理论

(一) 领导特质理论

领导特质理论聚焦于从性格、生理、智力及社会属性等维度,探寻领导者的独特品质或必备特征。该理论的核心假设之一是:部分个体因先天禀赋(如托马斯·杰斐逊、亚伯拉罕·林肯等历史人物),天然具备成为"卓越领导者"的特质。特质理论的发展始于19世纪

领导理论与应用

末,早期研究着力识别领导者的固有特质。至20世纪六七十年代,学界形成多元理论观点与研究假设,主张领导者与非领导者可通过一系列普适性特质加以区分。研究认为重要的特质包括智力水平、自信心、决心、诚实与正直、社会交往能力等。与其他特质相比,这些特质是研究者认为领导者更应具有的特质。

1. 智力水平

智力水平与领导行为具有正比例的关系。相关研究表明,如果一个领导者具有良好的表达能力、知觉能力和推理能力,他的领导工作就可能做得更好。同时,研究者们又提出,领导者的智力水平不应该与他的下属相差太大。如果领导者与追随者之间的智力水平存在太大的差距,还可能对领导行为产生一定的反作用,因为领导者如果总是处于领先的地位,或者是因为思想太超前可能导致和追随者的交流困难。

2. 自信心

自信心是一个领导者的特质。自信心是一个人对自己的能力、知识和技能感到自信的能力。而领导行为包含着对他人的影响,自信心使领导者确信他们努力对别人产生的影响是合理正确的。

3. 决心

决心是指完成某项工作的愿望,包括进取心、较高的成就欲望、创新性、坚持不懈、支配欲和内驱力等特质。每个具有决心的领导者都能在活动中表现得活跃,在挫折和困难面前能够不屈不挠。领导者所具有的决心还包括在追随者希望得到指导时所表现出的支配意识。

4. 诚实与正直

具备诚实与正直特质的领导者往往通过真诚和言行一致在他们与下属之间建立相互信赖的关系。领导者会激发其他人的自信心,因为大家觉得领导者是十分忠实和可靠的。正直的领导者让人感到信任。

5. 社会交往能力

良好的社会交往能力往往使人感到十分友好、礼貌、开朗、得体。领导者对他人的需要很敏锐,关心他人的生活。具有良好社会交往能力的领导者往往具有良好的人际沟通技巧,能与追随者创造出一种和谐的人际关系。

这五个特质在很大程度上决定了一个人能否成为一个领导者。

从实践的角度出发,特质理论主要是与领导者表现出哪些特质有关,与拥有这些特质的人有关。组织可以使用个性测量工具来确定一个人是否符合组织的需要。特质理论也可用于个人的自我认识和发展,使领导者分析他们自己的优势和不足,从而对他们应该如何改变自己以提高他们的领导水平有一个更加清晰的理解。

特质理论有以下优点:第一,这种理论具有直观吸引力,它符合一般人的观念,即认为领导者是我们社会的领头人;第二,大量研究可以作为证实这种观点的基础;第三,该理论把注意力集中在领导者身上,因此对领导者应该具有的特质要素有一个相对深层次的理解;第四,它可以成为组织成员评估自己的领导特质的标准。

特质理论的缺点是:在分析领导者的特质时,这种理论常常不能把情境因素考虑进去。另外,这种方法在判断最重要的领导特质时具有主观性。此外,因为特质理论认为每个人的个人特质是相对稳定的,特质不是能轻易改变的。所以,从培训和教育的角度来讲,这种理论有一定局限性。

 知识拓展

有效领导观

美国管理学家劳伦斯·格利纳在哈佛商学院通过对 300 多人进行调查研究,整理出有效的领导者应具备的重要特质:

(1) 劝告、训练与培训下属。
(2) 有效地与下属沟通。
(3) 建立标准的工作要求。
(4) 让下属人员知道对他们的期望。
(5) 给予下属参与决策的机会。
(6) 了解下属人员及其能力。
(7) 了解企业的士气状况,并能鼓舞士气。
(8) 不论情况好坏,都应让下属了解实情。
(9) 愿意改进工作方法。
(10) 下属工作积极向上,及时给予表扬。

麦金泰公司通过对美国公认的 37 家优秀企业中的 10 家企业进行调查研究,得出有效领导者的标准是:

(1) 善于迅速行动,能边工作、边计划、边解决问题。
(2) 简化组织机构,防止人浮于事。
(3) 重视市场研究,一切从实际出发。
(4) 与基层人员经常联系,并通过各种办法激励其努力工作。
(5) 善于选择业务,发扬本公司的长处。

(二) 领导行为理论

由于领导特质理论不能说明领导的本质,所以从 20 世纪 40 年代后期起,心理学家和行为学家的研究方向发生了转变,开始转向研究领导者的实际行为,从领导者的行为方式来探索成功的领导模式。研究者发现领导者在领导过程中所采取的领导行为与他们的工作效率之间存在着密切关系,因此,应在此基础上进一步探讨最佳领导行为。

领导行为理论研究的重点是领导者的行为,即集中研究领导者本身做了什么,通过什么样的行动来完成自己的工作,从而取得成功的。这种理论同特质理论相比,无疑是一个进步:它不孤立考察领导者的某些个性特征与心理品质,而是研究一个领导者在其工作中实际行为表现,分析哪种领导行为与成功有关,从而试图查明最佳的领导行为模式。下面主要介绍三种基本领导风格、四分图理论、管理方格理论和领导行为连续统一体理论。

1. 三种基本领导风格

美国心理学家勒温以权力定位为基本变量,把领导在领导过程中表现出来的极端的工作作风分为三类。

(1) 独裁式领导——权力定位于领导者个人手中。独裁专制式或专权式领导,把权力完全集中于自己手中,所有决策均由自己作出,然后命令下属不容置疑地遵从执行。其特点

是:①个人独断专行,从不考虑别人的意见。②除工作命令外,从不把更多的消息告诉下属,下属没有参与决策的机会,只能接受命令。③领导事先安排一切工作任务、程序和方法,下属只能服从任务安排。④主要依靠行政命令、纪律约束、训斥处罚来维护领导权威,很少或只有偶尔的奖励,以力服人。⑤领导者很少参加群体的社会活动,与下属保持相当的心理距离。

（2）民主式领导——权力定位于群体。民主作风的领导人实行参与领导,权力交给群众。其特点是:①领导者在作出决策之前,往往要组织群体成员共同讨论工作计划和目标,鼓励他们积极表达自己的意见。②分配工作时尽量照顾员工的能力、兴趣与爱好。③给下属较大的工作自由、较多的选择性和灵活性。④主要运用个人的影响力、权威影响员工,以理服人。⑤领导者与下属有较多的交流,关心他人,尊重他人,把自己看作群体的一员。

（3）放任式领导——权力定位于每个职工手中。放任式领导的主要特点是极少运用权力影响下属,实行无政府管理,把权力放手交给每个组织成员,给每个组织成员以高度的独立性。领导者既不想评价管理活动,也不关心群体成员的需要和态度,一切放任自流。

比较三种不同的领导风格对组织产生的影响,可以明显地看到,放任式领导作风工作效率最低。他所领导的组织在工作中只达到了社交的目标,而没有达到工作目标。独裁式领导作风,虽然通过严格的管理,使组织达到了工作目标,但组织成员的消极态度和对抗情绪也在不断增长。而民主式领导作风工作效率较高,他所领导的组织不仅达到了工作目标,也达到了社交目标。

 动动脑

领导方式的测试

想知道自己具有哪种领导倾向吗？请回答如下各题：

1. 只能用"是"或"不是"来回答

（1）你喜欢经营咖啡馆、餐厅之类的生意吗？

（2）平时把决定或政策付诸实施之前,你认为有说明其理由的必要吗？

（3）在领导下属时,你认为与其既要跟他们工作,又要监督他们,不如从事计划,草拟细节等管理工作。

（4）在你管辖的部门有一位陌生人,你知道那是你的下属最近录用的人,你会不介绍自己而先问他的姓名。

（5）流行风气接近你的部门时,你愿意让下属追求这种风气。

（6）让下属工作之前,你一定要把目标及方法告诉他们。

（7）与部门过分亲近会失去下属的尊敬,所以还是远离他们比较好,你认为对吗？

（8）郊游之日到了,你知道大部分人都希望星期三去,但是从多方面来判断,你认为还是星期四去比较好,你认为不要自己做主,还是让大家投票决定好了。

（9）当你想要你的部门做一件事时,即使是一件简单的事,你一定要自己以身作则,以便他们跟随你做。

（10）你认为要撤一个人的职并不困难？

（11）越能够亲近下属,越能够好好领导他们,你认为对吗？

(12) 你花了不少时间拟订了解决某个问题的方案,然后交给一个下属,可是他一开始就找该方案的毛病,你对此并不生气,但是对于问题依然没解决而觉得坐立不安。

(13) 充分处罚犯规者是防止犯规的最佳方法,你赞成吗?

(14) 假设你在某件事上的处理方式受到批评,你认为与其宣布自己的意见是决定性的,不如说服下属请他们相信你。

(15) 你是否让下属为了他们的私事而自由地与外界的人们交往?

(16) 你认为你的每个下属都应对你抱有忠诚之心吗?

(17) 与其自己亲自解决问题,不如组织一个解决问题的委员会,对吗?

(18) 不少专家认为在一个群体中发生不同意见的争论是正常的,也有人认为意见不同是群体的弱点,会影响团结。你赞成第一种看法吗?

2. 判断

(1) 如果1、4、7、10、13、16题答"是"多,说明具有专制型倾向。

(2) 如果2、5、8、11、14、17题答"是"多,说明具有民主型倾向。

(3) 如果3、6、9、12、15、18题答"是"多,说明具有自由放任型倾向。

2. 四分图理论

领导行为是一个相当复杂的多变量函数。在领导行为的研究中,不可能提出一个统一的、通用的行为模式。因此,只能从不同的角度,对领导行为的基本倾向加以划分,从而总结出不同的领导行为模式。

1945年,美国俄亥俄州立大学工商企业研究所在拉尔夫·斯托格迪尔(Ralph Stogdill)和卡罗尔·沙特尔(Carroll Shartle)两位教授的领导下研究设计了"领导行为四分图"。他们开展了一项范围广泛的关于领导问题的调查,从一千多种领导行为的特征中提炼归纳,最终将领导行为划分为"抓组织"和"关心人"两大类。"抓组织"是以工作为中心,主要包括组织机构的设置、明确职责和相互关系、确定工作目标、设立意见交流渠道和工作程序等。"关心人"是以人际关系为中心,主要包括建立互相信任的气氛、尊重部属的意见、关心部属的感情和问题等。按照"抓组织"和"关心人"的不同内容,他们设计了"领导行为描述答卷",每项内容都列举了15个问题,发给一些领导者进行调查。根据调查结果,发现两类领导行为在同一领导者身上有时一致,有时不一致。因此,他们认为领导行为是两类行为的具体结合。

领导的行为可以两维度四分图模型呈现,分别以"抓组织"和"关心人"为坐标维度,直观地划分出四类基本的领导行为模式,如图6-1所示。

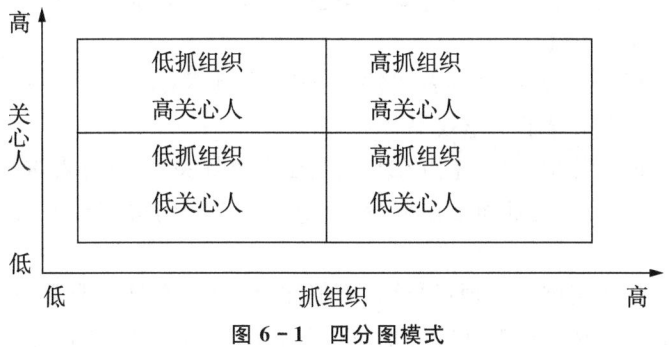

图6-1 四分图模式

四分图是从两个角度考察领导行为的首次尝试,为领导行为的研究指明了一个新的途径。四分图把领导行为分为四种基本情况:

(1) 低抓组织、低关心人的领导行为:既不抓工作又不关心人,会引起上级与职工的不满,是最差劲的领导行为。

(2) 高抓组织、低关心人的领导行为:只知抓生产、抓任务,而不关心职工的感情与需要,虽然上级领导满意,但容易引起群众的不满。

(3) 低抓组织、高关心人的领导行为:重视人际关系但不进行严格的管理,只注意满足职工需要,甚至失去原则而完不成任务,容易引起上级的不满。

(4) 高抓组织、高关心人的领导行为:既完成任务又使群众十分满意,因而能有效地提高工作、生产的积极性,使上下级都满意,是最好的领导行为。

3. 管理方格理论

管理方格理论是1964年由美国管理学者罗伯特·布莱克(Robert R. Blake)和简·莫顿(Jane S. Mouton)研究提出的。该理论用纵坐标表示"对人的关心",横坐标表示"对生产的关心",并将两个坐标轴划分为9等份,由此构建出包含81种领导方式的管理方格图,如图6-2所示。

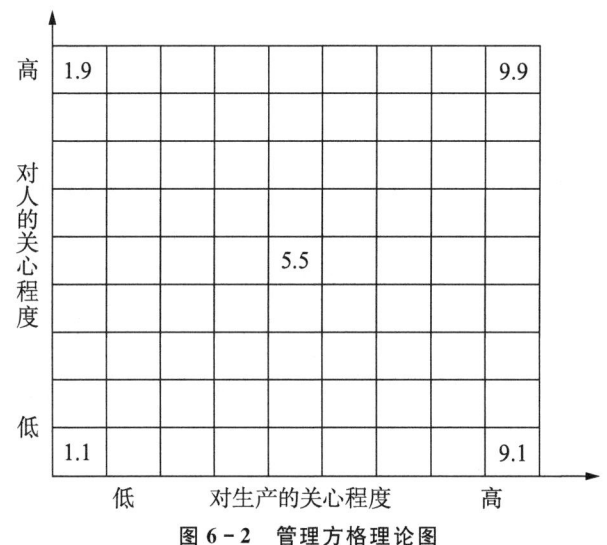

图6-2 管理方格理论图

布莱克和莫顿在提出管理方格理论的同时,还列举了五种典型的领导风格。

(1) (1.1)型为贫乏型管理:领导者既不关心生产,也不关心人。表现为只做最低限度的努力来完成任务和维持士气。

(2) (9.1)型为任务型管理:领导者非常关心生产,但不关心人。其特征是把工作安排到使人的干扰因素为最小来谋求工作效率。

(3) (1.9)型为俱乐部型管理:重点在与人们建立友好关系,领导者重视对职工的支持和体谅,导致轻松愉快的组织气氛和工作节奏,但很少考虑如何协同努力去达到企业的目标,生产管理松弛。

(4) (9.9)型为战斗集体型管理:领导者不但注重生产,而且也非常关心人,把组织目标的实现与满足职工需要放在同等重要的地位。既有严格的管理,又有对人高度的关怀和支持。强调工作成就来自献身精神,以及在组织目标上利益一致、相互依存,从而导致信任和尊敬的关系。

(5) (5.5)型为中游型管理:兼顾工作和士气两个方面来使适当的组织绩效成为可能,使职工感到基本满意。

在这五种类型的管理形态中,布莱克和莫顿认为(9.9)型是最有效的管理,其次是(9.1)型,再次(5.5)型、(1.9)型,最次是(1.1)型。

可见,管理方格是一种区别管理形态并将其分类的有效工具,但它并没有告诉我们为什么一个管理类型会落在方格的某个区域。布莱克和莫顿也承认,要知道这些,必须追究基本的原因,如领导者和追随者的人格、管理者的能力及其所受的训练、企业环境,以及会影响领导者和追随者行为的情景因素等。

4. 领导行为连续统一体理论

美国学者罗伯特·坦南鲍姆(Robert Tannenbaum)与沃伦·施密特(Warren H. Schmidt)于1958年提出了领导行为连续统一体理论,坦南鲍姆和施密特认为,很难说哪种领导方式是正确的,领导者应当根据具体情况,考虑各种因素灵活选择领导方式。领导方式多种多样,按领导者授予下属自主权的程度划分,从专制型到民主型之间,存在多种过渡形式,如图6-3所示。

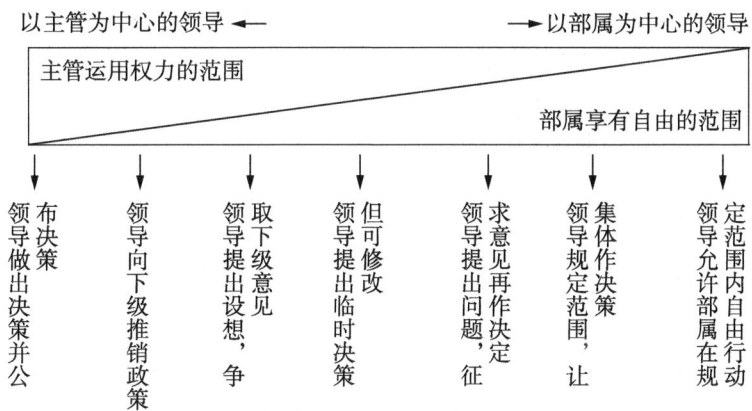

图6-3 从专制型到民主型之间的多种过渡形式

领导行为连续统一体从左到右,领导者权力的运用逐渐减少,下属的自由度逐渐增大,从以工作为重逐渐变为以关系为重。从图中看出,依据领导者授予下属权力的程度不同,决策的方式就不同,形成了一系列领导方式。

(三)领导权变理论

1. 路径—目标理论

路径—目标理论是美国管理学者罗伯特·豪斯(Robert House)发展起来的一种领导权变理论。该理论认为领导者的工作是帮助下属达到他们的目标,并提供必要的指导和支持,以确保下属的个人目标与群体或组织的总目标一致。"路径—目标"指有效的领导者能够明确地指明实现工作目标的方式来帮助下属,并为他们清除各种障碍和困难,从而使下属的相关工作更容易进行。这一理论描述如下。

(1)领导者对绩效予以更有吸引力的奖酬,可以改善对下属的激励,领导者对人们进行表扬、提拔和赏识,可以提高下属对实现目标的效率。

(2) 如果下属的任务规定的不明确,领导者可以通过有益的指导、培训和解释目标等途径,来使任务得到明确,从而加强对下属的激励,减少工作的不明确性,使下属更易于达到目标,这样期望值就会增大。

(3) 如果下属的工作已经很明确,领导者就不应该在工作明确方面想办法,而需要把更多的时间花在关心下属的个人需要上,包括关注、表扬和支持他们,而不是为工作操心。

2. 领导生命周期理论

领导生命周期理论(又称领导寿命循环理论),是由美国心理学家卡曼(A. Korman)于20世纪60年代首次提出的,后来由保罗·赫塞(Paul Hersey)和肯·布兰查德(Ken Blanchard)共同完善并系统化。

该理论的主要观点是:领导者的风格应适应其下属的成熟程度。在被领导者日趋成熟时,领导者的行为要作出相应的调整,这样才能称为有效的领导。

该理论是基于领导者的工作行为、关系行为与被领导者成熟程度之间的曲线变化关系来研究领导方式的。它强调以领导者对下属的行为来考察其效率。根据领导生命周期理论,当下属成熟程度提高时,领导行为也需相应地变化,从以工作为主逐渐转变为以关系为主,最后需要重视其自主性,如图6-4所示。

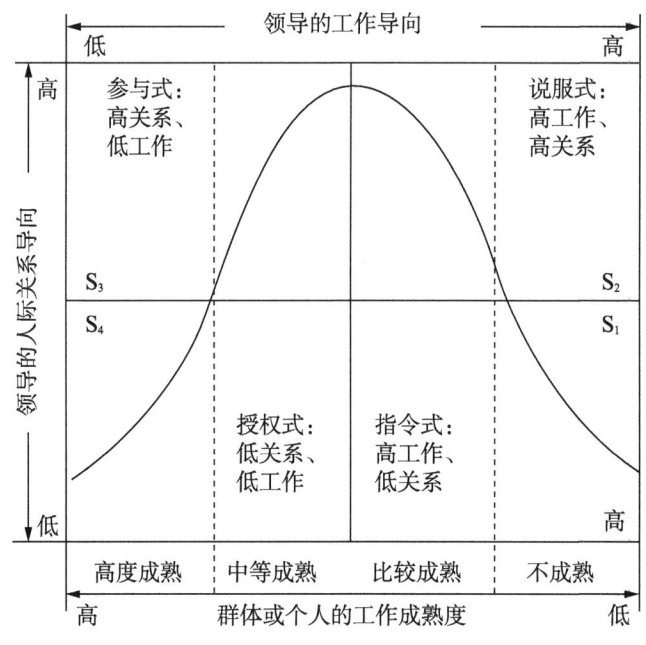

图6-4 领导生命周期理论模型

该理论认为,随着从不成熟到走向成熟,领导行为应按下列程序逐步推移:高工作与低关系—高工作与高关系—低工作与高关系—低工作与低关系。

(1) S_1象限:命令式(高工作,低关系)。当下属人员的成熟度低时,应该采取命令式的高工作、低关系的领导形态。领导工作要强调有计划、有布置、有监督、有检查。否则,下属人员将感到领导不力,不知所措,无所适从。这对于新职工,知识水平较低、业务能力较差的职工和基层尤为重要。

(2) S_2象限:说服式(高工作,高关系)。当下属人员的成熟度进入初步成熟时,采取任务行为、关系行为并重的说服式领导形态较为适宜。这时,布置工作不仅要说明干什么,还要说明为什么这样干,以理服人,不搞盲从。

(3) S_3象限:参与式(低工作,高关系)。当下属人员更趋成熟时,领导者的任务行为要减少、放松,关系行为要加强,采取参与式。领导者要与下属人员沟通信息,交流感情,吸收下属参与领导,提供情况和建议,改善关系,增强信任感。

(4) S_4象限:授权式(低工作,低关系)。当下属人员成熟度很高,水平很高,工作熟悉,技术熟练时,领导者应采取低工作、低关系的授权式领导,提出任务后,放手让下属去干,充分发挥下属的主观能动性;在下属需要时,可以帮助和支持。否则,过多的关心和支持反而会引起下属反感,认为上级不放手、不信任,从而挫伤积极性,造成猜疑,影响工作成效。

 动动脑

如何做优秀的教官?

马克是一家大医院油漆部门的负责人,手下有20个职员。在他来这家医院之前,他是一个独立的承包商。他所担任的职位是由这家医院新设的,医院认为需要对现在的油漆服务进行一些改革。

马克一开始工作时,便用了4个月时间对油漆服务的直接、间接花费作了分析。他的分析结果证实了管理者们的感觉,即油漆服务效率低且花费大。因此,马克完全重组了这个部门,设计了一套新的工作流程,重新确定了预期的工作标准。

马克说当他开始新工作时,他是"完成任务型"的,像一个严厉的教官,不从他的下属那获取任何信息。马克认为,在医院这样的环境下工作不能出现错误,因此他必须严格地要求油漆工在医院环境的约束下做好工作。

随着时间的推移,马克逐渐改变了工作作风,变得不那么严苛了。他把一些职责分配给了两个小组领导者,他们向马克汇报工作的同时负责与每个职员保持密切的联系,马克每周会带一小群工人到当地的休闲酒吧去吃汉堡。他喜欢与员工们开开玩笑,自己也拿得起放得下。

马克为他的部门而感到自豪。他说他总想当一个教练,而那正是他运作整个部门的感觉。他喜欢和人们一起工作,特别是他喜欢看到员工意识到由于他们自己的努力,工作做得很好时,眼里闪烁出的光芒。

由于马克的领导,油漆部门有了实质性的改进,并被其他部门的人视为医院维护方面最具生产力的部门。客户对油漆部门服务的满意度为92%,是医院各项服务部门中最高的。

思考:结合领导权变理论,谈谈马克是如何成为优秀教官的。

3. 菲德勒模型

美国伊利诺大学教授弗雷德·菲德勒(Fred Fiedler)自1951年开始,首先从组织绩效和领导风格的关联性着手进行研究,经过长达15年的调查实验,提出了"有效领导的权变模

式",即菲德勒模型。他认为任何领导形态均可能有效,其有效性完全取决于是否与所处的环境相适应。菲德勒首先假设了两种主要的领导方式类型:①工作任务导向型,即领导者倾向于追求工作任务的完成,并从工作中获得满足。②人际关系导向型,即领导者倾向于追求良好的人际关系,并从中获得被尊重的满足。

在明确了两种基本的领导风格之后,他把影响领导者领导风格的环境因素归纳为三个方面:职位权力、任务结构和上下级关系。

(1) 职位权力。职位权力是指与领导者职位相关联的正式职权和从上级和整个组织各个方面所得到的支持程度,这一职位权力由领导者对下属所拥有的实有权力所决定。领导者拥有这种明确的职位权力时,则组织成员将会更服从他的领导,有利于提高工作效率。

(2) 任务结构。任务结构是指工作任务明确程度和有关人员对工作任务的职责明确程度。当工作任务本身十分明确,组织成员对工作任务的职责明确时,领导者对工作过程易于控制,整个组织完成工作任务的方向就更加明确。

(3) 上下级关系。上下级关系是指下属对一位领导者的信任、爱戴和拥护程度,以及领导者对下属的关心、爱护程度。这一点对履行领导职能是很重要的。因为职位权力和任务结构可以由组织控制,而上下级关系是组织无法控制的。菲德勒按照这三种因素的状况,把领导者所处的环境从最有利到最不利分成八种类型,如表6-1所示。

表6-1 不同环境下的有效领导类型

组织环境类型	非常有利			中间状态			非常不利	
上下级关系	好	好	好	好	差	差	差	差
工作结构	高	高	低	低	高	高	低	低
职位权力	强	弱	强	弱	强	弱	强	弱
有效领导方式	任务导向			关系导向			任务导向	

菲德勒得出以下两点结论:①以工作为中心的领导者,在对领导者非常有利或非常不利的组织环境中,能取得最好的成绩。②以人际关系为中心的领导者,在中等有利程度的组织环境中,能取得最好的成绩。

菲德勒认为,不应当简单地谈论什么是好的领导或差的领导。一位在某一情况下取得成功的领导,在另一情况下未必也能取得成功。"工作导向型"领导与"关系导向型"领导在一定的情况下都能发挥最好的作用,取得最好的成绩。任何一种领导方式既可能是有效的,也可能是无效的,这取决于情境,所以领导要依情境的变化而变化。

六、提高领导效能

(一) 领导效能的含义

有效的领导是组织顺利灵活运转的前提,任何领导活动都要求具备一定的效能。效能是指在一定程度上实现了既定的目标。但是,观察社会中众多组织的运转,人们常常会发现,有些组织中的工作开展得十分顺利,成员的信心和士气十分高涨,愿意作为组织的一分子齐心协力地工作;而有些组织却人心涣散,对组织的工作和活动无法达成共识,难以形成强大的合力。也就是说,不同组织中领导活动的效能存在着巨大的差异。从这些最根本的事实出发,经过进一步的总结,可以对领导效能形成如下总结:

领导效能是指领导者或领导集团在实施领导活动中,所表现出来的实现领导目标的能力和所获得的领导效率、效果、效益的系统综合。

(二)领导效能的构成

领导效能是一个综合指标,主要包括以下几方面。

1. 决策效能

决策是领导的首要职能。决策的正确与否,决定领导活动和组织中全体人员活动的目标方向是否正确。决策效能是指决策对一个组织领导效率、直接效果以及社会环境所产生的作用或影响。一项高效率的决策,不仅能让领导活动和组织各项工作效率更高,更重要的是还能对社会产生积极的影响。

2. 用人效能

用人效能是指领导活动中对人的选配和使用所产生的效能。领导活动是需要依靠各级人员的活动实现的。能否选择适当的人员从事适当的工作,并使各类人员合理配置、组合,能否充分调动各类人员的积极性和创造性,不仅关系到组织目标的实现速度和效果,而且直接影响到该组织的社会存在价值,关系到领导活动的成败。如果某个组织用人是低效能的,那么这个组织的领导活动及全部活动必然也是低效能的。

3. 组织效能

组织效能是指领导者处理各种事务所获得的效率。领导者的职能活动,主要表现为进行组织指挥、协调激励等具体处理和解决问题的工作,即办理各种领导事务。如果领导者作风拖拉懒散,办事效率低、失误率高,这个组织的运转必然是低效率,效果差的。因此,组织效能是领导效能中重要的内容之一。

4. 时间效能

时间效能是指领导者,科学地运筹时间以取得较高的时间效能。

领导者必须要有科学的时间观,要认识到领导者的时间效能是与组织的命运联系在一起的,因此要让时间的浪费减少到最低限度;要善于抓住时机;要重视讲求实效。实效,就是指在单位时间内所完成的工作量;要科学利用时间。

5. 组织的整体贡献效能

领导者的整体贡献效能是指同一领导组织整体目标的实现程度。领导效能不仅反映在个人所主持、负责的部门工作和单项领域之中,更重要的是反映在全局工作和整体贡献上。整个组织的总体目标实现程度如何,是衡量领导效能高低的最重要的尺度。

(三)影响领导效能的因素

研究领导效能的目的在于更深刻地把握领导效能的本质与结构,从而为有效促进领导活动绩效的提升提供帮助。因此,首先要了解影响领导效能的因素。影响领导效能的因素有很多,主要有以下几个方面。

1. 目标的恰当与否

一切领导活动的目的都是要实现某种现实的目标,这种目标是人们行为的最终目的,是激励人们努力工作的动力。然而,目标的价值,不仅在于它的正确性,而且相当大程度上还在于它的恰当性。一个符合实际的、可实施的目标体系是有效进行领导的基础。当人们明显感到标准可望不可及时,就会失去卓有成效地完成目标任务的动力。而当一个目标定得过低时,又难以把人的潜能激发出来。因此,在制定目标时要遵循一个原则,那就是目标的实现"既非轻而易举,又非高不可攀",大多数人经过努力都可以达到的目标是最恰当的目标。

2. 领导者的素质能力是否与任务相称

领导是一项具有高度复杂性与创造性的活动。领导之所以在许多方面不同于单纯的管理,主要在于领导活动不仅要求完成常规的组织与协调工作,还要求充分的勇气与开创能力。一个有效的领导者应当能凝聚起组织成员的内在潜力,齐心协力,奋勇向前,将纸上的规划构想转换成现实的操作。这对领导者的能力素质提出了很高的要求。然而,在现实生活中,并不是每个领导者的能力都能与其自身所处的岗位很好地相称,这就使得集体中各个成员的力量难以被充分汇合起来,组织中出现不信任和涣散情绪,从而影响到绩效的发挥。在一个组织中有不同的领导岗位,每个岗位对领导者的能力有不同的要求,最佳的状况是使领导者素质与岗位要求合理匹配,各得其所,避免出现"大材小用"和"小材大用"的不合理现象。

3. 下属的潜力与能力是否被充分调动

在有些组织中,领导者对于工作开展投入了很大的精力,任劳任怨、勤勤恳恳,但整个组织的工作氛围却并未出现所期待的局面,绩效不尽如人意。究其原因在于领导者事无大小事必躬亲,从而剥夺了下属人员在各自范围内决策活动的权力,极大地压抑了下属人员的积极性与创造性。另一种极端的情况是,领导者只把精力放在自己的私利上,凡事只考虑自己是否能获得好处,而对组织的整体利益漠不关心,因而极大伤害了下属努力工作的热情,让下属人员感到干好干坏一个样。这种情况的存在,使组织成为一盘散沙,也就谈不上领导效能的发挥了。

4. 相应的资源和条件是否具备

任何领导活动总是在一定的物质环境和现实条件中开展的,需要消耗一定的物质资源与人力资源,而客观条件的欠缺会使得许多合理的目标无法实现,有价值的活动难以充分开展。如所在部门和单位的财政收入情况、经费开支约束等都会影响决策方案实施的程度;下属人员的文化程度、工作经验也会制约领导效能的发挥;宏观政策环境的存在也常常是影响领导活动目标能否实现的一个因素。

5. 环境的不确定性

任何一个组织都存在于社会环境这个大系统中,从外部获取资源,在内部进行加工,输出能被外部接受的产品。因此,外部环境的变化很大程度上影响着组织领导效能的发挥。尤其是当外界环境变化迅速的情况下,不确定因素无法避免。我国正处于转型时期,社会结构、经济结构处在不断的变化之中,同时作为一个开放的系统,与国际社会的联系和互动日益增多,国际上的风险和不确定因素也会通过种种途径传到国内,这些都给领导活动的进行带来了相当程度的挑战,无论是谁都无法避免不确定的环境因素对领导效能的影响。

(四)提高领导效能的途径和方法

1. 确立现实可行的目标

目标应当具体、明确、可行,这是改善领导效能的第一步。确立现实可行的目标是指领导者在制定目标时要切合实际,不能凭空想象。做到这一点需要注意两个方面:①在目标的确立阶段,应当经过充分的论证和决策,广泛听取各方面不同人士的意见,确定最合理可行的方案,摈弃"长官意志"主导模式。要考虑组织期望的结果,现实存在的问题,成功的机会,把握这些机会所需的资源和能力,了解自己的优势、劣势及所处的地位等。②目标的确定不应被视为一个静态不变的过程,而应结合环境因素的变化不断修正,以使主观目标及时适应变化的客观条件。

2. 塑造共同愿景

共同愿景是指组织中所有成员共同发自内心的意愿,这种意愿不是一种抽象的东西,而是具体的能够激发所有成员为这一共同意愿而奋斗的任务、事业或使命,它能够创造巨大的凝聚力。真正的共同愿景能够使全体成员紧紧地连系在一起,淡化人与人之间的个人利益冲突,从而作为一个有机的整体发挥效能。一个组织一旦形成共同的愿景且不断强化,就能不断增强合作工作的效益,从而有效地提升领导效能。塑造共同愿景,首先应当把组织的现状真实地告诉每一位成员,让他们知道组织的处境,从而产生一种克服困难和障碍的冲动。其次,领导者应努力将组织共同愿景发送到组织成员的心中,以推动他们为实现共同愿景而全身心奉献,并充分听取成员对愿景的不同反应。再次,将组织中的共同愿景具体化、个人化,让成员经过透彻的思考,把组织愿景与个人期待结合起来,提出在各自岗位上所要实现的个性化愿望和目标,从而塑造每个成员积极向上的动力源。

3. 有效利用时间

时间是一种稀缺资源,作为领导者必须善于管理自己的有限时间,把它用在最主要的工作上。领导者通常被要求去处理各种各样的意外事故,他的时间并不都是可控的。他的时间可分为两部分:一部分是不可控时间,用于响应其他人提出的各种要求和问题,称为响应时间;另一部分是领导可以自行控制的时间,称为自由时间。时间管理的重点是如何支配自由时间。领导者应当在最适宜的时刻办最应该办的事情,以争取更好的绩效。这就要求领导者要明确在一定时间内的活动的重要性和紧迫性,可以把要做的每一件事按重要性和紧迫性排序。

知识拓展

时间管理的步骤

(1) 列出未来一段时间内所有任务的清单。

(2) 将这些任务排出优先顺序,可把各项活动按其重要性和紧迫性排序。首先要做最重要、最紧迫的事,不紧迫的事有时间再做,不重要的事可授权他人去做。

(3) 按工作时间安排开展工作,尽量地能按时完成,若不能按时完成,则要重新评价其重要性和紧迫性,修改工作表。

(4) 遵守生物钟,掌握自己的效率周期,把最重要的事放在效率最高时做。

(5) 不要给一项任务安排太多的时间。

(6) 用较多的时间去处理最重要的问题,因为解决了最重要的问题才会使工作有较大的起色,不要使自己整天忙于琐碎的事务中。

4. 善于授权

一个领导者要面对和处理的问题较多,作为领导者不可能也没必要事事过问。要提高领导活动的效能,领导者必须善于分清并抓住主要问题,同时善于授权,将次要的问题和由他人来做会干得更好的问题交付他人。这样,一方面能够使领导者在众多琐碎小事中脱身,集中精力思考重要的问题,把握住对组织发展来说最关键的地方;另一方面也有利于增强下属和成员的效能感,充分调动他们的积极性,让下属感觉到通过自身的努力能够为组织做出贡献的快乐。

5. 改善领导者的能力素质

领导者的能力是保证领导效能的关键因素,领导者必须具备一定的能力才可能完成领导过程。这种能力不是单一的能力而是各种能力的集合,是具有多功能、多层次的综合体,包括创新能力、转化能力、应变能力和协调能力。创新能力表现为领导者善于敏捷地发现现实中存在的问题,准确地捕捉新事物的萌芽,提出大胆新颖的推测和设想,并且化为可行的计划。转化能力是指优秀的领导者将创新思想转化为可操作的具体方案的能力。应变能力是指领导者适应变化的现实、与时俱进的能力。领导者应当能够善于判断形势与潮流的新动向,在变化中产生应对的方针与政策,时刻居于主动地位。协调能力是指领导者有效整合组织内部各项资源、团结下属成员共同工作的能力。组织中的个体都有不同的利益要求,具有分散的取向,但分散的个体必须与整体协调一致,才能形成整体的能力,保证领导目标的顺利实现,因此领导者的协调能力就显得十分重要。

6. 加强领导班子结构建设,全面地提高领导班子的整体效能

为提高领导的有效性,领导班子结构配备是否合理是至关重要的。领导班子结构是指为了实现领导班子的预定目标,把不同类型的领导者按照一定的程度和比例进行有机的结合。

领导班子结构是否合理,对一个组织的效能有很大影响。领导班子不仅要求个体优秀,而且要求领导班子整体达到最佳组合,这就需要研究领导班子的合理结构。根据领导班子合理结构的基本标准,即领导班子稳定性、高效性和自我适应性等的要求和注意根据不同层次的任务,选择不同类型的领导者及领导成员之间的团结等要求,使领导班子结构达到合理化。一个合理的领导班子应该要考虑年龄结构、知识结构、专业结构、智能结构和气质结构。

 **动动脑**

领导方式的确定

李文被公司任命为销售服务总监,分管为销售一线提供后台服务的四个部门。李文上任时,听到不少人反映其中的广告制作部、仓储物流部劳动纪律差,工作效率低。虽然经过多次批评教育,成效不大。为了做好领导工作,李文对这个部门进行了调查分析,情况如下:

文化水平及素质。广告制作部的员工全部是大学本科以上文化程度,平时工作认真,有较强的创新意识和成就动机,有任务时经常加班加点,但平时比较散漫;仓储物流部的员工文化程度普遍较低,由于工作环境分散,工作单调,员工积极性不高。

工作性质。广告制作是创造性工作,工作具有独立性,好坏的伸缩性较大,难以定量考核工作量;仓储物流是程序化工作,内容固定且必须严格按规章制度执行,工作量可以定量考核。

工作时间。广告制作部的工作有较强的连续性,同时有时间要求,有时完成一项广告制作仅靠上班8小时是远远不够的;而仓储物流部8小时内的工作是关键,要求上下班准时、工作时间不能脱岗,否则会影响正常的货物收发,有时还会直接影响到车间的正常生产。

思考: 根据以上情况,你认为李文应如何对这两个部门实施有效领导?

第二节　激励理论与激励职能

激励是管理活动中的一项重要职能,只有有效激励员工,管理活动才能有更高的效率。

一、激励原理与模型

(一) 激励与行为

激励是指影响人们的内在需求或动机,从而加强、引导和维持行为的活动或过程。需要是指人们对某种目标的渴求和欲望,它既包括基本的需求,如生理需求,也包括各种高层次的需求,如社交、成就等。动机是指诱发、活跃、推动、引导行为指向一定目标的心理过程。激励主要是指激发人的动机,使人有一股内在的动力,朝着所期望的目标前进的心理活动过程。简而言之,激励是调动人的积极性的过程。

激励与激励理论

为了引导组织成员为组织目标的实现做出有益的贡献,管理者不仅要根据组织活动的需要和个人素质与能力的差异,将不同的人安排在不同的工作岗位上,为他们规定不同的职责和任务,还要分析他们的行为特点和影响因素,有针对性地开展工作,创造并维持一个良好的工作环境,以调动他们的工作积极性,改变和引导他们的行为,使之符合实现组织目标的要求。这正是管理者的激励工作所需要完成的任务。

激励是针对人的行为动机而进行的工作。企业领导者通过激励使下属认识到,用符合要求的方式去做事,会使自己的需求得到满足,从而表现出符合组织要求的行为。为了进行有效的激励,收到预期的效果,领导者必须了解人的行为规律,知道员工的行为是如何产生的,产生以后会发生何种变化,这种变化的过程和条件有何特点等。

(二) 激励模型

人的行为是由动机决定的,而动机则是由需要引起的。当人们产生某种需要而未能满足时,就会产生欲望,它促使人处在一种不安和紧张状态之中,从而成为做某件事的内在驱动力。心理学上把这种驱动力称为动机。动机产生以后,人们就会寻找、选择能够满足需要的策略和途径,而一旦策略确定,就会进行满足需要的活动,产生一定的行为。活动的结果如果未能使需要得到满足,则人们会采取新的行为,或重新努力,或降低目标要求,或变更目标从事别的活动。如果活动的结果使作为活动原动力的需要得到满足,则人们往往会被自己的成功所鼓舞,产生新的需要和动机,确定新的目标,进行新的活动。因此,从需要的产生到目标的实现,人的行为是一个周而复始、不断进行、不断升华的循环过程,如图6-5所示。

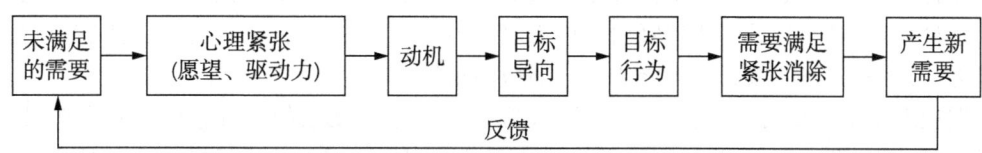

图 6-5　需要、动机与行为的关系

激励是一个适用于各种动机、欲望、需要、希望的一个通用术语。领导者激励下属,就是使下属的动机和欲望得到满足,从而使下属产生领导者所希望和要求的行为。这里的动机和欲望、希望、要求都属于心理或精神状态。激励过程本身是一个内部的心理过程。尽管它直接引起行为,却并不是能够直接观察到的。在任何情况下,都无法对激励加以直接测定,而只能通过观察人的行为来推断被激励的程度。这就意味着必须从工作效果上确定激励的效果。因此,必须联系人的行为去研究激励。

二、激励理论

正是围绕着人的需要这个核心,形成了各种各样的激励理论。由于激励理论大多数围绕人的需要实现及其特点的识别,以及如何根据需要类型和特点的不同来采取措施影响人们的行为而展开的,因此根据激励对象的不同,一般可以把激励理论分为激励的内容理论、激励的过程理论和激励的强化理论。第二章对激励的内容理论,如需要层次理论、双因素理论等理论已经阐释,这里不再赘述。下面重点介绍激励的过程理论和激励的强化理论。

(一)激励的过程理论

过程型
激励理论

激励的过程理论研究"激励是怎样产生的",试图说明员工面对激励措施,如何选择行为方式去满足他们的需要,以及确定其行为方式的选择是否成功。此理论解释的是"为什么员工会努力工作?"和"怎样才会使员工努力工作?"这两个问题。激励的过程理论包括两种基本类型:期望理论和公平理论。

1. 期望理论

美国心理学家维克托·H.弗鲁姆(Victor H. Vroom)于1964年在他的著作《工作与激励》一书中首次提出了比较完整的期望理论,该理论已成为动机激励领域的核心理论之一。

弗鲁姆认为,一种激励因素(或目标),其激励作用的大小,受到个人对组织给予报酬(或诱因)的价值判断及对取得该报酬可能性的预期双重因素的影响,前者称为效价,后者称为期望值(期望概率),可用下面的公式表示:

$$激励效果(M)=效价(V)\times期望概率(E)$$

其中,激励效果指一个人受激励的程度,愿意为达到目标而努力的程度;效价是指一个人对行动的结果能满足其需要的程度的估计,其取值范围可由"+1"到"-1",结果对个人越是重要,效价越接近于"+1";结果对个人无关紧要、是无所谓的事,效价就接近于"0";如果是个人很不希望发生而要尽力避免的结果,其效价就接近于"-1";期望概率指个人对行动会导致某一预期结果的概率估计,其取值范围由"0"到"+1"。

从上式中可知,组织的管理要收到预期的激励效果,要以激励手段的效价(能给激励对象带来的满足)和激励对象获得这种满足的期望值都足够高为前提的。只要效价和期望值中有一项的值较低,都难以使激励对象在工作岗位上表现出足够的积极性。

弗鲁姆还认为,效价和期望值都是个人的一种主观判断,即对人的行为的激励涉及三部分心理过程:报酬本身是否能够吸引人们为之付出努力、付出努力的行为是否能够取得预期的结果,努力和工作绩效的结果能否带来期望的报酬。

期望理论揭示出对人的行为的激励,实际上是一种很复杂的过程。管理者在向员工下达任务时,必须考虑工作本身的挑战性,以使其效价能产生重要的刺激作用。同时,也要考虑任务的合理性,使人们通过努力可以完成,员工在取得绩效之后奖励又能及时兑现,这样才能使激励与绩效之间形成良性循环。

2. 公平理论

美国心理学家亚当斯(J.S.Adams)于1965年首先提出了公平理论。该理论是研究在与他人比较的过程中,个人所做出的贡献与他所得到的报酬之间如何平衡的问题,研究报酬的公平性对人们工作积极性的影响。

公平理论认为,当一个人做出了成绩并取得报酬以后,他不仅关心自己所取得报酬的绝对量,而且关心自己所得报酬的相对量。也就是说,每个人都会自觉不自觉地把自己所获的报酬与投入的比率,同他人的收支比率或本人过去的收支比率相比较,如下所示:$\frac{O_A}{I_A}$与$\frac{O_B}{I_B}$。

其中,O(outcome)代表报酬,如工资、奖金、升职、赏识、受人尊敬等,包括物质方面和精神方面的所得;I(input)代表投入,如工作的数量和质量、技术水平、努力程度、能力、精力、时间等;A代表当事人;B代表参照对象。参照对象通常是自己的同事、同行、邻居、亲朋好友(一般是与自己状况相当的人)等,也可能是自己的过去。

(1) 与他人的比较称为社会比较或横向比较,结果可能为三种情况:

① 如果$\frac{O_A}{I_A}=\frac{O_B}{I_B}$,当事人会觉得报酬是公平的,他可能会因此保持工作的积极性和努力程度。

② 如果$\frac{O_A}{I_A}<\frac{O_B}{I_B}$,当事人感到不公平,此时他可能会要求增加报酬,或自动地减少投入以便达到心理的平衡。

③ 如果$\frac{O_A}{I_A}>\frac{O_B}{I_B}$,说明当事人得到了过高的报酬或投入较少。在这种情况下,一般来讲当事人不会要求减少报酬,而有可能会自觉地增加投入量。但过一段时间后他就会因重新过高估计自己的投入而对高报酬心安理得,于是其投入又会恢复到原先的水平。还有另外一种情形,当事人开始可能心里一阵暗自高兴,但高兴之余,又会担心这种不公平会影响工作伙伴对自己的评价,从而影响自己在正式组织或非正式组织中的人际关系,因此会在以后的工作中谨慎小心,同样不利于调动其积极性。

(2) 与自己的过去比较称为历史比较或纵向比较,也分三种情况:

① 如果$\frac{O_A}{I_A}=\frac{O_B}{I_B}$,当事人会认为基本公平,积极性和努力程度可能会保持不变。

② 如果$\frac{O_A}{I_A}<\frac{O_B}{I_B}$,当事人会感到不公平,其工作积极性会下降(减少投入),除非给他增加报酬。

③ 如果$\frac{O_A}{I_A}>\frac{O_B}{I_B}$,一般来讲当事人不会觉得所获报酬过高,因为他可能会认为自己的能力和经验有了进一步的提高,其工作积极性不会因此而提高多少。

当事人会采取多种方法,减小和消除与参照对象比较的差异,使之相等。一般情况下,人们使用横向(社会)比较较多。

尽管公平理论的基本观点是普遍存在的,但在实际运用时很难把握。因为个人的主观判断对此有很大的影响,人们总是倾向于过高估计自己的投入,过低估计自己所得的报酬;对别人的投入和所得报酬的估计则与此相反。因此,这种行为会对管理者施加比较大的压力。所以,管理者在运用该理论时应当更多地注意实际工作绩效与报酬之间的合理性,同时应帮助当事人正确认识自己与别人的投入和报酬。

公平理论对报酬分配至少在以下四个方面提供了有价值的建议:按时计酬时,收入超过应得报酬的员工的生产率水平将高于收入公平的员工;按量计酬时,收入超过应得报酬的员工与那些收入公平的员工相比,产品生产数量增加不多,而主要会提高产品质量;按时计酬时,对于收入低于应得报酬的员工来说,将使生产的数量或质量下降;按量计酬时,收入低于应得报酬的员工与收入公平的员工相比,将会使产量增加而质量降低。

许多组织为了避免员工产生不公平感,往往采取各种手段,在企业中造成一种公平合理的气氛,使职工产生一种主观上的公平感。或采用秘密的单独发奖的办法,使员工相互不了解彼此的收支比率,以免职工相互比较而产生不公平感。

(二) 激励的强化理论

激励的强化理论主张对激励进行有针对性的刺激,只看行为与其结果之间的关系,而不是突出激励的内容和过程。激励的强化理论是由美国心理学家斯金纳(B. F. Skinner)在20世纪30—50年代提出的。该理论认为人的行为是其所受刺激的函数。斯金纳通过实验研究得出结论:人具有学习的能力,如果某种刺激对人有利,那么在以后,人们为了满足同类需要,便会根据学到的经验重复此种行为,使这种行为重复出现;如果对人不利,则这种行为就会减弱直至消失。

管理人员可以通过各种强化手段,营造一种有利于组织目标实现的环境和氛围,使组织成员的行为符合组织的目标。强化可分成正强化、负强化、惩罚、自然消退四大类型。

1. 正强化

所谓正强化是指奖励那些符合组织目标的行为,以便使这些行为得以进一步加强,重复出现,从而有利于组织目标的实现。正强化的内容可以多种多样,包括物质奖励和精神奖励,如增加薪金、提升职位、对其工作成果的承认和赞赏等。

为了使强化达到预期的效果,必须注意实施不同的强化方法。正强化可以是连续的、固定的,比如对每一次符合组织目标的行为都给予强化;也可每隔一段固定时间给予一定数量的强化。尽管这种强化有及时刺激、立竿见影的效果,但久而久之,人们就会对这种正强化有越来越高的期望,或者认为这种正强化是理所当然的。这时,管理者只能不断加强这种正强化,否则其作用会减弱甚至不再具有刺激行为的作用了。正强化的科学方法应该是,使其强化的方式保持间断性,强化的时间和数量也不固定。也就是说,管理人员应根据组织的需要和员工的行为状况,不定期、不定量地实施强化,以使得每次强化都能收到较好的效果。

2. 负强化

所谓负强化就是惩罚那些不符合组织目标的行为,以便使这些行为减弱,甚至消失,从而保证组织目标的实现。这种强化方式能从反面促使人们重复符合要求的行为,达到与正强化同样的目的。负强化的方法也包括物质处罚和精神处罚。不进行强化或者忽视,也是负强化可用的方法。与正强化不同的是,负强化要维持其连续性,即对每一次不符合组织目标的行为应及时予以处罚,从而消除人们的侥幸心理,减少直至完全消除这种行为重复出现的可能性。

3. 惩罚

惩罚是指对令人不愉快或不希望的行为给予处罚,以减少或削弱该行为。在使用惩罚时首先要注意惩罚的即时性,惩罚需在行为发生后立即执行,否则效果削弱;其次要保持惩罚一致性,每次不良行为均需受到惩罚,避免规则模糊;最后要掌握惩罚的适度性,惩罚强度需与行为严重性匹配,避免过度或无效。

4. 自然消退

自然消退是指通过不提供个人所期望的结果来减少某行为的发生。与惩罚不同,消退不涉及施加负面刺激,而是通过"忽略"行为来降低其发生频率。自然消退体现无强化原则,行为发生后不给予任何关注(包括批评或奖励)。具有相应的持久性,消退需长期坚持,避免因偶尔强化导致行为反弹。自然消退后要培养替代行为,引导个体建立更积极的行为模式。

在管理工作中运用强化理论时,应遵循以下原则:

(1)要明确强化的目的或目标,明确预期的行为方向,使被强化者的行为符合组织的要求。

(2)要选准强化物,每个人的需要不同,因而对同一种强化物的反应也各不相同。这就要求具体分析强化对象的情况,针对他们的不同需要,采用不同的强化措施。即选准强化物是使组织目标同个人目标统一起来,以实现强化预期要求的中心环节。

(3)要及时反馈。为了达到强化的目的,必须通过反馈的作用,使被强化者及时了解自己的行为后果,并及时兑现相应的报酬或惩罚,使有利于组织的行为得到及时肯定,促使其重复;使不利于组织的行为能得到及时制止。

(4)要尽量运用正强化的方式,避免运用惩罚的方式。斯金纳发现,惩罚不能简单地改变一个人按原来想法去做的念头,只能教会他们如何避免惩罚。事实上,过多地运用惩罚,往往会造成被惩罚者心理上的创伤,引起对抗情绪,乃至采取欺骗、隐瞒等手段来逃避惩罚。

但是,有时又必须运用惩罚的方式,为了尽可能避免惩罚所引起的消极作用,应把惩罚和正强化结合起来。在执行惩罚时,应使被惩罚者了解受到惩罚的原因和改正的办法,当其一旦有所改正时,即应给以正强化,使其符合要求的行为得到巩固。

 **知识拓展**

马 太 效 应

《新约·马太福音》中有这样一个故事:一个国王远行前,交给3个仆人每人一锭银子,吩咐道:"你们去做生意,等我回来时,再来见我。"国王回来时,第一个仆人报告说:"主人,你交给我的一锭银子,我已赚了10锭。"于是,国王奖励他10座城邑。第二个仆人报告说:"主人,你给我的一锭银子,我已赚了5锭。"于是,国王奖励他5座城邑。第三仆人报告说:"主人,你给我的1锭银子,我一直包在手帕里,怕丢失,一直没有拿出来。"于是,国王命令将第三个仆人的1锭银子赏给第一个仆人,说:"凡是少的,就连他所有的,也要夺过来。凡是多的,还要给他,叫他多多益善。"这就是马太效应,反映当今社会中存在的一个普遍现象,即赢家通吃。

讨论:谈谈你的心得和体会。

三、激励手段与方法

在激励理论的指导下,领导者需要选择有效的激励方法,提高员工接受和执行目标的自觉程度(提高认识),激发被领导者实现组织目标的热情(端正态度),最终达到提高员工行为效率的目的。并且,在任何组织中,每个员工都有自己的特性,他们的需求、个性、期望、目标等个体变量各不相同。

传统的激励主要是指对员工的激励,在现代企业中,激励主要应用在经营层即管理者和员工身上。

(一)对经营层的激励

经营层对企业效率起着决定性的作用,是激励的主要对象。经营层领取工资,并享受以绩效为基础的报酬政策。对于经营层常用的激励方法有如下几种。

1. 年薪激励

对企业经营层可以实行风险年薪制,根据企业经营业绩拿全额或部分年薪。全额年薪包括基本年薪、风险年薪和奖励年薪,这可以增强经营层的风险意识,也可以刺激经营层为了拿到全额年薪而努力工作,从而与实现企业的目标协调一致。

2. 股票期权激励

股票期权是以股票为标的物的一种合约,给予经营层购买本公司股票的选择权,持有股票期权的人将根据约定的价格和股票市场价格的差异情况决定执行或放弃该项期权,使其成为企业的主人,能够分享企业的长远利益。自从迪士尼公司和华纳公司最早引进股票期权制度激励公司的经理人以来,股票期权获得了迅速的发展。股票期权是在非对称信息条件下,企业董事会给予企业经营层在未来某一时间以已经确定的执行价格购买一定数量股票的权利。股票期权制度是现代企业制度中用于激励经营层行为长期化的常见手段之一。

知识拓展

木 桶 理 论

木桶理论,又称短板理论,是讲一只木桶能装多少水,这完全取决于它最短的那块木板。这就是说任何一个组织,可能面临的一个共同问题,即构成组织的各个部分往往是优劣不齐的,而劣势部分往往决定整个组织的水平。

讨论:你有哪些心得和看法?如何解决组织中的"短板"?

(二)对员工的激励

常用的激励方法可以归纳为以下几种。

1. 物质激励

美国哈佛大学教授威廉·詹姆士研究发现,在缺乏科学、有效激励的情况下,人的潜能只能发挥出20%~30%,而70%~80%的潜能要靠科学有效的激励机制才能让员工发挥出来。所以,对于员工来说,企业必须建立起完善的激励机制。在众多激励方式中,薪酬激励——作为企业激励机制中最重要的激励手段,如果能够真正发挥好它对员工的有效作用,那么,就实现了员工与企业的双赢:既有利于提高企业员工的积极性,又有利于企业的良好发展。

在企业里,要让薪酬激励真正起到激励员工的作用,就一定要让员工充分感受到自己的每一分努力都是有经济回报的,而且报酬是公平、合理的。

物质激励就是通过满足个人物质利益的需求,来调动其完成任务的积极性。在经济社会中,管理者运用金钱对员工进行物质激励成为首选的激励措施,因为金钱是人们在社会中获得生存及被评价为成功的最基本要素,而且用金钱作为奖励手段要比精神激励更容易量化,更便于掌握。管理者运用金钱激励时应注意以下几点。

(1) 金钱的价值因人而异。由于组织成员个体之间存在着差异,所以他们对金钱的偏爱程度是不同的。而且,相同的金钱,对于不同收入的员工有着不同的价值。例如,由于社会文化的影响,女性更能接受较低的工资;高学历者的需要层次较高,更看重成就、尊重、社会地位,等等;能力较高的人更欢迎金钱激励,而不愿搞平均主义。

(2) 金钱激励必须公正。一个人对他所得的报酬是否满意不是只看其绝对值,而更看重相对报酬,员工会进行社会比较或历史比较,判断自己是否受到了公平对待,从而影响到他们的情绪和工作态度。

(3) 金钱激励必须反对平均主义。员工的奖金要根据个人业绩来分配,平均分配起不到激励作用。

(4) 金钱激励还要同其他激励手段结合使用,如管理者还要关心员工,为员工解决实际困难,激发员工对组织共同愿景的认同,强化组织归属感,帮助员工增强自信心、自尊心等,这样才能使金钱激励发挥更大的作用。

2. 目标激励

目标是指在一定的时间内所要达到的具有一定规模的期望标准,是人们所期望达到的成就和结果。目标激励是根据人们期望获得的成就或结果,通过设置科学的目标,使个人的需要、期望与组织的目标挂钩,以引导行为。这是激发员工工作热情的一种常用激励方式。

目标激励的核心是通过在企业中全面推行目标管理,加强员工对组织管理的参与意识和行动,员工围绕企业的总目标,制定和落实个人目标和完成目标的措施,从而可以大大加强他们实现组织目标的责任感和积极性。管理者应将主要精力放在帮助员工消除障碍上,鼓励员工主动参与目标的设定。还要不断地检查进度,不断给予阶段性的评价,及时提醒与纠正不足,同时给予员工较大的发展空间。

3. 支持性激励

支持性激励在领导活动中表现为,领导者对下属的尊重、信任、关心,千方百计创造条件满足他们的合理需求,并且积极为困难员工排忧解难。感情投资在现代管理中是一个非常重要的因素,它能密切上下级关系,增强员工的动力,振奋员工的精神。美国学者麦克马克说:"你越使你的下属显得精明强干,就越显得你是一个精明强干的管理者。"任何高明的领导者,都应当尽可能对下属采取更多的支持性激励手段。

4. 榜样激励

榜样激励的核心是在组织中树立正面典型和标兵,以他们良好的行为鼓舞员工,创造业绩。从心理学的观点看,任何人(特别是青少年)都有强烈的模仿心理,榜样的力量是无穷的。20 世纪 50 年代以来,我国在各条战线上树立过像雷锋、李向群等一大批英雄模范人物,对社会产生过巨大的影响,对物质文明与精神文明的建设都做出了巨大的贡献。但"榜样"的树立,应当坚持实事求是,不要"虚构"和"夸张",以免引起员工的逆反心理。

5. 强化激励

强化激励就是运用斯金纳的强化理论对员工的行为进行改造。领导者应该经常运用表扬、奖励(包括物质奖励和精神奖励)等正强化手段来鼓励员工,巩固和强化他们为组织作出的正确行为,同时辅以批评、警告、惩罚等负强化手段削弱某些员工的不良行为。在强化手段的运用上,要坚持以表扬和奖励为主的方法,避免由惩罚过多所带来的负面效应。

6. 领导行为激励

领导行为激励的核心在于领导者通过示范作用激发下属效能。常言道"身教重于言教",作为组织各层级的核心角色,领导者的行为对下属具有显著的示范效应。从权力理论视角分析,这种示范行为正是专长权与个人影响权的具象化体现。以我国优秀干部焦裕禄、孔繁森为例,他们凭借躬身力行的工作作风与崇高的个人修养,不仅取得卓越工作实绩,更在群众中形成深远影响。这印证了领导行为激励的实践价值——领导者通过自身行为传递价值观,能有效凝聚团队共识,推动组织目标的实现。

7. 员工持股激励

员工持股激励是在市场经济条件下,对员工进行激励的最根本的方法之一。在某些西方国家已经相当普遍,其出发点是实行产权多元化,鼓励员工在企业持股,利润共享。其原因在于员工持股增加了员工对企业的认同感,使员工能迸发出巨大的工作热情和责任感,促进企业效益的提高。

8. 危机激励

危机激励的实质是树立全体员工的忧患意识,做到居安思危,无论是在企业顺利还是困难的情况下,都永不松懈、永不满足、永不放松对竞争对手的警惕。

9. 企业文化激励

企业文化是指一个企业全体成员所共有的信念和期望模式,推行企业文化有助于建立员工共同的价值观和企业精神,树立团队意识。组织成员不仅是"经济人""社会人",还是一个"文化人"。人作为一种社会存在,其个人选择必然直接镶嵌到社会文化结构之中。文化激励的作用是深层次的,影响是深远的,文化中包含的价值观为组织带来了更高级的激励。在一个优秀的文化氛围中,组织成员获得的是一种价值的肯定,包括尊重、成就感及自我发展,这比获得单纯的经济利益更高级,也更有效。

美国、日本有许多企业全面推行企业文化,取得了非常成功的效果,不但增加了企业的凝聚力和员工的自豪感,而且提高了企业素质和整体实力。优良的企业文化也是组织必不可少的激励手段。

 **动动脑**

如何激励员工

助理工程师黄大佑,一所名牌大学的高材生,毕业后工作已八年,于四年前应聘到一家工厂的工程部负责技术工作,工作勤恳负责,技术能力强,很快就成为厂里有口皆碑的"四大金刚"之一,名字仅排在一号种子厂技术部主管陈工之后。然而,工资却同仓库保管人员不相上下,一家三口还住在来时住的那间平房。对此,他心中时常有些不平。

王厂长,一个有名的识才老厂长,一句"人能尽其才,物能尽其用,货能畅其流"的孙中山先生名言,在各种公开场合不知被他引述多少遍了,实际上,他也是这样做的。四年前,黄大佑来报到时,门口用红纸写着"热烈欢迎黄大佑工程师到我厂工作",几个不凡的颜体大字,是王厂长亲自吩咐人事秘书部主任落实的,并且交代要把"助理工程师"的助理两字去掉,这确实使黄大佑当时得意不少,工作更加卖力。

两年前，厂里有指标申报工程师，黄大佑属于有条件申报之列，但名额却让给一个没有文凭、工作平平的老同志。他想问一下厂长，谁知，他未去找厂长，厂长却先来找他了："黄工，你年轻，机会有的是。"去年，他想反映一下工资问题，这问题确实重要，来这里的其中一个目的不就是想增加收入，提高一下生活待遇吗？但是几次想开口，都没有勇气说出来。因为厂长不仅在生产会上大夸他的成绩，而且，他曾记得，有几次外地人来取经，王厂长当着客人的面赞扬他："黄工是我们厂的技术骨干，有创新意识。"哪怕厂长再忙，路上相见时，总会拍拍黄工的肩膀说两句，诸如"黄工，干得不错""黄工，你很有前途"，这确实让黄大佑兴奋："王厂长确实是一个伯乐。"此言不假，前段时间，王厂长还把一项开发新产品的重任交给他呢，大胆起用年轻人。最近，厂里新建好一批职工宿舍，听说数量比较多，黄大佑决心要反映一下住房问题，谁知这次王厂长又先找到他，还是像以前一样，笑着拍拍他的肩膀："黄工，厂里有意培养你入党，我当你的介绍人。"他又不好意思开口了，结果家没有搬成。深夜，黄大佑对着一张报纸招聘栏出神。

第二天一早，王厂长办公室桌上压着一张小纸条，写着："王厂长，您是一个懂得使用人才的好领导，我十分敬佩您，但我还是决定走了。"

思考：
1. 根据学习的激励理论分析黄大佑离职的原因？
2. 如果你是领导将如何调动黄大佑的工作积极性？

【案例讨论】

工人们为何不满

高明最近被大冶某总公司委派到下属的油漆厂，担任油漆厂厂长助理，以协助厂长搞好管理工作。高明毕业于某名牌大学，主修企业管理，来油漆厂之前在公司企业管理处负责人力资源管理工作。这次来油漆厂工作，他信心十足。

到油漆厂上班的第一周，高明深入车间体察"民情"。一周后，他已对工厂的生产流程了如指掌，同时发现工厂生产效率低下，工人怨声载道，他们认为车间工作环境又脏又吵。工厂对他们工作的环境没有相应改善性措施，由于季节变换，他们常常要忍受气温的剧烈变化，且工作单调无挑战性，报酬也少得可怜。

在第一周里，高明还看到了工厂工人的有关记录，从中他获悉以下信息：

工厂以男性工人为主，约占92%。50%的工人年龄处于25—35岁，36%的工人在25岁以下，14%的工人在35岁以上。工人的文化程度低下，66%的工人小学毕业，初高中毕业的工人占32%，具有中专、技校学历的工人占2%。任职时间较短，50%的工人在油漆厂工作仅1年或更短，30%的工人工作不到5年，工作5年以上的工人仅占20%左右。

高明向钱厂长汇报了一周的调研情况，并提出建议："钱厂长，在与车间工人的接触中，我发现部分员工的基本需求并未得到满足。若想提升生产效率，或许需要关注并满足工人的一些基本需求。"不料钱厂长反驳道："满足他们需求？别忘了，他们拿钱做事，只对工资报酬感兴趣，对这个工作本身缺乏兴趣。"他稍作停顿，语气愈发严厉："小高，你在车间观察了一周——工人消极怠工、规避责任，从未全力以赴。根本原因就在于，他们对这个工作毫无热情且懒惰。"

第六章　领导与激励

钱厂长的一席话使高明颇为吃惊。他认为钱厂长对工人的评价不太正确。通过与工人们一周的接触,他觉得他了解工人,也相信工人。

于是,高明准备第二周向所有的工人发出调查问卷,以便确定出工人有哪些实际需求,并找到哪些需求已被满足,哪些未被满足。他希望通过问卷调查的结果来说服厂长,重塑油漆厂工人的士气。在问卷中,他根据对工人工作的重要程度排列了15个因素,每个因素都涉及他们的特定工作。

调查问卷的结果显示,工人并不认为他们懒惰,只是工作环境差,工作单调且报酬较低,他们并不在乎多做额外工作。工人群体要求工作环境良好且具有挑战性,最好具有创造性,可以激发他们的潜力。比如:他们希望工作复杂多样,能让他们多动脑筋,并提供良好的回报。此外,工人群体表达了工作中需要友情的愿望。他们乐于在良好的合作关系中工作并互相帮助,分享快乐和分担忧愁,并且希望能了解到怎样才能把工作做得更好。

由此,高明得出了一个简单的结论,即导致工人不满情绪和低的生产效率的最主要的原因来自:报酬低、工作单调、人情冷漠和工作环境差。

讨论:
(1) 请你设想出高明调查问卷的主要项目。
(2) 根据问卷结果,试分别列出保健因素和激励因素可能包括哪些项目。

【实训项目】

激励技能实训

项目背景

A公司是一家国有企业集团,根据上级调令,李平前往A公司的下属企业B公司担任区域经理。在交接工作时,前任经理特意对领导班子中的一位副手赵军的情况作了详细介绍,说赵军个性强,不好合作,凡事都要听他的,有时经理决定了的事,如果他不同意,经理的决策就很有可能得不到有效实施。前任经理还对李平说,要不是知道他自己要调离,他一定会建议上级想办法把这位副手撤掉。前任经理的介绍在李平的心理上埋下了较大的阴影。

后来,李平正式接任工作,在与这位副手的接触中,发现这位副手确实很有个性,如:自尊心很强,人很正直,对工作很有主见,也敢于负责,好胜心强,总希望自己分管的工作做得比别人好。

问题:假设你是李平,对于赵军这位副手,应该怎样做,才能既调动其积极性,又实现有效的领导,保证组织整体目标的实现?

实训目的

通过实训,进一步掌握并理解领导和激励的主要理论,掌握领导和激励的主要方法和手段,并能根据对象的不同特点选择有效的领导方式和激励手段。

实训步骤

(1) 自由组合成小组,每组3～5人。
(2) 每组选出一名组长主持本组会议讨论,要求围绕所学的领导和激励的内容,创造一个自由交换意见的气氛,并激起参与者踊跃发言。
(3) 每组选择一位成员记录会议进程,把大家提出的所有方案记录下来。
(4) 根据讨论的结果,整理出讨论方案。

(5) 分组现场演示,同学交流,教师点评。

【同步测试】

一、单项选择题

1. 曹雪芹虽食不果腹,仍然坚持《红楼梦》的创作,是基于其(　　)。
   A. 自尊需要　　　　　　　　　　B. 安全需要
   C. 自我实现需要　　　　　　　　D. 以上都不是

2. 根据权变理论,领导方式的有效性主要是与环境相适应。(　　)因素对领导的有效性没有影响。
   A. 职位权力　　　　　　　　　　B. 任务结构
   C. 保健因素　　　　　　　　　　D. 领导者与被领导者的关系

3. 某企业多年来任务完成得都非常好,职工经济收入也很高,但领导和职工的关系很差。该领导方式很可能是管理方格理论中的(　　)。
   A. 贫乏型　　　B. 俱乐部型　　　C. 任务型　　　D. 中间型

4. 王先生是一名年轻的技术人员,一年前被调到企划部任部门经理。考虑到自己的资历、经验等,他采取了较为宽松的管理方式。王先生的领导风格最有助于产生良好的效果的是(　　)。
   A. 任务明确,王先生与下属关系好但职位权力弱
   B. 任务明确,王先生与下属关系不好但职位权力强
   C. 任务不明确,王先生与下属关系不好但职位权力弱
   D. 任务不明确,王先生与下属关系好但职位权力强

5. 当人们认为自己的报酬与劳动所得之比与他人的报酬和劳动所得之比相等时,就会有较大的激励作用。这是激励理论中的(　　)。
   A. 双因素理论　　B. 公平理论　　C. 强化理论　　D. 需求层次理论

6. 领导生命周期理论是基于领导者的工作行为、关系行为与被领导者成熟程度之间的关系来研究领导方式的。领导者提供极少的指导和支持的领导风格被称为(　　)。
   A. 高工作—低关系　　　　　　　B. 高工作—高关系
   C. 低工作　高关系　　　　　　　D. 低工作　低关系

7. 属于领导者个人的权力是(　　)。
   A. 强制权　　　B. 奖励权　　　C. 专长权　　　D. 法定权

8. 某企业规定,员工上班迟到一次扣发50%的当月奖金。此规定出台后,迟到现象基本消除,这是强化理论中的(　　)方式。
   A. 正强化　　　B. 负强化　　　C. 惩罚　　　　D. 自然消退

9. 根据双因素理论,以下说法正确的是(　　)。
   A. 保健因素和激励因素通常都与工作环境和工作条件有关
   B. 保健因素和激励因素通常都与工作内容和工作本身有关
   C. 保健因素通常与工作环境和工作条件有关,而激励因素通常与工作内容和工作本身有关
   D. 保健因素通常与工作内容和工作本身有关,而激励因素通常与工作条件和工作本身内容有关

10. 某公司的一位年轻人工作非常突出,也取得了远高于同行业平均水平的薪资,但他仍未感到满足,这种现象可以用( )解释。
 A. 期望理论　　　　B. 公平理论　　　　C. 需求层次理论　　　D. 强化理论

二、判断题

1. 根据领导的生命周期理论,领导采用的领导方式应该与下属的成熟度相一致。
( )

2. 费德勒模型认为,某种领导方式的有效性与他是否和所处的环境相适应无关。
( )

3. 根据公平理论,当员工的所得相同时,他们会感到他们是被公平对待的。 ( )

4. 在双因素理论中,激励因素实际上就是与工作内容相关的内在因素。 ( )

5. 根据激励理论,只要增加员工的工资就能把员工的积极性调动起来。 ( )

6. 领导需要具备良好的时间管理能力。 ( )

7. 适当的压力可以提高员工的工作效率。 ( )

8. 及时的反馈和指导可以有效地提高员工的工作效率。 ( )

三、简答题

1. 领导者应如何对待自己的权力?

2. 简述弗鲁姆的期望理论的主要内容。

3. 领导者应具备哪些素质?作为一名在校学生,应如何提升自己的综合素质?

第七章 控制职能与绩效评价

【学习目标】

知识目标

1. 了解控制的定义。
2. 掌握控制的过程。
3. 掌握控制的技术与方法。
4. 掌握绩效评价与绩效管理的内涵。
5. 熟悉绩效评价的方法。
6. 掌握绩效管理的流程。

能力目标

1. 能够结合实例阐释控制的分类。
2. 能够灵活运用控制方法进行管理实践活动。
3. 能够运用绩效评价方法进行绩效考核。

素养目标

1. 培养质量至上、诚实守信的管理理念。
2. 培养遵纪守法、勇于承担社会责任的职业道德。
3. 培养应急管理、及时控制的管理意识。

【关键概念】

控制,绩效,绩效评价,绩效管理。

【体系结构】

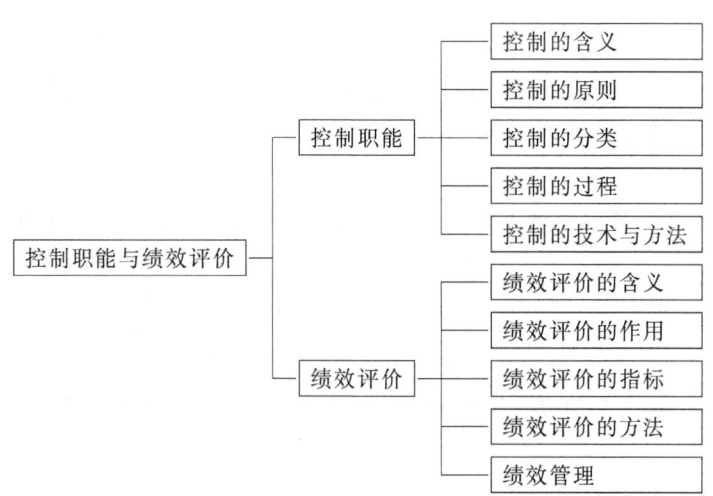

【案例导入】

格力的"笨方法"

格力电器股份有限公司(以下简称"格力")是全球最大的集研发、生产、销售、服务于一体,生产规模最大、规格种类最全的专业化空调生产企业之一。"格力"品牌空调的业务遍及全球100多个国家和地区。

格力成功的原因,除了专业化经营、科学的营销网络,最重要的是格力的质量控制体系。然而,格力并不是一开始就重视质量控制问题的。

1993年,格力和其他国产空调一样存在噪声等问题,当时格力内部对此争论也颇多。一种意见认为格力和春兰、科龙相比质量并不差,没有必要在这个问题上花更大力气,应该在规模、价格等方面向同类对手发起冲击。但一件小事改变了格力人的看法,当时一个意大利公司进口的20台格力空调全部遭到退货,原因是其中一台室外机的外壳在使用3个月后出现了一个锈斑。格力人认识到在国际市场上对空调的标准要求更高,格力必须把质量控制放在国际与未来市场的标准上来重新考虑这个问题。

在格力人看来,"质量管理没有人情可讲"。一台空调由成百上千个零部件组成,每个零部件合格与否直接决定着整机的性能。为了控制零部件的产品质量,1995年3月,格力成立了独一无二的筛选工厂。600人的工厂不产生效益,只负责对进货进行100%的筛选,所有零件都要经过各种检测,合格后方能上生产线,连最小的电容都必须经过严格测试,然后提供给组装车间。这一举措被外界评论为"最笨的方法",而格力人就是要用"最笨的方法"制造出最好的空调。这看似是对人员和财力的极大浪费,格力人却有自己的见解:只要有1%的零部件不合格,那么生产出来的整机便100%不合格,你再怎么维修好、服务好,消费者心中都会不舒服。筛选工厂对格力的质量控制起了很大的作用,格力空调的可靠性、稳定性大大提高,维修率大大减少。

格力还成立了"质量监督队",设立专人专门监督检查在各个环节中的质量问题,发现问题及时处理。除了筛选工厂,格力总共有400多个检测员。在格力车间,流水线的每一道工序都有检测室和两名检测员。

从1999年开始,格力投入百万巨奖推行"零缺陷"工程,在设计、制造、采购等环节大力推广"零缺陷",使格力空调的返修率大大降低。当时美国一家企业订购了4万台格力空调,结果发现问题的只有4台,也就是万分之一的维修率,这是令许多国际空调品牌都望尘莫及的。

格力打造精品的努力得到了回报。2024年,格力的全球销售额约1900亿元,分体式空调销售量位居第一,这一成绩彰显了格力在全球空调市场的强大实力和领先地位。

思考:
1. 格力通过什么方法确保空调销量在全球遥遥领先?
2. 格力采用的"最笨的方法"和"质量监督队"在整个生产环节中起到的作用是什么?

【知识积累】

第一节　控　制　职　能

一、控制的含义

控制(control)一词最早来源于希腊语"掌舵术",意指当船只偏离航线时,领航者通过发布指令将其拉回到正常的轨道上来。后来,人们将这个概念引入动力学和社会管理系统中,泛指引导一个动态系统达到预定的状态。"控制"这一概念在日常生活中普遍存在,如会议开始前工作人员检查设备状态、工厂车间里的质检、某公司电话服务后让你对服务作出评价等,都是采取各种有效措施以"控制"工作计划的顺利实施。

在管理学中,作为管理的基本职能之一,控制是指不断地接受和交换组织系统内外信息,按照既定标准来监视各项活动以保证它们按照计划进行并纠正各种重要偏差的过程。通过控制职能,使组织的计划、任务和目标转化为现实。控制的目的就在于保证组织的实际生产经营活动及其成果同组织预期的目标一致。为了更好地掌握控制的含义,应把握三个要点:

(1) 控制与计划紧密相连。控制的实施是以计划为依据的,最终的目的是保证计划的实施和组织目标的顺利实现。因此,只有制定周密明确的计划,控制才能更有效地实施。即计划是指预期的行为和结果,而控制就是按照计划指导人们的行为。

(2) 控制的主要途径是"监督"和"纠偏"。监督是为了在组织活动过程中及时发现偏差,而纠偏也就是纠正偏差,使组织活动回归到正确的方向上。

(3) 控制是一个动态的过程。在控制过程中,计划并不是一成不变的,当组织活动的运行与组织目标发生偏差时,"控制"要及时调整计划,行使"纠偏"的功能。

动动脑

为什么要控制

为什么要控制? 斯蒂芬·罗宾斯的一句话可以解释:"尽管计划可以制定出来,组织机构可以调整得非常有效,员工的积极性也可以调动起来,但是这样仍然不能保证所有的行动按计划执行,不能保证管理者追求的目标就一定能达到。"为什么理想的状态不可能成为现实呢?

(1) 组织内外部环境不停地变化。在制定目标到实现目标的过程中,组织所在的环境总在不断发生变化,如竞争对手推出了新产品或新的服务项目、行业里出现了新的技术、政府制定了新的法规,组织出现了人员的离职,等等。这些环境的变化可能会影响计划目标的顺利实现,这时就需要及时调整企业战略甚至更改计划。

(2) 组织内部的复杂性。如果一个企业生产一种产品,面向一个简单的市场,组织设计简单,那么管理者只需要通过一个简单的系统就能够控制企业的生产经营活动。事实上,现在的企业通常要有若干条生产线,面向不同的且需求不断发生变化的市场,这时管理者就要通过授权以保证经营活动的正常进行。授权之后,管理者怎样才能保证企业的生产经营活动仍在把握中呢? 有效的控制系统可以让管理者了解下属的实际工作绩效,使组织内部的复杂局面变得井然有序。

思考:控制的价值和意义?

二、控制的原则

控制是管理的重要职能之一,也是容易出现问题的一项工作。在许多情况下,管理者制定了良好的计划,也建立了适当的组织,但是由于没有把握住控制环节,最终不能达到预定的目标,为了保证对组织活动进行有效的控制,必须遵循以下基本原则:

（一）相对封闭原则

任何社会组织都是一种开放系统,系统内部与外界环境存在着物质、能量、信息的交换。但是,管理更主要的是解决内部关系,外部关系的解决主要是经营的任务,相对封闭原则是指作为一个组织的管理系统,其管理手段、管理过程、管理制度等必须构成相对连续封闭的回路,从而保证信息反馈,形成有效的管理活动。没有这个封闭回路,就不可能实行控制。

一个管理系统可以分解为决策中心、执行机构、监督机构和反馈机构。决策中心是司令部,由此发出指令,是管理的起点;指令一方面下达至执行机构实施,另一方面传达至监督机构,由其监督实施情况,指令实施的效果输入反馈机构,反馈机构对信息进行处理,比较效果和指令的差距后,把信息反馈回决策中心,决策中心根据新的情况发出新的指令,这便形成了管理系统的封闭回路。从某种意义上讲,管理活动正是在封闭回路中不断振荡、前进的,如图 7-1 所示。

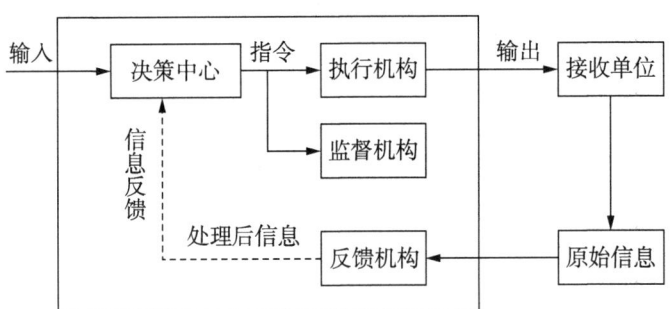

图 7-1　管理系统的封闭回路示意图

由此可见,管理的相对封闭原则是有效管理所不可缺少的机制:一方面是信息反馈的需要;另一方面是管理机构相互制约和促进的需要。如企业中责任制的落实需要同时制定奖惩制度、监督制度和反馈制度,这样才能构成一个封闭回路,使规章制度不至于变成摆设。

在管理实践中,建立管理封闭回路要满足以下基本条件:第一,管理组织的相对独立性,既要有实现本组织功能的必要的自主权,能够对人、财、物等必要资源加以调节运筹,能够调整本组织内的机构设置;第二,要设置环形走向、具有相互制约和促进关系的封闭职能机构;第三,要有较为完善的信息系统,保证信息的有效输入、输出和反馈。

（二）反馈原则

反馈是控制职能中极其重要的一个概念。反馈是指从控制系统的输出端获取信息返回送入系统的输入端,使之对控制系统的输入端发生影响,起到控制修正的作用,以达到预期的目的。如在企业生产过程中,输入加工车间的是图纸、工艺、被加工实物等,输出车间的是加工后的成品。在对成品进行检验时,如果发现有工艺环节对成品质量有影响,车间将此信息反映给技术科室,技术科室及时修改工艺再返回给车间,使车间在再加工过程中让成品质量达到预期目标,这个过程就称为反馈。

企业的反馈系统,按照范围可以分为两类:①企业外部的信息反馈系统,它是一个开放系统,需要企业主动去搜集信息。如企业为了控制产品质量,销售部门应通过用户访问、客户满意度调查等形式,主动收集客户对产品的意见,并及时反馈给企业的相关部门。②企业内部的信息反馈系统,是一个封闭系统。如工厂内部产品生产过程中发现设计方面的问题,就要及时把情况反映给设计部门,通过设计部门改进,解决问题。也就是说,企业的内部反馈信息由产出部门提供,而企业的外部反馈信息则需要企业主动去市场上收集。

在现代化的管理中,为使系统达到既定的目标,企业必须贯彻反馈原则,使系统结构具有不断自我调节的能力。因为任何一种调整、改革,一开始都不一定十分完善,但只要系统具有反馈结构,可以在不断的调节过程中,不断地纠正偏差,逐渐趋于完善,直至达到优化状态。

(三) 弹性原则

弹性原则是指由于客观世界的一切事物都是不断发展变化的,因此,管理活动必须充分保持弹性,以及时适应客观事物各种可能的变化,有效地实现动态管理。

管理弹性在实际工作中可分为两类:

(1) 局部弹性。局部弹性要求管理体系在关键环节预留动态调节空间,尤其需在核心控制点保留充足缓冲。以中国航天工程为例,嫦娥五号月球采样返回任务中,仅月地入射阶段就具备5次轨道参数实时优化机会,确保即便遭遇复杂空间环境干扰,仍可通过局部参数调整实现精准入轨。

(2) 整体弹性。整体弹性是局部弹性的有机整合,体现系统的自适应能力与可塑性。例如,当市场环境变动时,企业生产经营系统需能同步响应,在产品品类、产能配置、规格定制及营销策略等维度快速调整,以维持竞争优势。

三、控制的分类

根据不同的分类标准,控制可以分为不同的类型。

(一) 前馈控制、现场控制和反馈控制

根据控制的时间不同,控制可以分为前馈控制、现场控制和反馈控制。

组织内的所有活动都可以被认为是将各种资源由输入转换再到输出的过程,控制分布到这三个阶段,便形成了三种基本的控制类型:前馈控制、现场控制和反馈控制,如图7-2所示。

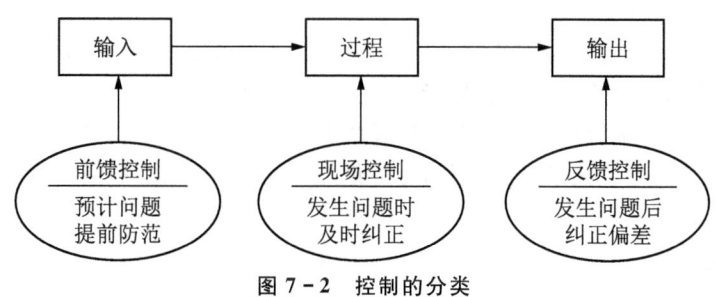

图7-2 控制的分类

1. 前馈控制

前馈控制是指一个组织在一项活动正式开始前将注意力集中在进入组织的各种资源或工作的输入,保证各种资源要素的合理投放。前馈控制是以未来的目标为导向,在工作开始前对工作可能产生的偏差进行预测和估计,采取预防措施,以便在实际偏差产生之前,管理者能运用各种手段对可能出现的偏差进行纠正。计划是典型的前馈控制。另外,如市场调查、新员工的岗前培训、新生入学教育等都属于前馈控制。

前馈控制是最理想的控制类型。首先,前馈控制在偏差发生之前就采取了预防措施和纠正措施,将偏差消除于萌芽状态,有效地限制了偏差的积累;其次,前馈控制在工作开始前就针对计划所依赖的条件进行控制,而不是针对具体的人员,因此,在控制实施过程中不易造成管理者与被管理者的对立情绪,使控制措施能够顺利实施。

前馈控制也存在一定难度。前馈控制的关键是对系统产生偏差的原因进行准确的预测,因此,信息收集是否及时且准确是前馈控制成败的关键。同时,由于系统所处的环境不断变化,工作过程中随时会有新情况出现,管理者必须要充分了解控制因素与计划工作的关系,做好准确的决策,这对管理者的个人素质和业务水平提出了较高的要求。

2. 现场控制

现场控制又称为实时控制或者事中控制,是指在某项活动或工作过程中对人和事给予指导和监督,其目的是及时纠正工作中发生的偏差。现场控制的成效取决于实时信息的获取,在现代经营管理活动中,组织会通过各种先进的信息技术手段获得实时信息,从而进行现场控制。如生产进度控制、生产报表、教师的课堂提问、学生的家庭作业和期中考试等都属于现场控制。

现场控制的优点在于它能够及时发现实际工作与计划的偏差,并采取相应的针对性措施,控制损失进一步扩大。通过现场控制,还可以提高员工的自我控制能力,形成良性循环,提高组织效率。

但是,现场控制的使用范围有限,它一般适用于生产性活动中,而对于结果衡量难度较大的工作(如管理、科研等)则难以发挥作用。此外,现场控制需要管理者及时纠正被管理者的失误,容易造成被管理者和管理者情绪上的对立,损害被管理者的工作积极性。

3. 反馈控制

反馈控制也称为事后控制,是指系统的输出通过一定的通道返送到输入端,从而对系统的输入和再输出发生影响的过程。反馈控制是根据对实际工作的评价来调整系统未来的活动,使系统稳定地保持或达到某种特定的状态。传统的控制方法几乎都属于此类。如商品的检验,公司因产品不合格被媒体曝光后采取危机公关等。

反馈控制发生在活动结束后,因此可以获得计划执行的真实结果,管理者通过对真实信息和计划之间的差异进行分析,总结规律,为计划的进一步实施创造条件,提高工作效率。

但由于反馈控制发生之时偏差已经存在,并且已经影响到系统的运行,对目标的完成已经造成实质性的影响,因此反馈控制只能起到亡羊补牢的作用。此外,由于管理者对偏差的反应还存在一些时滞,从信息反馈到发现偏差再采取纠正措施需要一定的时间,可能在采取措施时已经出现了新的情况,导致纠偏措施不能对症下药,影响了纠偏的效率。

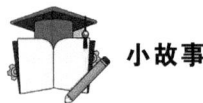
小故事

扁 鹊 的 医 术

魏文王问名医扁鹊说:"你们兄弟三人皆精于医术,到底哪一位最好呢?"

扁鹊答曰:"长兄最好,中兄次之,我最差。"

文王再问:"那为什么你最出名呢?"

扁鹊答曰:"长兄治病,是治病于病情发作之前。由于一般人不知道他事先能铲除病因,所以他的名气无法传出去,只有我们家的人才知道。中兄治病,是治病于病情初起之时,一般人以为他只能治轻微的小病,所以他的名气只及于本乡里。而我扁鹊治病,是治病于病情严重之时,一般人都看到我在经脉上穿针管来放血、在皮肤上敷药等大手术,所以以为我的医术高明,名气因此响遍全国。"

文王叹服。

这个故事启示:事后补救不如事中控制,事中控制不如事前预防,可惜大多数的事业经营者均未能体会到这一点。俗话说:"预防重于治疗。"能防患于未然之前,更胜于治乱于已成之后,等到错误的决策造成了重大的损失才寻求弥补,有时是亡羊补牢,为时已晚。

(二)直接控制、自我控制和间接控制

根据控制的手段不同,可以将控制分为直接控制、自我控制和间接控制。

1. 直接控制

直接控制是指控制者与被控制对象直接接触的控制形式,在管理活动中是指通过管理者直接通过监督和检查对管理对象进行的控制。这种控制方法要求管理者具有丰富的经验、较强的管理能力以及良好的沟通能力。

直接控制的优点是环节少,信息不容易失真,控制直接而有效。而且直接控制如果将任务委派给能力较强的管理者,有助于树立管理者的威信,有效发挥管理者在管理活动中的人格魅力。

由于直接控制完全依赖于管理者的能力,而管理者受时空的限制,可能管理幅度较小,或直接控制的范围比较小,则容易导致控制的反应比较慢,从而导致管理对象的依赖性。

2. 自我控制

自我控制是指管理者对自己的工作能力和工作效果进行自我检查、自我考核和自我评价。这种控制方法的优点是能够发挥员工的主观能动性,提高其自我管理的能力;并且由于控制所涉及的人和环节较少,可以节约控制成本。但是由于人的自控力不足,以及自控过程中的主观性偏差,往往导致自我控制的效果不佳。因此,自我控制能否有效实施取决于员工的素质和责任心。

3. 间接控制

间接控制是指通过建立绩效评价体系,考核员工绩效来实现控制,即预先编制计划和标准,然后对工作过程和结果进行对比,通过分析偏差产生的原因、追究责任来控制管理者的管理水平和能力。

间接控制对比较规范、程序化的工作较为有效。如在酒店服务过程中,可以通过对比员工操作和服务标准程序(SOP)之间的偏差,来衡量员工的操作水平,并制定提高员工服务技能的措施。间接控制最主要的缺点是在出现偏差后才采取措施,从而有可能失去了解决问题的最佳时机。此外,由于间接控制是在整个活动结束以后进行的,使得管理者难以调查发生偏差或者损失的原因。

(三) 预防性控制和纠正性控制

按照控制的性质不同,可以将控制分为预防性控制和纠正性控制。

1. 预防性控制

预防性控制是指在所有事情发生之前,为了避免产生错误,尽量减少日后的纠正活动,防止资金、时间及其他资源的浪费而采取的管理上的努力。如国家强调法制,通过普法活动最大限度地减少由于不知法、不懂法而导致的违法行为,就是预防性控制。此外,规章制度、工作程度和上岗培训都起着预防性控制的作用。使用预防性控制,要求对整个活动的关键点要有比较深刻的理解,能实现预见到问题并提出相应的对策措施,而且这些措施要能够真正落实,还要有良好的监控机构加以控制。

2. 纠正性控制

纠正性控制是指在活动发生后出现偏差时,采取控制措施使活动返回到事前确定的水平。在实际管理工作中,纠正性控制更为常见。如根据审计制度对企业进行不定期检查,以便及时发现问题、解决问题。

管理育人

> **决堤与修堤**
>
> 春秋时期,楚国令尹孙叔敖在苟陂县一带修建了一条南北水渠。这条水渠又宽又长,足以灌溉万顷农田,可是一到天旱的时候,沿堤的农民就在渠水退去的堤岸边种植庄稼,有的甚至还把农作物种到了堤中央。等雨水一来,渠水上涨,这些农民为了保住庄稼和渠田,便偷偷地在堤坝上挖开口子放水。这种情况越来越严重,一条辛苦挖成的水渠,被弄得遍体鳞伤,面目全非,因决口频繁而经常发生水灾,水利设施反而成为水害。
>
> 面对这种情况,历代苟陂县的行政官员都无可奈何。每当渠水暴涨成灾时,便调动军队去修筑堤坝,堵塞暗洞。到了宋代,李若谷出任知县时,也碰到了决堤修堤的棘手问题,他便贴出告示说:"今后凡是水渠决口,不再调动军队修堤,只抽调沿渠的百姓,让他们自己把决口的堤坝修好。"这布告贴出以后,再也没有人偷偷地去决堤放水了。
>
> 控制是对各项活动进行监视,从而保证各项行动按照计划进行并纠正各种显著偏差的过程。这个故事告诉我们,当纠正性控制解决不了问题时,可以通过制定有效的制度来进行预防性控制。

(四) 集中控制、分散控制和系统控制

根据控制的方式不同,控制可以分为集中控制、分散控制和系统控制。

1. 集中控制

集中控制是指在组织中建立一个控制中心,由它来对所有的信息进行统一的加工、处理,并由这一控制中心发出指令,操纵所有的管理活动。在组织的规模和信息量不大,且控制中心对信息的取得、存储、加工效率都很高的情况下,采用集中控制都有利于实现整体的最优控制。如企业的生产指挥中心、天猫超市的仓储中心都采用集中控制的方式。但当组织规模很大时,集中控制会延长信息传递时间,造成反馈时滞,延误决策时机。同时,一旦中

心控制发生故障,整个组织就会陷于瘫痪,导致重大的损失。

2. 分散控制

分散控制是指有目的地将组织的控制权分派给某些管理者或部门,使其能够根据自己的情况分别进行控制。分散控制对信息存储和处理能力的要求相对较低,反馈环节少,处理问题及时,即使个别控制环节出现了失误或故障,也不会引起整个系统的瘫痪,因此控制效率较高。但是,如果分散系统和总系统之间的协调性较差,不能及时进行信息的传导和反馈,会导致整个系统的失控。

3. 系统控制

系统控制是一种把集中控制和分散控制结合起来的控制方式,是指将整个管理系统分为若干层次,上一层次的控制机构对下一层次各子系统的活动进行指导性、导向性的间接控制,而各子系统都具有各自独立的控制能力和控制条件,能够对子系统的管理实施相对独立的处理。因此,系统控制能否成功取决于主系统与子系统之间、子系统与子系统之间的协调好坏。系统控制是目前规模较大的企业中常用的控制方式,随着网络技术和数据库技术的发展,这种控制方式将会得到更快的发展。

 知识拓展

物联网助力生产线智能化

物联网技术的应用,可以实现生产线各个环节的实时监控和互联互通。通过物联网技术,可以对生产设备进行远程监控和管理,做到随时随地掌握生产线的运行情况,有效提高生产效率,减少能源浪费。具体体现在以下两个方面:

1. 实时数据采集与监控

物联网技术通过在生产线上部署大量传感器和智能设备,实现了对生产设备、物料、人员以及生产环境的全方位实时监控。这些传感器能够采集包括设备运行状态、生产速度、物料消耗、环境参数(如温度、湿度)等在内的多种数据,并通过无线网络将这些数据实时传输至中央控制系统或云端平台。

(1) 设备监控:通过物联网传感器,企业可以实时监控生产设备的运行状态,如振动、温度、压力等参数,及时发现设备的异常状态并预警,从而避免设备故障导致的生产中断。

(2) 生产进度监控:物联网技术使得生产进度可视化成为可能。企业可以通过实时监控生产线的运行情况,动态调整生产计划,确保生产任务的按时完成。

(3) 质量控制:在生产过程中,物联网传感器可以实时采集产品质量数据,如产品尺寸、重量、表面质量等,通过大数据分析技术,及时发现并解决质量问题,提升产品质量。

2. 互联互通与协同作业

物联网技术打破了传统生产线上的信息孤岛,实现了设备之间、设备与人员之间、设备与系统之间的互联互通。这种互联互通不仅提高了生产过程的可控性和智能性,还使得多种多样的设备和数据变得具有协同作用。

(1) 设备互联:生产线上的各种机器设备通过物联网技术连接起来,实现信息共享和协同操作。例如,通过传感器监测原材料的状态,自动调整生产参数,确保产品质量的一致性。

（2）供应链可视化：物联网技术使得企业能够实时追踪供应链中的物料流动，优化供应链管理，提高整体生产效率。通过在物流车辆、仓储设备、产品包装等上安装物联网标签或传感器，企业可以实时掌握货物的位置、状态、运输环境等信息。

（3）远程控制与协作：管理人员可以通过物联网平台远程监控工厂的生产状况，并根据需要进行远程控制和调整。物联网还支持不同工厂间的协作生产，通过数据共享和协同控制，优化整体供应链的效率。

四、控制的过程

控制的过程包括三个步骤：①确定控制目标，建立控制标准。②衡量实际工作，获取偏差信息。③分析偏差原因，采取纠正措施。这三个步骤相辅相成，构成了管理控制的完整过程，如图7-3所示。

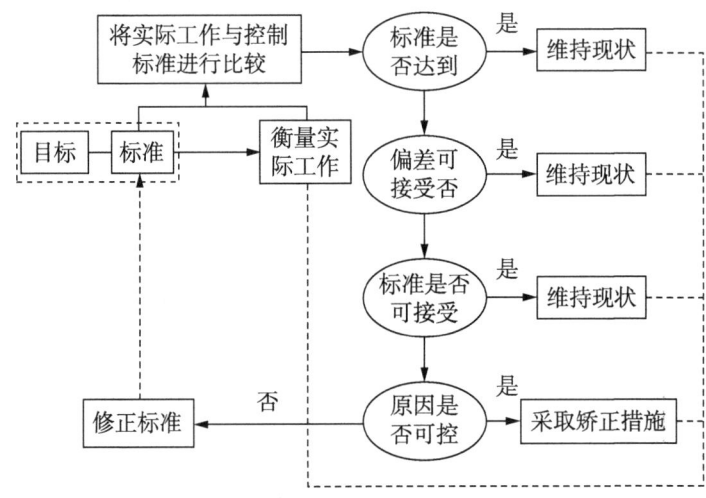

图7-3 控制的完整过程

（一）确定控制目标，建立控制标准

控制的目的是通过对组织活动的检查与评价，实现所期望的目标。因此，控制的第一步应该是确立目标，建立控制标准。没有标准，就无法检查和评价工作的进展，也无法确定活动过程是否产生偏差，以及采取怎样的纠偏措施。

拟定可考核的目标

1. 控制标准的实质和要求

控制标准应该是围绕控制目标，为测定实际工作绩效而建立起来的测量标尺和尺度。对照控制标准，管理人员可以对工作绩效的好坏进行判断，因此，标准的设立必须具有权威性。目标和标准的错误，往往会导致整个管理活动误入歧途，例如，医院以创收来衡量医生的工作绩效，就会引导医生乱开药；餐厅以客人点菜的数量决定员工的收入，就会引导员工盲目地向客人推销菜肴，导致客人不满。

2. 制定控制标准的过程

制定控制标准是一个科学的决策过程，包括确定控制对象、选择控制点、确定控制标准。

（1）确定控制对象。在制定控制标准时首先要明确的问题是"控制什么"。由于控制标准的具体内容取决于控制对象，因此在制定标准时应首先选择控制对象，即明确组织的哪些事物、哪些环节需要加以控制，一般而言，组织活动的成果应该优先作为管理控制工作必须考虑的重点对象。

（2）选择控制点。在活动进行过程中，管理者不可能对所有成员和所有环节都进行控制，即使勉强做到也会由于控制的成本过高而得不偿失。因此，必须从影响组织活动成果的若干因素或若干环节中，选择几个关键因素或关键环节作为重点控制的对象。这里的关键因素是指在计划实施过程中起决定作用的因素，或者是容易产生偏差的因素，或者是对全局有根本影响、决定组织活动成败的因素。例如，美国通用公司在以下八个环节建立了标准：获利性、市场地位、生产率、产品领导地位、人员发展、员工态度、公共责任、短期目标和长期目标之间的平衡。

（3）确定控制标准。在确定了要控制的关键领域后，要在关键领域中以计划为基础制定控制工作所需要的标准。控制标准可以分为定量标准和定性标准两大类。其中，定量标准包括四种：①时间标准，如工时定额、交货期等。②数量标准，如产品数量、合格品数量等。③质量标准，如产品等级、合格率等。④货币标准，如单位产品成本、销售收入、利润、业务人员每月的业务费用等。

这四种标准是密切相关的。如企业对生产工作的控制，主要包括检查产量是否达到数量标准、原材料规格和产品合格率是否达到质量标准，产品是否按照时间标准如期交付，最后原材料成本、员工工资、企业收入和利润是否达到货币标准。

除了定量标准以外，还有一些难以定量的定性标准，如员工的士气、管理人员的能力、团队的协作能力等，实际工作中为了便于掌握这些工作绩效，有时也会尽可能地采用一些可度量的方法，如产品等级、顾客满意度等指标就是对产品质量的一种间接衡量。

（二）衡量实际工作，获取偏差信息

衡量实际工作是依据标准衡量、检查工作的实际执行情况，以判断是否产生偏差，以及存在什么样的偏差。如果管理者不能及时准确地了解到一线实际发生的情况，就很难对全局作出正确的判断和正确决策。因此，衡量实际工作是一项贯穿控制工作始终，持续进行的活动。管理人员常用的衡量实际工作的方法包括：观察法、报表和报告、专项会议、抽样调查等。

1. 观察法

观察法能够为管理者提供有关实际工作的第一手资料，管理者既可以通过现场的观察来了解工作现场的实际情况，也可以与工作人员现场交谈来了解工作进展及存在的问题，进而获得真实而全面的信息。采用这种方法获得的信息，相对来说会更深刻和更有说服力，但由于时间和精力的有限，管理者不可能对所有工作活动都进行亲自观察。

2. 报表和报告

实际工作过程中，报表和统计报告能够提供大量的数据、图表，可以让管理者对关键指标、指标之间的关系一目了然。另外，除了数据，详细的书面报告和口头报告也可以帮助管理者获取更加详细的信息。这种方法简洁、方便，但是所获取的信息是否全面、准确则取决于这些报表和报告的质量。

3. 专项会议

专项会议是指各部门主管向领导汇报各自的工作近况及遇到的问题，既有助于管理者了解各部门的工作情况,又有助于加强部门间的沟通和协作。例如,在酒店管理中,每天早晨上班的第一件事就是由总经理召集各部门负责人开晨会,各部门汇报前一日工作的主要进展和遇到的问题,再由总经理进行进一步的决策以及部门之间的协调。

4. 抽样调查

抽样调查是指从整批调查对象中抽取出部分样本进行调查,并把结果看成整批调查对象的近似特征,例如,随机抽取几件产品来检查产品质量,抽取部分消费者来了解顾客满意度的情况,等等。这种方法可以节约调查成本和时间,但信息的正确性取决于调查样本的选择是否科学。

(三) 分析偏差原因,采取纠正措施

在对工作绩效进行衡量后,可以将衡量的结果与标准进行比较,发现实际工作绩效与标准之间的偏差,重点分析产生偏差的原因是什么? 如何针对偏差有的放矢? 以及采取怎样的纠偏措施?

1. 分析衡量的结果,找出偏差产生的主要原因

在实施纠偏之前,必须要找出偏差产生的原因,以及偏差的性质是什么。一般来说,产生偏差的原因有三种。

(1) 外部环境的变化。外部环境的变化会导致组织原定的目标和计划不再适应新形势的需要而无法实现。例如,政府颁布相关政策导致整个行业的走向发生逆转,或者政府紧缩银根,提高贷款利率,增加财务费用,影响了组织利润等。在这种情况下,管理者一般无法控制,只能调整组织的目标和计划,并在认真分析的基础上采取一些补救措施,以消除不良影响。

(2) 计划执行不力。这主要是指由于计划执行过程中出现工作责任心不强、工作能力不足或者缺乏相应的监控而导致结果出现了偏差。

(3) 计划制定不合理。在计划制定中,决策者若脱离实际,易陷入盲目乐观或悲观。盲目乐观时,目标常不切实际:如某初创科技公司高估自身研发能力与市场需求,制定一年内推出三款行业领先产品、抢占20%市场份额的目标,最终因技术瓶颈与激烈竞争,仅完成一款试产,市场份额不足5%,陷入资金困境。盲目悲观则会导致目标过低,错失发展机遇;某传统制造企业在行业转型期,因过度担忧风险,仅设定维持产能的保守目标,最终被快速升级的竞争对手抢占市场,竞争力锐减。因此,计划需基于客观条件制定,若出现偏差,应及时调整,确保目标可实现。

在了解了偏差的原因后,还需要对偏差的性质进行判断。有些偏差不会对组织的最终成果产生重要的影响,而有些偏差将会对组织产生致命的伤害,分析偏差的不同性质,方可对症下药。

2. 选择恰当的纠偏措施

根据以上三种出现偏差的原因,管理者可以从以下两个方面着手,选择具体的纠偏措施。

(1) 修订原有计划或标准。偏差较大可能是原有计划安排不当或者标准不切合实际,也有可能是内外部环境的变化,使原有计划、标准和现实情况之间产生了较大的偏差。不管是哪一种情况,都要对原有计划或者标准进行适当的调整或修订,但是这种调整不能偏离组织总的发展目标,只有事实表明计划订立的标准过低或过高,或环境发生了重大变化使原来的计划或标准前提不复存在时,才适宜对计划或标准进行修改。

(2) 改进工作绩效。如果仅仅是因为计划实施过程中工作方法不当或者领导无方而导致的偏差,管理者应根据分析结果有针对性地采取行动。例如,在制造业企业中,造成产品与计划标准产生偏离的原因可能是技术问题,可采取技术措施纠正偏差;在服务企业中,顾客满意度与目标产生偏差可能是由于员工的服务技能不足,通过员工培训或者工作监督可弥补偏差。

知识拓展

管理控制的艺术性

有效的控制应当是依据组织的情境,做到适时控制、适度控制、客观控制和弹性控制。

(1) 适时控制。组织活动中产生的偏差只有及时采取措施加以纠正,才能避免偏差的扩大,或防止偏差对企业不利影响的扩散。及时纠偏,要求管理人员及时掌握能够反映偏差产生及其严重程度的信息。纠正偏差的最理想方法应该是在偏差未产生以前,就注意到偏差产生的可能性,从而预先采取必要的防范措施,防止偏差的产生。预测偏差的产生,虽然在实践中有许多困难,但在理论上是可行的,即可以通过建立企业经营状况的预警系统来实现。

(2) 适度控制。控制的范围、程度和频度要恰到好处。首先,要避免控制过多或控制不足。有效的控制应该既能满足对组织活动监督和检查的需要,又能防止与组织成员发生强烈的冲突。过多的控制会对组织中的人造成伤害,对组织成员行为的过多限制,会扼杀他们的积极性、主动性和创造性,最终会影响企业的效率;过少的控制,将不能使组织活动有序地进行,不能保证各部门活动进度和比例的协调,将会造成资源的浪费。其次,要处理好全面控制与重点控制的关系。并不是所有成员的每一项工作都具有相同的发生偏差的概率,并不是所有可能发生的偏差都会对组织带来相同程度的影响。例如,企业工资成本超出计划的 5% 对经营成果的影响要远远高于行政系统的邮资费用超过预算的 20%。适度控制要求企业在建立控制系统时,利用 ABC 分析法和例外原则等工具找出影响企业经营成果的关键环节和关键因素,并据此在相关环节上设立预警系统或控制点,进行重点控制。最后,要使花费一定费用的控制得到足够的控制收益。控制费用基本上随着控制程度的提高而增加,控制收益的变化则比较复杂。企业应根据活动的规模特点和复杂程度来确定控制的范围和频度,从而建立有效的控制系统。

(3) 客观控制。有效的控制必须是客观的、符合企业实际的。客观的控制源于对企业经营活动状况及其变化的客观了解和评价。控制过程中采用的检查、测量的技术和手段必须能正确地反映企业经营时空上的变化程度和分布状况,准确地判断和评价企业各部门、各环节的工作与计划要求的相符或相背离程度。没有客观的标准、态度和准确的检测手段,人们对企业实际工作就无法有一个正确的认识,从而难以制定出正确的措施,进行客观的控制。

(4) 弹性控制。弹性控制要求企业制定弹性的计划和弹性的衡量标准。企业在生产经营过程中经常可能遇到某种突发的、无力抗拒的变化,这些变化使企业计划与现实条件严重背离。有效的控制系统应在这样的情况下仍能发挥作用,维持企业的运营,也就是说,应该具有灵活性或弹性。弹性控制通常与控制的标准、控制系统的设计有关。比如说,有效的预算控制应能反映经营规模的变化,应该考虑到未来的企业经营可能呈现出不同的水平,从而为标志经营规模的不同参数值规定不同的经营额度,使预算在一定范围内是可以变化的。

(资料来源:陈传明,周小虎.管理学原理[M].机械工业出版社,2007.)

五、控制的技术与方法

控制目标的实现,有赖于控制的方法。在控制活动中,常用的控制方法包括传统的预算控制和非预算控制,以及现代控制方法与手段。

(一) 预算控制

1. 预算的概念

预算是管理控制中广泛运用的手段之一,预算是依据计划目标和实施方案,以数字形式编制的,反映组织预期结果的综合计划。即预算通过量化将计划转化为清晰的数字指标,使管理人员清楚地看到,哪些资本将由谁来使用,将在哪些地方使用,并据此制定费用、收入或实物投入与产出等计划。

2. 预算的内容

由于预算是一种计划,因此预算的内容可以归纳为三个方面:①"多少",即为实现计划目标的各种管理工作的收入(或产出)与支出(或投入)各是多少。②"为什么",即为什么必须收入(或产出)这么多数量,以及为什么需要支出(或投入)这么多数量。③"何时",即什么时候实现收入(或产出)以及什么时候支出(或投入),必须使收入与支出取得平衡。

3. 预算的种类

按照内容的不同,可以将预算分为经营预算、投资预算和财务预算。

(1) 经营预算。经营预算是指企业日常发生的各项基本活动的预算,它主要包括销售预算、生产预算、直接材料采购预算、直接人工预算、制造费用预算、单位生产成本预算、推销及管理费用预算等。

(2) 投资预算。投资预算是指对企业的固定资产的购置、扩建、改造和更新等,在可行性研究的基础上编制的预算。它具体反映在何时进行投资、投资多少、资金从何处取得、何时获得收益、每年的现金流量为多少、需要多长时间回收全部投资等。由于投资的资金来源往往是企业的限定因素之一,而对厂房和设备等固定资产的投资又往往需要很长时间才能回收。因此,投资预算应当力求和企业的战略以及长期计划紧密联系在一起。

(3) 财务预算。财务预算是指反映组织预算期内现金收支、经营成果及财务状况的综合预算,涵盖现金预算、预计利润表和预计资产负债表等内容。财务预算是以业务预算和专门决策预算为基础编制的,是整个预算体系的主体。

4. 预算的步骤

预算的编制步骤是一个自上而下和自下而上的循环过程,具体而言,包括五个步骤:

(1) 组织高层管理者确定组织在一定时期内的发展目标与战略。

(2) 主管预算编制的部门依据组织发展目标和战略,向各部门主管人员提出编制预算的建议和要求,并提供相关的资料。

(3) 各部门主管人员依据组织目标与战略的要求,结合本部门的实际情况,编制本部门的预算,并与其他部门相互协调。

(4)主管预算编制的部门将各部门上报的预算汇总和协调,形成组织的各类预算和总预算草案。

(5)将组织的各类预算和总预算草案上报组织的高层管理者进行审核批准,然后颁布实施。

5.预算的方法

由于预算的结果常被用来作为控制标准,因此选择预算的方法非常重要。传统的预算通常采用固定预算,而固定预算要按照某一年的基数来调整和制定,可能会带来一定的负面影响。为改善这种状况,人们发明了以下两种预算方法。

(1)弹性预算。弹性预算又称可变预算,是考虑到计划期业务量可能发生的变动,编制一套能适应多种业务量的费用预算,以便分别反映业务量所对应的费用水平。由于这种预算是随着业务量的变化作机动调整,本身具有弹性,所以称为弹性预算。在编制弹性预算时,应根据具体情况研究各种费用的变动程度,以确定各种换算系数,这样更有利于预算的合理性、准确性,减少预算变动的频繁程度。

(2)零基预算。零基预算的基本原理是对任何一个预算期,任何一种项目费用的开支都不是从原有的基数出发,即根本不考虑各项目基期的费用开支情况,而是一切都以零为基础,从零开始考虑各项目所需的项目费用,并要求对每一项目编写具体方案,提出项目费用开支的目的及需要开支的数额。然后由高层管理者对每一费用项目方案进行"成本——效益分析",对每一项目所需的费用和可能的收益进行比较,在此基础上进行费用项目的比较评价,并根据各费用开支项目的轻重缓急分成若干层次和顺序,结合计划期内可用资金来源分配资金,落实预算。

由于零基预算是以零为起点来观察分析一切生产经营活动、制定费用项目预算的,因而其编制工作量较大。但由于这种预算不受现行预算的束缚,所以能调动起各级管理者的积极性和创造性,促使他们精打细算、量力而行,合理使用资金,提高资金使用效果。

(二)非预算控制

伴随着管理理论的发展和管理技术的进步,在管理控制工作中,管理者除了预算控制方法以外,还会采用非预算控制的手段和方法。非预算控制的方法主要包括行政控制、经济分析及其他特殊控制技术等。

1.行政控制

行政控制是指借用行政手段监测、控制受控系统的方法。主要包括视察、报告、资料统计分析法、会计核查与审计、制度规范与培训等。

(1)视察。视察是指管理者亲临工作现场,对受控系统的运营进行直接的巡视、查看,了解运行情况,直接衡量工作绩效,如果发现偏差,则予以及时纠正。这种控制方式有利于管理者直接掌握第一手资料、亲自辨别情报真伪、能及时把握变化概况,有利于缩短管理者与被管理者的心理距离。

(2)报告。报告是指管理者搜集和阅读关于受控系统运行信息的各种报告,了解情况,以控制系统运行的方法。报告能较为详尽地提供相关信息并进行偏差分析,为纠正偏差的行为提供依据和指南。报告往往是带有专题性的,可以集中阐述某一子系统的情况,对于管理者深入了解系统状态、及时采取有力纠正措施是非常有用的。

(3)资料统计分析法。资料统计分析法是指管理者借助各种数据资料,掌握受控系统运行情况,从而进行控制的方法。如果能够有连续反应受控系统运行情况的原始记录,就便于实施有效的控制。同时,坚持对有关统计资料的分析和积累,能为控制系统运行、监测偏差并及时采取纠正措施提供有力的依据。例如,各个领域每年的统计年鉴可为该领域的管理者进行管理决策提供借鉴。

(4) 会计核查与审计。会计核查与审计方法是指借助会计或审计手段考察财务记录的可靠性和真实性,进而了解和控制企业的生产经营活动。这种控制手段既可以由企业内部相关人员进行,也可以聘请企业外部的专家进行。

(5) 制度规范与培训。制度规范与培训是指由管理部门对一些例行工作的运行程序、工作标准以及一些人员的行为规范、责任制等制定制度规范,靠制度体系进行控制。同时,对人员进行培训,使他们掌握组织规范并全面提高其工作素质。

2. 经济分析

经济分析是指利用管理经济学和管理会计所提供的一些专门方法,对实际系统经营状况与经济效益进行分析的一种控制形式。常用的有比率分析法和盈亏平衡分析法。

(1) 比率分析法。比率代表两个变量之间的对比关系。它对反映受控系统状态、作出正确评价有较大帮助。反映系统某方面数量特征的绝对数有时不能提供所需的信息,如利润率较高并不能直接反映出企业经营效益如何,而资金利润率则较好地反映了该企业在本行业的经济效益的大小。

(2) 盈亏平衡分析法。盈亏平衡分析法又称保本点分析法,是通过盈亏平衡点(BEP)分析项目的成本与收益的平衡关系的一种方法。其基本原理是,各种不确定因素(如投资、成本、销售量、产品价格等)的变化会影响投资方案的经济效果,当这些因素的变化达到某一临界值时,就会影响方案的取舍。盈亏平衡分析法就是根据产品的产量或销量、成本、利润之间的相互制约关系的综合分析,来预测利润,控制成本,判断经营状况,它可以对项目的风险情况及项目对各个因素不确定性的承受能力进行科学地判断,为投资决策提供依据。

(三) 现代控制方法与手段

1. 审计控制

审计是指对反映企业资金运动过程及其结果的会计记录及财务报表进行审核、鉴定,以判断其真实性和可靠性,从而为控制和决策提供依据。审计包括三种类型:财务审计、业务审计和管理审计。

(1) 财务审计。以财务活动为中心内容,以检查并核实账目、凭证、财务、债务以及结算关系等客观事物为手段,以判断财务报表中所列出的综合的会计事项是否正确无误、报表本身是否真实可信为目的的控制方法。财务审计一般分为外部财务审计和内部财务审计,外部财务审计是由外部机构(如会计师事务所)选派的审计人员对企业财务报表及其反映的财务状况进行独立的评估。内部财务审计是由企业内部的机构或财务部门的专职人员来独立地进行,其目的也是保证组织系统的财务报表能准确、真实地反映组织的财务状况。

(2) 业务审计。业务审计是内部财务审计的扩展,其审计的范围包括财务、生产、市场、人事等方面,这种审计可由本组织聘请外部独立的咨询机构和专家来进行。

(3) 管理审计。管理审计是对企业所有管理工作及其绩效进行全面系统的评价和鉴定的方法。反映企业管理绩效的影响因素主要有经济功能、企业组织结构、收入合理性、研究与开发、财务政策、生产效率、销售能力、对管理当局的评估等。

2. 管理信息系统

计算机和信息技术的快速发展使迅速、经济地处理大量数据成为可能。计算机可以通过运行适当的程序对输入的大量数据进行处理,得出合乎逻辑的结论,并对数据加以分类和存储,为企业的经营和管理控制提供依据。因此,建立以现代信息技术为基础的管理信息系统对有效控制非常必要。

管理信息系统是一个由人、计算机等组成的,能进行管理信息收集、传递、储存、加工、维护和使用的系统。它能实测企业的各种运行情况,利用过去的数据预测未来,从全局出发辅助企业进行决策,利用信息控制企业的行为,帮助企业实现其规划目标。

管理信息系统的控制作用主要表现在:①质量控制,特别是重要产品的关键工序的质量控制和成品的质量控制。②库存控制。③生产进度控制。④成本控制。⑤财务预算控制,包括产量、成本和利润的综合控制。⑥资金运用控制和收支平衡控制。这些控制大都由信息系统支持和辅助。

3. 全面质量管理

全面质量管理的概念最早由美国质量管理专家阿曼德·费根堡姆在1956年提出。他在著作《全面质量控制》(*Total Quality Control*)中首次系统阐述了这一理论,为现代质量管理的发展奠定了坚实的基础。全面质量管理(total quality management,TQM)是一种以质量为核心,全员参与为基础,通过满足顾客需求并兼顾成员与社会利益,实现组织长期成功的管理模式。它强调以全面的、系统化的方法管理质量,涵盖从设计到产品交付的所有环节。

全面质量管理的内容包括以下几个方面。

(1) 顾客需求优先:组织的一切活动都应以满足顾客需求为出发点和归宿。深入了解顾客需求,通过市场调研、顾客反馈等方式,不断改进产品和服务,以超越顾客期望。

(2) 全过程控制:从产品设计、原材料采购、生产制造、检验出厂到售后服务,每一个环节都应进行严格的质量控制。通过流程优化、标准化作业、质量控制点设置等手段,确保产品质量稳定可靠。

(3) 全员参与:质量是全体员工共同努力的结果,每个人都应承担起质量责任。通过培训、激励、沟通等方式,激发员工的积极性和创造力,形成全员参与质量管理的良好氛围。

(4) 持续改进:将质量改进作为组织的一项长期任务,不断寻求改进的机会和方法。通过PDCA循环(计划-执行-检查-处理)等管理工具,实现质量水平的持续提升。

(5) 数据驱动决策:收集和分析质量数据,为决策提供依据。运用统计方法和技术,对质量问题进行深入分析,帮助解决问题。

(6) 供应商与合作伙伴管理:将供应商和合作伙伴纳入质量管理体系,共同确保产品和服务的质量。通过合作与共赢,建立长期稳定的供应链关系。

(7) 顾客满意与忠诚:通过优质的产品和服务,赢得顾客的满意和忠诚。建立顾客反馈机制,及时了解顾客需求的变化,不断改进产品和服务。

(8) 组织文化与领导力:培育以质量为核心的组织文化,形成全员参与、持续改进的良好氛围。领导者应发挥榜样作用,积极推动全面质量管理的实施。

全面质量管理最基本的工作程序是PDCA管理循环,即计划(plan)、执行(do)、检查(check)、处理(action)。这是美国统计学家戴明发明的,因此也称为戴明循环。PDCA循环工作程序的四个阶段顺序进行:①计划。明确目标,确立实现目标的手段。②实施计划。③检查结果,看它是否朝着目标前进。④当结果偏离计划的目标时,进行必要的矫正,如图7-4所示。

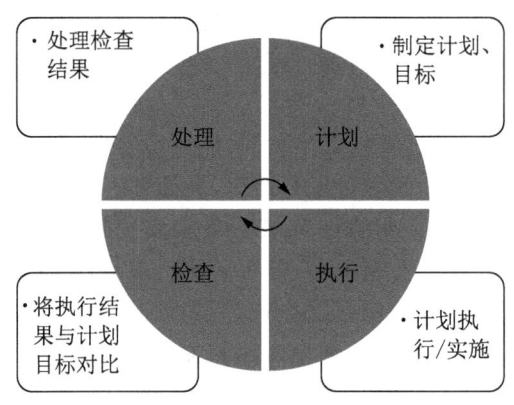

图 7-4 戴明循环 PDCA 图

全面质量管理为各类组织的持续改进提供了完整的理念。TQM（全面质量管理）哲学强调了整体性、系统性和全面性的统一，全面质量管理要求通过组织从上到下各个层次员工的积极参与，长期的投入，以持续提高质量，满足并超出客户的期望。因其科学性与实践性，TQM 在世界范围内得到了广泛的认可，并且在实施全面质量管理的实践中取得了巨大的效益。在 TQM 理论框架的指导下，ISO 9000 国际质量认证标准和六西格玛管理等质量保证体系在企业实践中得到了广泛的认同和应用。

 **管理育人**

一丝不苟，分秒不差
——神舟五号飞天记

2018 年 12 月 31 日，作为中国航天第一人，宇航员杨利伟接受了《中国访谈》栏目的专访，诠释了"载人航天精神"的内涵及背后的故事。在被问到神舟五号成功返回地面，重新踏上中国大地有何感受时，他一脸骄傲地说："中国是第三个掌握载人航天技术的国家，我为祖国感到由衷的自豪。"随后，杨利伟也向记者吐露："其实整个飞行过程中曾出现许多始料未及的事，火箭升空时产生的低频共振差点让我晕死过去，返回时看着舷窗玻璃上出现的裂痕也着实被吓得不轻，幸好事先经历过许多训练，才能在危机面前保持冷静。"

载人航天工程是全世界最庞大、最复杂的系统工程之一，由发射场系统、运载火箭系统、航天员系统、载人飞船系统、测控通信系统、飞船应用系统、着陆场系统七大系统组成，全国 110 多个研究所、3 000 多个协作单位和数十万名工作人员参与其中，任何一个环节出现问题都可能影响到整个航天计划。

直到 1992 年才正式开始发展的中国载人航天工程，是如何在短短二十几年的时间里就顺利完成载人航天飞行任务的呢？神舟五号任务圆满完成的背后有哪些故事呢？

1. 未雨绸缪，以待未来

2001 年深秋的一个中午，酒泉卫星发射中心迎来了一批神秘的客人，他们是在 800 多名战斗机飞行员中，过五关斩六将，通过层层选拔，最终被选定的第一批中国航天员——

杨利伟、费俊龙、聂海胜。他们这次造访酒泉卫星发射中心是要执行一项特殊的训练任务——实地紧急撤离训练。

随着控制中心的一声令下"演习开始",身着厚重宇航服的杨利伟,熟练地打开火箭舱门,频率飞快,步伐却异常稳健,按照特定路线奔向发射架的一处逃逸通道。这条逃逸通道的入口位于发射架的第九层,高50米,直径1.2米,就像一条竖立的滑梯,一直延伸至地下。在火箭发射时,一旦发生燃料泄漏等意外事故,这条逃逸通道将成为宇航员们的生命通道。事实上,这项训练仅仅是地面3种求生方式之一,在他们平常的训练中仅是九牛一毛。

为了提高航天员对太空特殊环境的适应能力,航天员选拔训练中心最大限度地模拟了太空舱内的真空、失重、震动、噪声及孤独等情境。除此之外,航空航天研究所多次进行火箭设计安全性论证,自主研制发射控制逃逸塔,组建搜救大队及制定各种流程制度来保障航天员的安全,保证神舟五号载人航天任务能够顺利圆满完成。

2. 谨小慎微,慎终如始

2003年8月23日,中国长征2F火箭如期运抵发射场,神舟五号载人航天任务的各项测试工作随即展开。9月中旬的某天,长征2F火箭正在进行发射前的第三次总检查,自动化技术系统指挥沈爱华神情专注地检查着每一项参数,忽然,他眉头紧锁,脸色凝重,盯着大厅显示屏中的一组参数值回想着刚刚看到的一幕。那是反映火箭舱内温度的检测项目,其中的一个参数略显异常,并伴随着尾舱着火的故障提示一闪而过。在50多万个数据当中,这个异常参数存在的时间不足2秒,犹如昙花一现。但沈爱华将这一发现报告给指挥部,坚定地要求进行数据复现。经过几天的努力,终于,沈爱华再一次从浩如烟海的数据中找到了那个稍纵即逝的异常参数。经检查,这项参数涉及航天员逃逸辅助决策,如果在火箭发射时该参数异常,很有可能出现让航天员误逃逸的重大事故。

3. 胆大心细,艺高气豪

10月14日晚上7时50分,火箭燃烧剂加注完毕,紧接着就要进行氧化剂的加注工作。时任加注指挥的李伟带领同事们有条不紊地进行加注前的最终确认工作,然而,意想不到的意外发生了——加注管路中关键的9号流量计毫无反应,无法正确判断加注量!而飞船对加注精度的要求非常高,几百吨的燃料,总体误差不能超过万分之一。此时距离火箭进入发射程序已经不足5个小时,更换流量计必定导致火箭无法如期发射。面对如此窘境,李伟脑海中闪过万般思绪,突然灵光一闪,想到了一个从未练习过的预案——迂回加注。

迂回加注比正常加注的程序要复杂得多,指令多达上百条,李伟镇定下来,脑海里不断回想着迂回加注的所有指令,如往常训练般快速进行了一次指挥模拟。他的每条指令都精确到开启每一个阀门,操作每一个调节阀开关,在他的指挥下,氧化剂迂回加注取得了成功,火箭将按时进入发射程序。

4. 不忘初心,梦圆飞天

2003年10月15日9时,"点火,起飞!"一声令下,火箭发射架上火光顿起,火箭底部喷涌着橘红色的烈焰,烟雾弥漫之中,一艘承载着无数人飞天之梦的乳白天舟,缓缓腾空,在广大中国人民的注视下,徐徐上升……

(资料来源:曲亮,沈绍伟.管理思政案例集)

> **思考并讨论：**
> 1. 本案例中出现了哪些控制类型？可按照什么标准对它们进行分类？有什么特点？
> 2. 本案例中航天人是如何通过开展控制活动来确保神舟五号载人航天飞行计划的成功实施的？展现了航天人怎样的精神？

第二节 绩 效 评 价

绩效评价可以让管理者直接了解下属的工作绩效，使组织内部的复杂局面变得井然有序。

一、绩效评价的含义

（一）绩效的概念

绩效（performance）的概念最早源于美国，《现代汉语词典》（第五版）将其释义为"成绩、成效"，而《牛津现代高级英汉词典》对英文"performance"一词的解释是"执行、履行、表现、成绩"。事实上，绩效一词的含义，在不同的学科领域、不同的组织以及组织发展的不同阶段，都有不同的解释。从20世纪70年代开始，研究者们重点从两个层面对绩效进行探讨：①个人层面的绩效。②组织层面的绩效。

研究者们对个人层面的绩效关注较多，主要有三种典型的观点：①认为绩效就是工作所达到的成果或工作结果的记录，这种观点主要是从顾客角度出发，并使个人努力和组织目标一致起来。②认为绩效是"一套与组织或组织单位的目标相互关联的行为，而组织或组织单位则构成了个人工作的环境"（Murphy，1990），产生这种观点的原因是他们认为许多工作的结果并非完全是员工的工作所带来的，而且如果过度关注结果，一些重要的过程和人际因素将会被忽视，使员工误解组织的真正要求。③认为绩效是结果与行为的统一体，也就是不仅要看作什么，还要看如何做。

从组织层面对绩效的内涵研究，一般是把组织效率与生产率联系在一起，即从生产率的角度来对组织绩效进行定义和衡量。有些学者把组织绩效的定义从组织内延伸到外部环境，除了生产率以外，企业的长远规划、客户、学习与创新也是决定组织绩效的重要因素（Kaplan，Nordon，1996）。

组织是由个体构成的，绩效必然体现在个人和组织两个层面上。结合已有研究对绩效的定义，对"绩效"内涵的界定为：个人或组织在特定的时期内，在完成特定工作任务及实现特定组织目标过程中表现出的行为、方式与取得的结果。

（二）什么是绩效评价

作为一种明确正式的管理程序，绩效评价始于20世纪20年代。1918年，美国通用汽车公司率先对员工的工作表现进行了标准化评价的尝试，随后，绩效评价成为人力资源管理中不可缺少的一个重要环节，这时的绩效评价过程往往与物质结果（如薪酬）紧密地联系在一起。20世纪50年代以后，美国的研究者与实践者逐渐认识到绩效评价还可以作为激励员工和发展员工的有用工具，这也正是我们今天所熟知的绩效评价的意义。

绩效评价（performance appraisal）又称为绩效评估或绩效考核，从组织绩效层面而言，绩效评价是指管理者运用一定的指标体系对组织(营利组织和非营利组织)的整体运营效果作出的概括性评价。从个人层面来看,绩效评价是指对企业员工工作结果和工作行为的确认过程,只有通过这个过程,管理者与被管理者才能知晓绩效状态,以达到不断改进绩效的目的。

在组织的管理中,绩效评价是对每一个员工的工作结果及其对组织贡献大小的一种评测手段,因此,对组织进行绩效评价就是将组织的目标进行分解,细化到部门和员工的个人考核。对每一个员工的绩效进行合理评价,也是企业实现组织目标的重要途径。

二、绩效评价的作用

绩效评价对组织和员工个人发展都具备重要的意义,具体表现在以下几个方面。

(一) 绩效评价对组织发展的作用

1. 可以使组织全面地了解自身经营状况

通过运用合理的评价指标对组织的运营情况进行测评,可以使组织全面地了解自身的经营状况,包括营运能力、偿债能力、盈利能力和社会贡献等。

2. 为组织进一步调整经营战略提供依据

一个组织在制定经营战略时,需要大量的内部信息和外部信息,有效的绩效评价可以为组织提供各种详尽的内部经营信息,也可以看到组织内部的不足,使组织进一步调整经营战略有据可依。

3. 为组织成员的自我价值实现给予指导

从理论上讲,每一个组织成员都有实现自我价值的愿望。有效的管理绩效评价可以为组织成员的自我价值实现给予指导,使组织成员实现自我价值的愿望得到最大的满足。组织成员的自我价值实现程度越高,组织的凝聚力则越强。

(二) 绩效评价对员工发展的作用

1. 确定员工劳动报酬,以激励员工工作

没有绩效评价,员工的劳动报酬缺乏依据,没有依据的劳动报酬,不能真正体现公平分配的原则。通过绩效评价来确定员工的工作绩效,能有区别地奖罚员工,对员工起到激励的作用。

2. 为员工提供有关绩效的反馈信息,帮助员工清楚地认识自己

绩效评价可以为员工改进自我工作绩效提供反馈信息,从而实现整个组织的高绩效。

3. 明确员工培训的方向

有效的员工培训应针对员工的短处开展培训。因此,培训前必须准确地了解员工的素质和能力,了解其工作存在的问题,以便提高培训资源的利用效益,使组织与个人均获得满意的结果。

4. 为人员配置提供依据

人力资源管理就是要"将合适的人放到合适的岗位上",而甄别什么是"合适的人",就需要利用绩效评价的手段,了解员工个体的绩效差别,实现整个组织的人力资源的合理配置。

三、绩效评价的指标

评价绩效的方法有很多,有些方法是从整体来评价绩效,一般不需要绩效评价指标;而如果考虑到管理的精细化,运用评价指标从局部评价组织的管理绩效则成为多数管理者的

选择。因此,绩效评价指标成为绩效评价理论的重要组成部分,同时它也是决定从什么角度评价绩效的关键因素。

(一) 什么是绩效评价指标

绩效评价指标(performance evaluation index)是在绩效评价过程中用以确认工作结果或工作行为的最小单元,对组织或个人的绩效进行评价实际上是将组织或个人的工作结果或行为分解为若干个单元,通过对这些单元一一进行评价并对评价结果进行数据处理,最后得出组织或个人的总体绩效的过程。

(二) 绩效评价指标的分类

1. 量化指标和非量化指标

根据指标的表达方式不同,绩效评价指标可以分为量化指标和非量化指标。量化指标是可以用数量表示指标值的绩效评价指标,一般是用实物、事件的特点来定量确定的;非量化指标是指不能用数量表示指标值的绩效评价指标,一般是通过对行为的观察和民意测验来衡量。量化指标和非量化指标的对比,如图 7-5 所示。

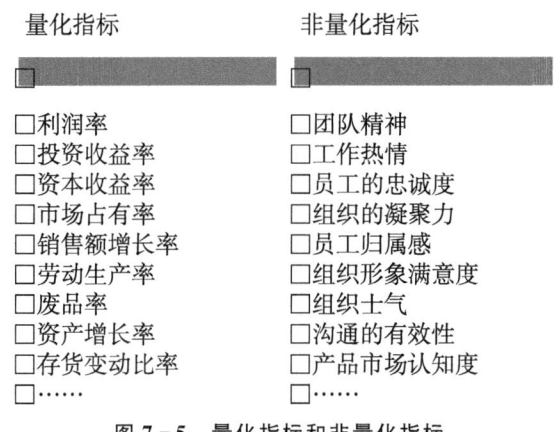

图 7-5 量化指标和非量化指标

2. 属性指标

属性指标是按照评价对象的属性来进行划分,主要包括:

(1) 实物指标。实物指标即非货币衡量标准,是用实物的个体单位来表示的指标。在耗用原材料、雇佣劳动力、提供服务及生产产品的基层单位中通用,能具体体现组织经营活动的规模和水平。

(2) 成本指标。成本指标是以货币衡量的各种物质、人力、管理费等的消耗值。

(3) 资本指标。资本指标与投入资本有关,如投资报酬率、速动比率等。

(4) 收益指标。收益指标使用货币值衡量的工作效果,如销售额、利润等。

(5) 无形指标。无形指标是不能以货币来衡量的指标,如员工对组织的满意度,员工的忠诚度等。

3. 分类业绩指标

分类业绩指标体系是指对组织的战略、运作、行为、信心、道德等类别分别加以评价。这种分类方法有助于找出组织的长处、弱点和需要注意的地方。

(1) 战略指标。战略指标是由组织战略规划所确定的绩效评价指标,涉及从组织建立到消亡整个过程中成功和有效的运作,这类指标起到传导组织战略意图的目的。

(2) 运作指标。运作指标涉及产品和服务的成功和获利;产品组合和投资组合;生产力和产量。

(3) 具体指标。具体指标包括以每名员工、每名顾客、每次服务、每条销售渠道的赢利;投资回报;市场占有率;产品的耐久性和使用寿命;数量和质量目标。

(4) 行为指标。行为指标涉及感性和员工管理方面;员工态度和价值观;争执、旷工、人员调整和事故发生的程度;和谐与不和谐,合作与冲突;员工普遍对工作满意的程度。

(5) 信心指标。信心指标是指组织和它所处的环境、支持者、股东、顾客和社区的关系。

(6) 道德指标。道德指标是指组织为自身制定的行为规范和业绩评价标准,其核心在于判断这些标准能否获得市场与社会的认可。

(三) 绩效评价指标设计的原则

1. 战略相关性

战略相关性是指绩效指标的制定应与组织战略目标相关。绩效指标发挥着员工行为导向的作用,组织要求什么,员工就会追求什么。如果企业追求产品质量,绩效考核中就要引入产品质量指标以及控制产品质量的过程指标;如果企业追求顾客满意度,就要考核顾客满意指标以及影响顾客满意的过程指标。绩效指标与组织战略相一致,强调的是评价指标对组织所有员工的引导作用,从而使员工愿意为组织目标的实现贡献力量。当组织战略发生转变时,绩效指标也应及时调整,体现企业战略目标改变对员工的新要求。

2. 可操作性

绩效指标的制定应具可操作性,能够被衡量。绩效指标能否被衡量,有两个评判标准:①可以用数量表示,即可量化。②可以用行为描述,即可行为化。两者只要符合其一,就是客观的,就可以被衡量。如果绩效评价指标不能被衡量,管理者对下属进行的评价就没有数量或行为事件作为客观依据,只能作主观臆测,公正性和准确性会大打折扣。如有的岗位将"注意力集中"作为绩效指标之一,注意力是员工内部心理状态,难以观察更无法验证,因此这样的指标就不具备可操作性。

3. 信度

信度即可靠性,是指评价指标的稳定性或一致性程度。从测量学的角度而言,如果测验在不同的场合对每个被测试样本的测验结果都是相同的,测验便具有较高的信度。一般量化指标的信度较好,但是行为指标的信度相对较差。在设计绩效评价指标时,应关注在不同的时间点对绩效进行评价,评价结果是否相同或接近?不同的评分者形成的考核结果是否一致?同一项测评每个题目所测的内容是否一致?如果绩效评价指标的信度不足则不能科学地评价组织或员工个体的绩效。

4. 效度

效度即有效性,是指考核指标和考核目的之间的相关性。每项绩效指标的制定应围绕某一特定的考核目的,并具有一定的操作规则和使用范围。如果绩效指标能够正确地测量和评价出所要考核的绩效,那么它就是高效度的指标。绩效指标的效度有三种基本的评估方式:内容效度、预测效度和构想效度。

5. 可接受性

绩效指标的选择应在保证其效用的前提下力求简洁、便于管理者和员工接受,进而有利于操作和管理。有的组织把绩效指标设计得很复杂,看似科学、全面,其实目标模糊、不实用。因此,绩效指标应抓住关键因素,限制指标数量,防止宽泛不实际。

四、绩效评价的方法

现实中的绩效评价方法不胜枚举,每一种方法都有其特点和适用性,并且随着管理实践而不断创新。

(一) 平衡计分卡方法

随着外部环境的动态变化与组织内部结构的日益复杂,单一以财务指标为主的管理控制体系越来越显露出局限性。此外,精益生产、实时生产、全面质量管理等先进管理技术的发展对管理控制体系也提出了更高的要求。平衡记分卡(balanced scorecard)正是在这种背景下应运而生,由美国学者罗伯特·卡普兰(Robert S. Kaplan)和戴维·诺顿(David P. Norton)提出。

1. 平衡计分卡的基本理念

平衡计分卡是一套能使高层经理快速而全面地考察企业绩效的测评指标体系,是将公司的战略目标转化为顾客、内部流程、财务、创新和学习四个方面的系列具体指标,并设置相应的四张计分卡来进行测评。平衡计分卡方法不只是单纯地进行测评,它还是一种在产品、程序、顾客和市场开发等关键领域有助于企业取得突破性进展的管理体系。

平衡计分卡方法的基本理念是使管理者能从四个重要方面来观察企业,如图7-6所示。它为4个基本问题提供了答案。

(1) 顾客如何看待我们?(顾客角度)
(2) 我们必须擅长什么?(内部流程角度)
(3) 我们能否继续提高并创造价值?(创新和学习角度)
(4) 我们怎样满足股东?(财务角度)

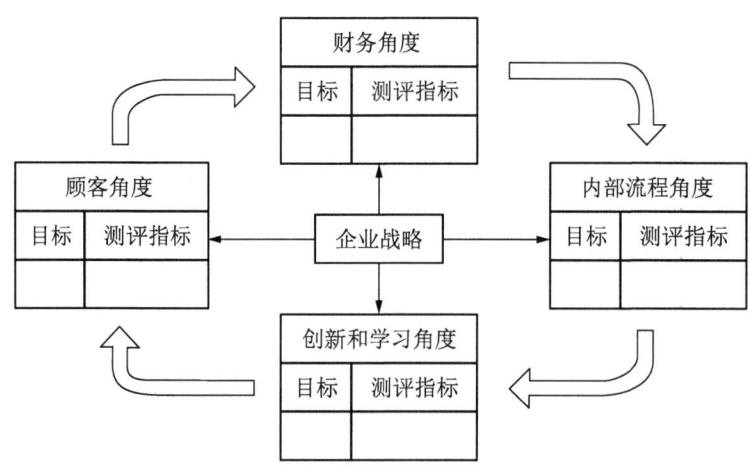

图7-6 平衡计分卡方法

知识拓展

平衡计分卡指标体系

以电子线路(electronic circuits inc., ECI)半导体公司为例,说明公司如何应用平衡计分卡方法建立管理绩效评价指标。该公司将平衡计分卡看作公司最高层对公司远景进行阐明、简化并使之实际运作的一条途径,希望能通过采用平衡计分卡方法,将高级管理者的注意力集中到由当前和未来绩效的关键指标构成的指标体系上,如表7-1所示。

表7-1　ECI半导体公司的平衡计分卡指标体系

财务角度		顾客角度	
目标	评价指标	目标	评价指标
生存	现金流	新产品	新产品销售所占比率
成功	年、季度销售增长率	供货反应灵敏	按期交货率
	年、季度经营收入	优先供货商	重要客户的购买份额
繁荣	市场占有增长率	顾客伙伴关系	合作性工程活动的数量
	股权报酬率		
内部流程角度		创新和学习角度	
目标	评价指标	目标	评价指标
技术能力	满足竞争需要的技术能力	技术领先	开发新产品所需时间
制造水平	生产周期	制造过程中的学习	新产品成熟过程所需时间
	成本报酬率		
设计能力	硅片效率	新产品重心	新产品占销售额的比例
	工程效率		
新产品引入	计划与实际的进度比较	产品上市时间	相对竞争对手新产品的上市时间

(资料来源:徐碧琳.管理学原理)

2. 平衡记分卡的特点

与传统的绩效考核工作相比,平衡记分卡的最大特点是强调平衡,包括以下四个方面的平衡:

(1)财务与非财务的平衡。要求既从财务又从非财务的角度去思考公司战略目标及考核指标。

(2)短期与长期的平衡。要求既关注短期战略目标和绩效指标,也关注长期战略目标与绩效指标。

(3)前置与滞后的平衡。平衡计分卡方法提供了一个从上到下的时间思考维度,既关注那些能反映过去绩效的滞后性指标,也关注能反映、预测未来绩效的前置性指标。既要明确目前的财务指标在很大程度上是上一周期公司行为的结果,又能够预测下一年度经营目标和经营行为的结果。

(4) 内部与外部的平衡。平衡计分卡关注公司内外的相关利益方,有效实现外部(例如客户和股东)与内部(例如流程和员工)之间的平衡。①一个好的内部流程对于任何公司都非常重要,它可能与公司外部没有太多联系。②公司在市场上建立的客户形象和客户关系也非常重要。这两个方面都反映在平衡计分卡方法中。

平衡记分卡是建立在企业战略管理和日常管理相结合的基础之上,因此对企业的管理水平提出了一定的要求,此外该评价体系没有对股东、雇员、顾客以外的利益相关者予以足够的重视。

(二) 比较法

比较法是指在组织中对员工或团队进行对比,从而评价其绩效水平的高低。美国通用电气公司前首席执行官杰克韦尔奇以采用人员绩效排名的方法而闻名。他依照员工的绩效对其进行排名,排在倒数10%的员工可能面临被开除的命运。常见的比较法有排序法、序列比较法、交替排序法、成对比较法和强制比例分布法等。

1. 排序法

排序法是评价者以自己对被评价者工作绩效的整体印象为依据,将所有被评价者的绩效按照从好到坏或者从坏到好的顺序进行排列的一种绩效评价方法。

某公司的后勤保障部共有11名员工,如何利用排序法对这11位员工的绩效进行考核?保障部的部门经理按照对这11名员工的印象,将其从绩效最高者到最低者依次排列,从而形成下列的绩效评价结果,如表7-2所示。

表7-2 绩效排序

排序	姓名
1	杨××
2	张××
……	……
6	王××
……	……
11	黄××

这种方法操作简单,适用于小微型组织以及工作内容较为简单的岗位。但是由于评价依据仅仅是评价者对被评价者的印象,评价结果有可能不够客观。

2. 序列比较法

序列比较法是指将组织中处于同一层级的员工归集在一起,多维度地对其绩效进行评价的一种评价方法。

具体操作时,首先列出组织中处于同一层级的员工名单,将组织要求(期望)评价的每一方法设置成一个绩效评价指标,再将所有被评价者置于同一指标中进行比较并按从高到低的顺序进行排列,同一指标的评价结果以排列序号的方式表示,将同一员工的所有指标的评价结果加总即得到其绩效的最终结果。

某公司有6个二级部门,每个部门仅配置一名部门经理,年末需要评价6位经理的年度绩效。采用序列比较法时,首先列出6名被评价者的姓名,并对他们工作的异同点进行简单分析,再将公司期望他们具有的工作状态、行为及结果等内容设置成多个评价指标,并根据他们的实际工作绩效排列顺序并标序号,然后将每位被评价者各个指标的排序号相加得出其绩效最终结果,数值小者为优,数值大者为差,如表7-3所示。

表7-3 绩效序列比较

姓　名	工作勤奋度	遵守工作纪律	执行力	绩效最终结果排序
张×军	1	4	3	2(1+4+3=8)
李×红	4	5	1	3(4+5+1=10)
王×力	2	3	5	3(2+3+5=10)
杨×芳	5	6	4	6(5+6+4=15)
郑×明	3	1	2	1(3+1+2=6)
郭×亮	6	2	6	5(6+2+6=14)

这种评价方法的优点是简单,尤其是适合于同一部门内的员工绩效评比,由同一个管理者进行打分。但是,缺点在于这种评价方法默认各个指标在评价过程中的重要程度都一致,这与实际管理工作并不相符。

3. 交替排序法

交替排序法是指评价者依据对被评价者工作的整体印象,通过交替比较最好和最差绩效,从而排列出被评价者次序的一种绩效评价方法。一般情况下,从被评价者中挑选出绩效最好的和最差的对他们进行好坏的绝对评比要容易,因此这种方法是排序法的优化,在西方企业员工绩效评价中运用得十分广泛。

评价操作时先从所有被评价者中选出最好的和最差的各一名,填入预先制定的表格中,然后在余下的人员中再选出最好的和最差的各一名,填入表格。依此类推,直至排完全部被评价者。绩效结果按照由好到差排序。

某公司某部门有6名员工,月底按照公司规定要由部门经理对这6名员工的绩效进行考核。部门经理采用交替排序法对6名员工的绩效进行排序。①根据近一个月对员工的观察和评价,挑出最好和最差的员工将两人的名字填入表格的第一行和最后一行。②在剩下的6名员工中挑出最好和最差的填入表格第二行和倒数第二行,直至挑完所有的被评价者,如表7-4所示。

表7-4 绩效交替排序

等级	员工姓名	绩效最终结果排序
最好	张×军	1(第一次排序)
较好	李×红	2(第二次排序)
次好	王×力	3(第三次排序)
次差	杨×芳	4(第三次排序)
较差	郑×明	5(第二次排序)
最差	郭×亮	6(第一次排序)

4. 成对比较法

成对比较法是将一群被评价者中的每一人与其他人一一进行比较,通过计分、汇总得出每位被评价者绩效的评价方法。操作时评价者首先从所有被评价者中任意选出一人,将其绩效与其余所有被评价者进行一对一比较,绩效"超过"对方以"1"记,"不如"对方则以"0"记,并将比较结果填入预先制定好的评价表格中,由此完成一个被评价者的评价工作。然后在剩余的被评价者中再任选一人,将其绩效与其余所有被评价者进行一对一比较,仍旧是绩效"超过"对方以"1"记,"不如"对方则以"0"记,并将比较结果填入预先制定好的评价表格中,依此类推,直至比较完所有被评价者。最后统计出每名被评价者的绩效结果。

用成对比较法对 6 名经理的绩效进行考核,如表 7-5 所示。

(1) 评价、计分。评价者首先制定好评价表格,将 6 名部门经理的名字分别列于横栏和纵栏,然后从纵列的第一行的经理开始,将其绩效与横行中从左到右的每一位经理一一对比,绩效"超过"则在空格中记"1",否则记"0"。当把横行中的所有经理都比较完后,即完成对这名经理的绩效评价。依此类推完成整张表格。

(2) 统计、汇总。对评价表按列统计,每一列中"1"的个数,并将加总的结果填入本列的最后一行,由此得出本列首行经理的绩效结果。数值大者为优,数值小者为差。

表 7-5 绩效成对比较

姓 名	张×军	李×红	王×力	杨×芳	郑×明	郭×亮
张×军	—	1	1	0	1	0
李×红	0	—	1	1	0	0
王×力	0	0	—	0	0	1
杨×芳	1	0	1	—	1	1
郑×明	0	1	1	0	—	0
郭×亮	1	1	0	0	0	—
统 计	2	3	4	1	2	2

根据绩效评价的结果,王×力的绩效最好,杨×芳的绩效最差,但是张×军、郑×明和郭×亮并列第三,遇到这种情况如需进一步区分,可以用排序法再进行排序。

这种绩效评比法的优点是能够对所有的员工进行两两对比,但是在评比过程中难免会出现排名并列的情况,这时只能依赖其他方法再进行评比。成对比较法同样适用于规模较小的企业或部门。

5. 强制比例分布法

强制比例分布法是评价者事先将绩效水平划分成几个等级,并为每一等级强制规定一个百分比,评价时,评价者依据平时掌握的每个被评价者工作绩效的整体状况,将其归入某一绩效等级中,直至将全部被评价者一一归入各绩效等级为止的一种绩效评价方法。这种评价方法的排序主要基于"各类人群都呈正态分布"这样的理论假设,如图 7-7 所示。由于这种方法便于理解,使用方便,因而成为目前国内最为广泛使用的方法。

强制比例分布法的核心是各绩效等级的比例分布。基于上述假设,理论上,绩效等级由高到低排列,只要各等级比例呈正态分布即可,实际操作中,如何具体分布比例则是头等重要的问题。各绩效等级的比例可以通过理论层次分析法等方法计算获得,实践中,比例常常根据组织意图进行分布。由于绩效结果将直接影响组织本绩效周期的绩效薪酬总水平,以

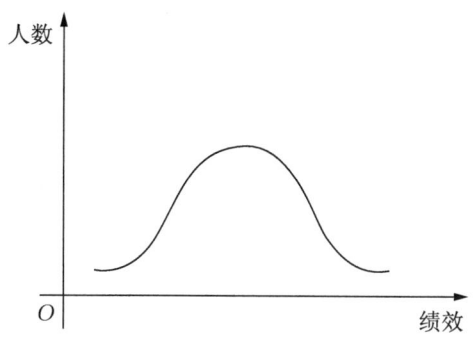

图 7-7　强制比例分布法的假设

及被评价者今后的岗位任职状况等,因而比例分布要切实考虑组织的价值取向和薪酬支付能力等要素。

某车间有 20 名员工,车间负责人用强制比例分布法评价 20 名员工的绩效。

(1) 划分绩效等级。车间负责人将绩效等级划分为优秀、良好、及格和不及格四个等级,这也是常见的等级划分法。

(2) 分配各绩效等级比例。为了强调什么是"优秀",车间负责人认为应该"优秀"和"良好"的比例应控制在一个较小的数量范围内。考虑到员工的心理承受能力,将"不及格"的比例也控制在很小的范围内,如表 7-6 所示。

表 7-6　绩效强制比例分布

绩效等级	优秀	良好	及格	不及格
比例	5%	20%	70%	5%
换算人数	1	4	14	1

(3) 评价绩效。车间负责人将 20 名员工按照绩效由高到低排序,得出绩效结果为:第 1 名"优秀",第 2 名至第 3 名"良好",第 6 名至第 19 名"及格",第 20 名"不及格"。

(三) 描述法

描述法是指评价者用描述性的文字对被评价者的工作结果、工作行为、工作态度、工作能力以及优缺点进行评价的一类绩效评价方法。由于描述法使用文字记录、描述有关工作信息,因此评价结果受评价者文字表达能力、个人偏好以及记录所捕捉的信息片段的局限性的影响很大,如果完全依据记录描述来评价被评价者绩效,评价误差太大。所以,在评价绩效时,描述法一般不单独使用,而只作为其他绩效评价方法的信息补充手段。

描述法种类较多,本节重点介绍三种。

1. 关键事件法

关键事件法由美国学者弗拉纳根(Flanagan)和贝勒斯(Baras)于 1954 年共同创立的,美国通用汽车公司于 1955 年运用了这种方法。关键事件法是评价者通过平时观察,记录下一定时间内被评价者的各种有效行为和无效行为,以备对其进行评价时使用的绩效评价辅助方法,也是最典型的描述法。

这里的"关键事件"是指那些会对组织(部门)的整体工作绩效产生重大积极或消极影响的事件。所记录的关键事件的内容应该包括:

(1) 导致事件发生的原因和背景。
(2) 员工的特别有效或多余的行为。
(3) 关键行为的后果。
(4) 员工自己能否支配或控制上述后果。

确定关键事件的原则主要取决于这一事件的发生对组织绩效影响的程度,关键事件一般带有"极端"特色,即"非常好"或"非常不好"。

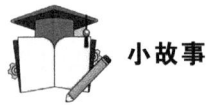小故事

长江公司关键事件法

小李是长江公司的一名员工,其上司对他工作中表现出来"协作性"有如下记录:

(1) 有效行为。虽然今天并不轮到小李加班,但他还是主动留下加班到深夜,协助其他同事完成了一份计划书,使公司在第二天能顺利地与客户签订合同。

(2) 无效行为。总经理今天来视察,小李为了表现自己,当众指出小王和小张的错误,致使同事之间关系紧张。

(3) ……

上述记录并不能直接评价小李的绩效好坏,只有当需要评价小李绩效时,上司才会结合该记录事实,以此评价小李的绩效。

2. 评语法

评语法是评价者将被评价者提交的一篇简短的书面报告作为对其进行绩效评价时的辅助手段的一种绩效评价方法。在书面报告中,被评价者要总结自己的工作成果、工作表现、优缺点和需要努力的方向;评价者以此作为评价绩效的辅助信息,对被评价者绩效进行评价。

评语法的优点是简单易用,而且会促使被评价者注重平时工作积累,养成不断反思和总结工作的好习惯。但由于评语法在大多数时候都采用自我评价的方式,因此评价者对被评价者的评价会受其文字功底、表达能力、价值取向等因素的影响。

评语法在我国很多企事业单位中仍作为一种常见的绩效评价方法。每年的年末,许多组织的管理部门及各层管理人员都要写工作总结,列举本年度本部门或自己的工作成绩和存在的不足,总结经验教训,提出下一年度工作思路。上级部门会将各部门及管理人员的自我总结作为辅助资料来评价该部门及管理人员的绩效。

3. 短文法

短文法是由评价者在绩效周期末将被评价者突出的长处和短处总结成一篇短文,作为其评价被评价者绩效的依据之一的一种辅助性绩效评价方法。评价者通过回忆、整理被评价者的平时工作中突出的表现,以便其调校评价差误。短文法使被评价者感到被关注,体现尊重客观的求实精神,同时促使评价者平时工作要投入、要注重细心观察,还要善于总结。如被评价者在填写自我评价表格或者申请某个项目时,会需要上级部门签署部门或管理者的意见,管理者需要陈述对被评价者的意见,这就是短文法在实际管理工作中的应用。

短文法适合管理者对少数下属进行重点评价,当被评价者较多时,其中的工作量非常

大,管理者不可能通过短文描述的形式来对每个被评价者进行详细点评。

(四) 关键绩效指标

1. 关键绩效指标法的来源及内涵

关键绩效指标形成的理论基础是帕累托定律。1987年,意大利经济学家维尔弗雷多·帕累托对19世纪英国人的财富和收益模式进行研究。在调查取样中,他发现大部分的财富流向了少数人的手中;同时,他还发现了一件非常重要的事情,即某一个群族占总人口的百分比和他们所享有的总收入之间有一种微妙的关系:在任何特定群体中,重要的因子通常只占少数,而不重要的因子则占多数,因此只要能控制具有重要性的少数因子即能控制全局。这个原理经过多年的演化,已变成当今管理学界所熟知的"二八"法则。

关键绩效指标(key performance indicators, KPI)是对企业组织运作过程中关键成功要素的提炼和归纳,是通过对组织内部某一流程的输入端、输出端的关键参数进行设置、取样、计算、分析,衡量流程绩效的一种目标式量化管理指标。

KPI可以按其评价实施主体分为企业级KPI、部门级KPI和具体岗位KPI,分别用于组织绩效、部门绩效和个人绩效的评价。在实施绩效管理时,三者并非是完全独立的,因为组织绩效依赖于部门绩效,部门绩效又依赖于个人绩效。所以,在对个人KPI进行评价时,要将部门和企业的KPI进行系统的评价,这样可以有效地将个人利益和部门利益、组织利益有效地结合起来。

2. 建立关键绩效指标的步骤

(1) 分解战略,锁定关键因素,提取指标。按照从宏观到微观的顺序,从战略到流程依次建立各层次的指标体系。首先要明确组织战略目标,找出重要业务流程或领域,并确定其中的关键因素。其次,各层次依据组织或上一层级的关键绩效指标构建本层级或本部门的关键绩效指标。最后将上一层级的关键绩效指标进一步分解细化成岗位关键绩效指标,最终完成整个关键绩效指标体系的框架构建工作。

(2) 设定绩效标准。设定各个标准分别应该达到什么样的水平,并根据不同标准的重要性为其设置权重。

(3) 审核关键绩效指标。确认这些关键绩效指标是否能够全面、客观地反映被评价对象的工作绩效以及是否适合于评价操作。

五、绩效管理

(一) 从绩效评价到绩效管理

绩效管理(performance management)的发展历史其实就是绩效评价发展的过程。1992年,斯潘根博格(Spangenberg)指出,传统的绩效评价是一个相对独立的系统,对于提高员工的满意度和绩效的作用非常有限,对完成组织目标的作用也不大。2000年,帕蒙特(Pamenter)指出,传统的绩效评价存在严重的不足,由于评价的主观性干扰,评价没有得到很好的执行。很多管理者对员工的评价在表面上和私下里是不一致的,只注重评价的过程和形式,不注重评价的价值,这样的绩效评价对组织和员工的作用都不大。

(二) 什么是绩效管理

与绩效评价不同,绩效管理的思想在于对绩效的不断改进和完善,绩效管理的重心不在于"考核",不在于过去,不在于人与人之间的绩效比较,而在于个人和组织未来绩效水平的持续改进。

绩效管理是指基于组织的战略目标,通过员工与管理者达成关于目标、标准和所需能力的协议,在双方相互理解的基础上使组织、群体和个人取得较好工作绩效的循环往复的管理过程。更准确地说,绩效管理是通过对企业战略的建立、目标分解、业绩评估,并将绩效成绩用于企业日常管理活动中,以激励员工业绩持续改进并最终实现组织战略及目标的一种正式管理活动。

(三) 绩效管理模型

绩效管理是一个完整的系统,管理的各个阶段不仅密切联系,而且周而复始地不断循环,形成一个持续的过程,如图7-8所示。

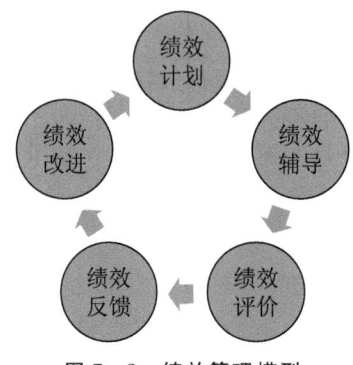

图7-8 绩效管理模型

1. 绩效计划

确定目标计划,建立绩效标准是绩效管理过程的起点。制定绩效计划环节是对绩效指标、绩效标准以及实现绩效所需采取的办法、途径及技术手段进行事前安排,并形成工作文件的阶段。制定绩效计划的主要依据是企业战略目标的实现,并结合员工所在职位的工作职责来确定。

因为绩效管理强调员工的参与,而且组织和员工的利益诉求往往并不一致,因此,这个环节充满了各方利益的博弈,主要集中在绩效指标的选取和绩效标准的确定上。现实中组织总是希望员工绩效高一点,而员工总希望绩效要求低一点,付出的努力少一点。博弈双方的力量不够均等,通常情况下组织的力量较强,员工只有有限度地表达和争取利益。但是,要注意的是组织在制定绩效计划时不能太偏离员工的能力,否则会导致员工的逆反心理。

 **动动脑**

怎样制定绩效计划?

管理者在制定绩效计划时应核查的问题:
员工所在单位的应负责任是什么?
员工所在职位的绩效指标是什么?
员工评估期内的工作目标和任务是什么?
员工工作目标或任务中,哪些是重要的?
如何判断员工是否取得了成功?

> 员工工作好坏对部门和公司有什么影响?
> 员工为什么要从事他们做的这份工作?
> 管理者如何帮助员工达成工作目标或任务?
> 员工达成各种目标或任务过程中有无外部障碍?
> 员工有完成该项目标或任务所需的知识、技能吗?
> 目标实施过程中如何进行有效的监控?
> 双方就应负责任、目标及标准是否达成了共识?
> **思考**:绩效计划应如何适配员工。

2. 绩效辅导

绩效辅导是管理者和员工共同完成绩效计划、目标的过程,在这一阶段管理者和员工就绩效目标、内容进行阶段性的指导与检查、审查工作进度,对发现的问题及时予以解决,探讨为达到绩效目标所需要改善的方面提供帮助、支持。在该阶段持续不断的沟通是必不可少的重要手段,管理者和员工彼此都需真诚、及时、具体、定期地进行建设性的沟通。而且绩效辅导与绩效评价不停地交替,几乎贯穿整个绩效周期。

3. 绩效评价

绩效评价一般是在绩效期结束时,根据预先制定好的计划,管理者对员工的绩效目标完成情况进行评估。绩效评价的依据就是在绩效期开始时双方达成一致意见的关键绩效指标,同时在绩效辅导过程中,所搜集到的能够说明被评估者绩效表现的数据和事实,作为判断员工是否达到关键绩效指标要求的依据,同时也是薪酬分配、职务晋升、培训开发的重要依据。

4. 绩效反馈

完成绩效评价后,管理者还需要与员工进行评价结果的反馈。员工对绩效结果的高度关注期通常是在绩效评价后的一周内,这是反馈绩效评价结果的最佳时期。

反馈的方式通常包括面谈和书面形式,近年来电子邮件也成为反馈途径之一。通过以上这些方式反馈管理者在评价过程中有关员工绩效信息,使员工了解管理者对自己的期望,了解自己的绩效情况,认识自己有待改进、提高的地方;同时下属也可以提出自己在完成绩效目标中遇到的困难,请求管理者的指导和帮助。

5. 绩效改进

通常在绩效反馈面谈时,员工和管理方双方在评价结果和需要改进的地方达成共识后,选择一个待改进的项目率先开始进行绩效改进。从而使主管和员工可以确定下一轮绩效管理循环系统的开始。因此,绩效改进是提升企业组织及员工绩效的重要环节。

以上五个环节构成了一个完整的绩效管理的循环。在这个循环中所得到的绩效评价的结果有多种用途。首先,绩效评价的结果可用于员工工作绩效和工作技能的提高,通过发现员工在完成工作过程中遇到的困难和工作技能上的差距,制定有针对性的员工发展计划和培训计划。其次,绩效评价结果可以较公平地显示出员工对企业作出贡献的大小,据此可以决定对员工的奖励和薪酬的调整。再次,通过审视员工的绩效状况,也可以发现员工对现有的职位是否适应,根据员工绩效高于或者低于绩效标准的程度,决定相应的人事变动,使员工能够从事更适合自己的职位。

【案例讨论】

海底捞的牛蛙产品质量控制

牛蛙因其肉质鲜嫩、营养丰富,深受消费者喜爱,在餐饮市场占据一定份额。然而,牛蛙养殖过程中药残问题频发,给食品安全带来隐患。作为以优质食材和有着良好口碑著称的海底捞,为确保牛蛙产品的品质与安全,满足消费者对健康美食的需求,启动了牛蛙基地到餐桌全链条食品安全与品质管控项目。

一、严格筛选供应商

海底捞与具有国际公信力的知名 TIC 认证机构 Intertek 天祥集团合作,对牛蛙养殖公司和养殖基地进行全面考察。先后考察了 9 个牛蛙养殖公司和 22 个养殖基地,从养殖环境、养殖技术、管理水平等多方面进行综合评估,最终优选出 4 个养殖基地和 3 个牛蛙加工厂。这一举措从源头上保证了牛蛙的品质,为后续的质量控制奠定了坚实基础。

二、规范养殖过程

海底捞深知养殖环节对牛蛙品质的重要性,积极协助基地制定一系列操作规范。如《牛蛙养殖标准规范》《牛蛙渔药管理制度》《牛蛙养殖追溯记录表》等,明确了养殖及用药的标准。同时,梳理出 10 个关键步骤,从苗种来源到出塘交付,实现全过程管控和监测。通过这些措施,有效降低了牛蛙药残风险,确保了牛蛙的健康生长。

三、标准化加工流程

在牛蛙加工环节,海底捞联合加工厂制定了《牛蛙产品加工标准规范》,对原料验收、加工工艺、半成品检测、成品出厂检测、储存运输等各环节进行全程监控。引入连续式液氮速冻锁鲜技术,能在短时间内将牛蛙中心温度降至极低,最大程度保留牛蛙的营养成分和鲜嫩口感,实现了标准化加工,保证了产品质量的稳定性和一致性。通过这一系列严格的产品质量控制措施,海底捞的牛蛙产品赢得了消费者的广泛认可。消费者在享受美味牛蛙的同时,不需要担忧食品安全问题,进一步提升了海底捞的品牌形象和市场竞争力。同时,这也为整个餐饮行业树立了榜样,推动了行业对产品质量控制的重视和改进。

讨论:

(1) 海底捞通过哪些措施规范牛蛙产品质量?

(2) 产品质量的一致性对连锁型餐饮企业有什么重要意义?

管理育人

白象"翻红":偶然还是必然

2022 年,因为"土坑酸菜"事件的曝光,把各大牵涉到的方便面品牌推到舆论的风口浪尖。而成立了 25 年的国货品牌白象却成为清流,因一句"没合作,放心吃,身正不怕影子斜"火出了圈。京东数据显示,2022 年 3 月 1 日至 3 月 17 日,白象销售额同比增长 353%,上述事件后一周内,白象官方抖音号新增粉丝近 30 万,直播销售额达 770 多万元,而过去三个月白象官方抖音号销售额也仅为 1 300 万元。

事实上,这不是白象的首次"翻红"。在2022年3月初,也就是冬残奥会举行期间,白象食品公司"在职残疾职工237人,占比30.15%;湖南分公司共有485名员工,安排残疾员工117人就业"的新闻拿下了多个热搜。2022年,白象销售额同比增长近100%,贡献了行业近一半的增量;2022年8月至2023年7月,白象实现了中国市场行业内全网线上渠道销售额第一,甚至走出国门,远销全世界66个国家和地区。

白象"翻红"仅仅靠的是流量吗?事实上,白象确实抓住了网络经济发展的红利,依靠社交媒体重新翻红。但作为一个老牌国产方便面品牌,能够在两年内将流量转变为实实在在的销售收入,其破局之道便是始终筑牢品质底线、不断提升研发创新实力、以科技助推开源节流降本增效、积极承担中华民族伟大复兴过程中的企业责任,通过创造出更广泛的社会价值来取得消费者对产品、品类、品牌的多重信任,进而将白象逐步打造成新实业的标杆。

作为一家深耕食品行业二十多年的民族企业,白象食品始终坚持"食品安全大于天,企业责任重于山,做食品就是做良心"的价值观,也逐步构建出一套具有白象特色的食品安全文化体系。白象食品先后通过ISO 9000、ISO 22000、HACCP、BRC认证,并与国际管理巨头SGS合作推进体系融合与升级,实现三体合一的深度融合,形成白象特色的食品安全评价体系。在此基础上,白象食品还建立了食品安全全程可追溯体系,为每一批次产品建立"户口档案":即对各供应商及生产环节的数据进行记录保存,让产品均可追溯到具体工序、班组和责任人,真正做到"来源可追溯、去向可查证、责任可追究"。在持续不懈地"修内功"与"借外力"的共同作用下,白象产品被抽检的67次,结果均合格;其投资公司及分公司涉及的近300次抽检,也显示合格。而100%的抽检合格率,也造就了白象食品的核心竞争力。

除了过硬的产品,白象的另一个核心竞争力来自它的社会责任。2021年白象在河南暴雨事件中积极捐赠和救助赢得社会广泛好评;白象还积极签约备受网友好评的女足、女篮、女排国家队,一起努力打造"中国冠军"的故事。

白象的成功,充分体现了新生代消费者对一个企业的评价标准:为消费者提供健康、美味的产品,为员工创造和谐、公正的工作环境,为社会体现自己的责任与担当,这样的企业不仅可以赢得员工的忠诚和支持,更可以赢得市场的尊重和信任。

(资料来源:守护舌尖安全! 白象食品入选企业社会责任年会"年度责任案例")

【实训项目】

(一) 有效控制成本实训

项目背景

A公司是一家乳制品公司,近期公司的主要竞争对手在市场发动了一场价格大战。为了保持原有的市场占有率,公司决定大幅度地降低产品销售价格。为了弥补降低了的销售利润,公司总经理安排了一项成本削减计划,其主要内容是减少10%的原材料成本、10%的生产成本及15%的销售成本。并要求各个分管副经理执行。

问题:假设你是公司分管销售的副经理,你将采用哪些控制方式来达成目标? 你对总经理有何更好的建议?

实训目的
(1) 初步认知企业的管理控制系统。
(2) 培养具备初步的管理控制技术和方法的运用能力。

实训步骤
(1) 自由组合成小组,每组3～5人。
(2) 每组选出一名组长主持本组讨论和分工。
(3) 撰写解决方案。
(4) 分组现场演示,同学交流,教师点评。

(二) 制定"三好学生"评选方法实训

实训目的
通过模拟"三好学生"评选的完整过程,掌握绩效评价的标准和评价指标制定、绩效沟通和辅导、绩效评价、绩效反馈和绩效评价方法修订等绩效评价的全过程,初步掌握绩效评价的技术和方法。

实训步骤
(1) 自由组合成小组,每组3～5人。
(2) 每个小组根据对"三好学生"标准的理解,制定一个"三好学生"的评选方案。
(3) 每个小组向全班同学公布并说明本组的评选方案,由同学和教师点评并评分推选最佳方案。
(4) 各小组根据师生点评修改方案,并最终提交完整评价方案。

【同步测试】

一、单项选择题

1. 不属于控制原则的是（ ）。
   A. 相对封闭原则　　B. 开放原则　　C. 反馈原则　　D. 弹性原则
2. 下列选项中属于现场控制的是（ ）。
   A. 生产报表　　B. 预算　　C. 商品检验　　D. 危机公关
3. 属于行政控制的是（ ）。
   A. 审计控制　　　　　　　　B. 全面质量管理
   C. 比率分析　　　　　　　　D. 会计审查与审计
4. 属于经营预算的是（ ）。
   A. 销售预算　　B. 制造费用预算　　C. 现金预算　　D. 生产预算
5. 属于绩效评价的非量化指标的是（ ）。
   A. 利润率　　　　　　　　　B. 废品率
   C. 产品市场认知度　　　　　D. 市场占有率
6. 下列不属于经营预算的是（ ）。
   A. 销售预算　　B. 制造费用预算　　C. 现金预算　　D. 生产预算
7. 下列属于绩效评价非量化指标的是（ ）。
   A. 利润率　　　　　　　　　B. 废品率
   C. 产品市场认可度　　　　　D. 市场占有率

8. 将组织中处于同一层级的员工归集在一起,多维度地对其进行评价,采用的是(　　)绩效评价方法。

  A. 序列比较法　　　B. 排序法　　　　C. 成对比较法　　　D. 强制比例分布法

9. 下列绩效评价方法中,不属于描述法的是(　　)。

  A. 关键事件法　　　B. 评语法　　　　C. 交替排序法　　　D. 短文法

10. 下列关于关键绩效指标(KPI)认识错误的是(　　)。

  A. 关键绩效指标形成的理论基础是帕累托定律

  B. 关键绩效指标可以分为企业级、部门级和具体岗位的,且三者是独立的

  C. 关键绩效指标是对企业组织运作过程中关键成功要素的提炼和归纳

  D. 设定关键绩效指标时应按照从宏观到微观、从战略到流程的顺序,依次建立各层次的指标体系。

二、判断题

1. 管理过程中,只要严格按照计划执行,就不会产生偏差。　　　　　　　　　　(　　)
2. 出现管理偏差时,一定是评价的标准不符合管理实际的要求。　　　　　　　(　　)
3. 现场控制适用于结果难以衡量的工作(如管理、科研)等。　　　　　　　　　(　　)
4. 零基预算就是对任何一个预算期,任何一种项目费用的开支都是从原有的基数出发。

  　　　　　　　　　　　　　　　　　　　　　　　　　　　　　　　　(　　)

5. 组织绩效评价是建立在个人绩效评价基础之上的。　　　　　　　　　　　　(　　)
6. 全面质量管理是指企业只需要关注产品的质量。　　　　　　　　　　　　　(　　)
7. PDCA 循环工作程序包括:plan-do-check-action。　　　　　　　　　　　　(　　)
8. 绩效管理就是绩效评价或绩效考核。　　　　　　　　　　　　　　　　　　(　　)
9. 企业在制定绩效评价指标时,应与组织战略目标一致。　　　　　　　　　　(　　)
10. 平衡计分卡方法是将公司的战略目标转化为顾客、市场、竞争对手、财务四个方面的具体指标。　　　　　　　　　　　　　　　　　　　　　　　　　　　　　(　　)

三、简答题

1. 控制的过程有哪些?
2. 什么是绩效评价?
3. 请简要描述绩效管理模型。

主要参考文献

[1] 教育部考试中心.管理类联考综合能力考试大纲[M].北京:高等教育出版社,2024.
[2] 朱秀文.管理学教程[M].2版.天津:天津大学出版社,2009.
[3] 康青.管理沟通[M].5版.北京:中国人民大学出版社,2017.
[4] 谢玉华.管理沟通[M].5版.大连:东北财经大学出版社,2024.
[5] 贾启艾.人际沟通[M].4版.南京:东南大学出版社,2019.
[6] 苏勇,罗殿军.管理沟通[M].2版.上海:复旦大学出版社,2021.
[7] 周三多,等.管理学——原理与方法[M].8版.北京:高等教育出版社,2023.
[8] 蒋永忠,张颖.管理学基础[M].4版.大连:东北财经大学出版社,2017.
[9] 黄涌波,王岩.管理学基础:理论、案例、实训[M].大连:东北财经大学出版社,2014.
[10] 荣晓华,孙喜林.管理学原理[M].4版.大连:东北财经大学出版社,2013.
[11] 孔茨,韦里克.管理学[M].14版.北京:经济科学出版社,2024.
[12] 谭黎阳,王琦.管理学原理[M].上海:华东理工大学出版社,2013.
[13] 陈传明,周小虎.管理学原理[M].2版.北京:机械工业出版社,2012.
[14] 方振邦,罗海元.战略性绩效管理[M].3版.北京:中国人民大学出版社,2010.
[15] 徐碧琳.管理学原理[M].2版.北京:机械工业出版社,2015.
[16] 罗宾斯.管理学[M].15版.北京:中国人民大学出版社,2022.
[17] 周三多,贾良定.管理学:原理与方法[M].8版.上海:复旦大学出版社,2024.
[18] 王凤彬,李东.管理学[M].6版.北京:中国人民大学出版社,2025.
[19] 曲亮,沈绍伟.管理思政案例集[M].杭州:浙江工商大学出版社,2022.
[20] 芮明杰.管理学[M].4版.北京:高等教育出版社,2021.
[21] 焦叔斌,杨文士.管理学[M].5版.北京:中国人民大学出版社,2019.
[22] 巴尼,赫斯特里.战略管理[M].5版.北京:机械工业出版社,2017.

郑重声明

高等教育出版社依法对本书享有专有出版权。任何未经许可的复制、销售行为均违反《中华人民共和国著作权法》，其行为人将承担相应的民事责任和行政责任；构成犯罪的，将被依法追究刑事责任。为了维护市场秩序，保护读者的合法权益，避免读者误用盗版书造成不良后果，我社将配合行政执法部门和司法机关对违法犯罪的单位和个人进行严厉打击。社会各界人士如发现上述侵权行为，希望及时举报，我社将奖励举报有功人员。

反盗版举报电话　（010）58581999　58582371
反盗版举报邮箱　dd@hep.com.cn
通信地址　北京市西城区德外大街4号　高等教育出版社知识产权与法律事务部
邮政编码　100120

教学资源服务指南

感谢您使用本书。为方便教学，我社为教师提供资源下载、样书申请等服务，如贵校已选用本书，您只要关注微信公众号"高职财经教学研究"，或加入下列教师交流QQ群即可免费获得相关服务。

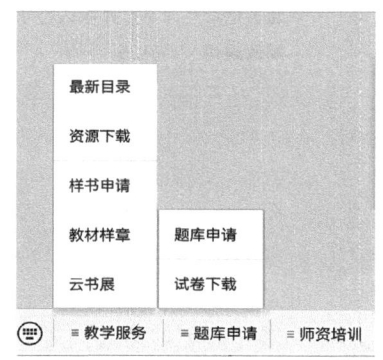

资源下载：点击"**教学服务**"—"**资源下载**"，注册登录后可搜索相应的资源并下载。
（建议用电脑浏览器操作）
样书申请：点击"**教学服务**"—"**样书申请**"，填写相关信息即可申请样书。
样章下载：点击"**教学服务**"—"**教材样章**"，即可下载在供教材的前言、目录和样章。
题库申请：点击"**题库申请**"，填写相关信息即可申请题库或下载试卷。
师资培训：点击"**师资培训**"，获取最新会议信息、直播回放和往期师资培训视频。

 联系方式

财经基础课QQ群：374014299
联系电话：（021）56961310　　电子邮箱：3076198581@qq.com